巨人之路

师道

当代儒学教育践行者孟繁信

史修辉 著

中国商业出版社

图书在版编目（CIP）数据

师道：当代儒学教育践行者孟繁信 / 史修辉著. --北京：中国商业出版社，2016.8

ISBN 978-7-5044-9535-8

Ⅰ. ①师… Ⅱ. ①史… Ⅲ. ①孟繁信—生平事迹 Ⅳ. ①K825.46

中国版本图书馆CIP数据核字（2016）第197915号

责任编辑 常 松

中国商业出版社出版发行

010-63180647 www.c-cbook.com

（100053 北京广安门内报国寺1号）

新华书店总店北京发行所经销

三河市兴达印务有限公司

*

710×1000毫米 16开 21印张 280千字

2016年9月第1版 2016年9月第1次印刷

定价：58.00元

* * * *

（如有印装质量问题可更换）

用儒学书写生命传奇（代序）

三月的北京，乍暖还寒。典雅、圣洁的玉兰花在料峭的春风中含苞待放。

2016 年 3 月 16 日上午 9 时，我与孟繁信校长在北京通州区于家务中学如约相见。年近六旬的孟校长是亚圣孟子第 74 代后裔，他神采奕奕，笑容可掬，富有感染力的语言中时时流露出一个教育家的睿智、读书人的儒雅、文化者的忧思……

一位哲人说："我们从来不缺少理论家，缺的是实干家。"孟繁信在四十年的教育生涯中，承继儒家圣贤之思，渗透于教学全过程，教育学子砺厚德之志，践行儒雅人生。用传统文化影响心灵，用儒学思想照亮教育前行之路，抒写了一个人、一个学校、一个地区的文明发展传奇。

他只上了四年半学，却学富五车，满腹经纶。这得益于他不断地阅读。学习、思考，一个人的精神发育史，应该就是一个人的阅读史，读书，关乎一个民族前途。他说，读书使人增长知识，知识使人发现良知，明辨是非，指导行动。此时，知识便形成了一种文化，当文化落地生根，变成了人们的生活习惯，这就是文明。文明当从读书始，读书从学校培养起。

他倾心于教育事业，不论在教学一线，还是在管理岗位，推行"有教无类""因材施教"的教育思想，没有教不会的学生，只有不会教的老师。他创造性提出教育"八字"方针:"挖掘，唤醒，发现，点燃"！挖"本善之心"，唤醒良知，发现优点，点燃激情，最终实现"育人铸魂"目的，使每一位学生在各自的人生路上都健康成长。

他以古圣贤为楷模，博爱无痕，大教于心。开全国之先河，在校园内建孔子文化广场，孝道、儒学展厅，将儒学经典外化于形熏陶学子；将优秀传统文化渗透于课程，将空洞的理论转化为具体行动，“先爱妈后爱家，关爱集体就是爱国家”，将文化落地内化于心。形成了以诚求知、以礼行事、以善为人、以俭润行的校园氛围，修身立德、学文砺能、利己利人成为学子们的共识，打造出了“厚德砺志，笃学致远”的于家务中学精神。

他慧眼识珠，以文弘道，引导流淌在国人骨髓中的优秀传统文化血液润泽这块干涸的土地，追寻久违的家规家训家风，由老师及同学，由校及家，由家及社会。在全乡、全区乃至全市引发了积极影响。“追寻家规家训，呼唤良好家风”活动在这一地区蓬勃兴起，这与三年后党中央提出的传承和弘扬中华优秀传统文化不谋而合，家风正则民风淳，中华文化精髓在传承中得到发展，地区文明得以提升。

他修身正心，立己达人。面对文化、道德、信仰缺失的现状，呼唤“忠、孝、仁、义、信、礼、智、勇”，重新营造师生们的精神家园，生文化之根，塑文明之形，铸信仰之魂。他说，信仰是义与理的个人化呈现，一个人没有信仰是可怜的，一个民族没有信仰是可怕的！人不一定皈依某种宗教，但必须具有宗教精神：虔诚的尊重与神圣的捍卫，百折不挠与义无反顾。他是这么说的，更是这么做的，从自己做起影响周围，继而向外辐射，校风为之变，家风为之正，民风为之清。

他四十年如一日，耕耘在农村基层教育战线上，孜孜奉献，无怨无悔。他的事迹在教育界传颂着，在老百姓中流传着……岁月的风霜染白了双鬓，2015 年，他被评为“通州榜样”，并入选当年度“中国好人榜”。他的故事开始走向全国，有两家教育上市公司争聘他担任校长，更有许多国学馆邀请他前去讲学……他均婉言谢绝了，他离不开这块养育自己的土地。退休在即，他说：“我会继续为提升地区文明发挥余热，在家里建造一个教子堂，让孟母的五大教育思想发扬光大。”

如今，在推进素质教育制度的强烈呼声下，一纸成绩定分晓的应试制度还是没有根本改变，还有很多学生依然困于书本，拘于读写，限于室内。在教育这条道路上，学校该如何发展，未来会走向何方？对广大教育工作者来说，前面有一层迷雾，阻碍了望向远方的视线。在中国教育改革持续发展的今天，希冀孟繁信以儒学经典唤醒教育之魂的治学理念，“修身正己、以文弘道，亲子共学、文明同行”的治学之道能如一道强光，劈开这层层迷雾，给广大的教育工作者带来温暖和光亮，给大家一些人生启迪。

让我们一起走近孟繁信，踏寻他平凡而又非同寻常的人生足迹，感悟他半个多世纪以来谱写的人生华章。

作者于北京房山半米阳光斋

二〇一六年六月

目 录

第一章
遵循古道，少年励志承圣学

“到高中毕业时，我只正儿八经在学校读了四年半书，我的知识积累主要得益于家族的读书传统，得益于父亲的言传身教，得益于自己的勤奋好学！我，一直走在学习的路上。”

——孟繁信

第一节　家风传承

通州地处北京东南，与天津武清、河北廊坊交界，这里历史悠久，是著名的京杭大运河的北起点；这里人杰地灵，涌现出民族英雄阎应元，著名作家刘白羽、刘绍棠等等。

1956年6月18日，孟繁信就出生在永乐店镇马合店村一个普通的书香门第家庭，他从没见过爷爷，但听父亲经常说起，爷爷是清末秀才，在私塾做了一辈子教书先生，培养了一大批优秀学子，有的走向仕途，有的经商，也有的和他一样做了教书先生，虽称不上桃李满天下，但在当地也负有盛名。爷爷对儒学研究颇深，满腹经纶，学识渊博。这一点从他给五个孩子起的名字中可见一斑，他起的名字分别是：元、亨、利、贞、长。在《易经》中，“元亨利贞”被称为四德，有阴阳之分，也叫作乾坤，乾之“元亨利贞”是天道、君道，属阳，有刚健之德，四者相辅相成，不可缺一，是创生万物的原动力，有“始、长、遂、成”之义；坤之“元亨利贞”是地道、臣道，属阴，是柔顺之德，有生成化育之功，与乾同为天地之道，阴阳之本。《易经》为五经中最深奥玄妙的一经，很多人穷其一生也难得窥其堂奥。祖父能直指核心，可见其对《易经》及传统文化研究之深。从这些名字上，也看得出他对自己后人的殷切期望。

而他的五个儿子都没有令他失望，他们遵循祖训“养浩然之气”和“威武不能屈，贫贱不能移”的教导，修身正己，发奋学习。成年后，有的从军，有的做生意，有的考上北大，都成为某一行业的翘楚。当时，有好心的乡邻过来劝祖父：孩子们都飞走了，谁留下来给您养老啊！老人想想也是这个理，就把孟繁信的父亲留在了身边。孟繁信的父亲行四，自幼在私塾苦读史书，对《四书五经》及古典名著都烂熟于心，是当地有名的才子，生育兄妹六人，其中兄弟五个，最大的是姐姐，孟繁信最小，父亲按五常“仁义礼智信”给他们哥五个起名，希望他们学好道德规范，做好人。

孟繁信就是在这样的家道环境下，自幼在父亲的教导下，从《三字经》《弟子规》等入手开始接触儒学经典。诵读是枯燥的，但文字后面的故事深深吸引了孟繁信，他进步非常快，几个月下来，就能背诵了。

在孟繁信幼小的心灵里种下的第一颗种子就是孝道。上世纪60年代，三年自然灾害使本来底子就薄的国家雪上加霜，人们粮食吃没了，就吃野菜，野菜没了，再扒树皮。不论条件多么艰苦，在这个家里都尽量不让老人受苦，家里仅有的一点细粮给老人留着，孩子们一顿饭是两个黄豆皮和玉米面掺在一起做成的窝窝头。自己家的鸡下的蛋，先依老人享用，在最困难的时候，可以打个鸡蛋饼给老人打打牙祭。那时候家里吃饭，规矩多，老人不坐下，任何人不允许坐下动筷子；老人吃饭的座位是固定的，即使老人不在家，那个座位谁也不能坐。

有一年冬天，阴历十一月份，天都快黑了，父亲突然想起早晨奶奶曾说想吃猪头肉的事来，赶忙骑自行车往市场上赶，到市场时，天已经黑透了，冷风像鞭子一样抽打着父亲的脸。市场已经歇市了，空荡荡的，看不到几个人影。父亲琢磨着卖猪头肉的都是长摊，周围的人肯定知道他们的家在哪，于是，就在市场附近打听，终于打听到离这四五里地就有一家，父亲急忙骑自行车赶到那个村，敲了好几家的门，终于找到了。好在人家还剩了一点猪头肉，没舍得吃，父亲高兴地付钱买下，赶回家时已经晚上八点多了。奶奶吃着猪头肉，连声说：“好吃！好吃！”父亲看着，脸上露出了孩子般灿烂的笑容。

父母的言行，让孟繁信耳濡目染，孝的种子在他心里生根发芽。每天的两个窝窝头，小孟繁信每天中午只吃一个，把另一个藏起来，下午四点多的时候，再拿出来和姐姐一起分了吃。有一回，母亲在切干白菜（冬天收白菜时，为便于储存，把白菜帮煮了阴干，以备饥荒时食用），切到最后，只剩下一块白菜疙瘩，母亲一抬眼，看见繁信站在旁边，就说："繁信，你把这疙瘩吃了吧，可甜了！"小繁信用舌头舔舔嘴唇，说："妈！我不饿，给哥哥们吃吧！"

时光如梭，多少年过去了，孟繁信每次回想起从前的日子，内心虽然有些酸楚，但更多的是温馨。他和奶奶感情很好，不论是上学回家，还是以后工作了回家，第一件事就是去看望奶奶，见到奶奶就伸出五个手指头，奶奶一看就乐了，笑着说："是五回来了。"奶奶是在孟繁信24岁时走的，最后几年，奶奶的视力、听力都不好，有时候脑子也有些糊涂，孟繁信回家时就跑到奶奶跟前，仍旧伸出五个手指头在奶奶眼前晃晃，奶奶摸着他的手，喃喃地说："老五回来了。"

第二节　童年启蒙

上世纪50年代末、60年代初，正是孟繁信的童年时期，那时的神州大地天南地北，境况大致相同，物质匮乏。三年自然灾害，正是在这个时期发生。从那个时代走过来的人，都对苦有自己的感受，苦的事情太多了。但对一个人来说，童年的苦也未必是坏事，它磨练了意志，使人更坚韧，更无所畏惧。

大概是孟繁信六七岁的时候，他经历了一回暴雨中赶羊回家的事。五十多年过去了，他每次回想起来，仿佛眼前又出现了那滂沱大雨，又响起隆隆的雷声。

那是夏天的一个午后，孟繁信和哥哥赶着几只羊去村边放牧。村边的草早已被吃光了，他们就去河边找鲜嫩的草地，渐渐地离村庄就有点远了。羊们吃得兴高采烈，哥俩也看着高兴。六月的天，说变就变，不久就起风了，瞬时乌云密布，天黑了下来，弟兄俩赶紧赶着羊群向村庄这边走，走了不到一百米，雨就像瀑布一样倾泻下来，浇得人睁不开眼，羊们也被这突如其来的情况吓呆了，站住一动不动。兄弟俩连推带拽羊群里那只跑在最前面的大羊，大羊终于开始往前走了。走了一会，孟繁信发现有一只小羊羔趴下了，在地上“咩咩”直叫。他把它拉起来，拉起来了但还是不走。孟繁信急了，跪着把它抱起来，然后去追赶哥哥。毕竟他才只是六七岁的孩子，跑了几步，连人带羊都摔倒了。但他也顾不上疼了，一骨碌爬起来，把鞋子脱下抓在手里，磕磕绊绊地继续往前走……

终于，一步一步熬到村口了。孟繁信看见了母亲的身影，她站在那里，正在焦急地朝这边张望，他的眼泪再也忍不住流下来了。看见他们哥俩后，母亲急急地奔过来，把哥俩搂在胸前，放声大哭。孟繁信忍住自己的泪，一个劲儿劝母亲不要哭。

这件事让孟繁信懂得了，遇到困难要勇于面对、积极克服，同时也让他知道了，遇到再苦再难的事，都不能让母亲为自己担忧。不让父母担忧，就是一个孩子最大的孝。

孟繁信幼时品德的养成，与父亲的言传身教是分不开的。父亲行四，村里都喊他四爷。早些时候，农村还没有通电，家家掌着煤油灯，晚上的作业都是在煤油灯下完成的，第二天鼻孔和鼻窝都有一层油油的黑，那就是煤油灯的功劳。在马合店村，晚上吃完饭后，听四爷说书便成了人们的一个娱乐项目。四爷学问大，会说书，三国、水浒、列国传等，他都能说得来。晚饭后，人们纷纷从四面八方聚拢到四爷院子里来。四爷不仅擅长说书，还擅长用故事来教育人，化解村民们的矛盾纠纷。有段时间他讲的是水浒一百单八将，人们都听得津津有味，特别上瘾。为了听得更清楚些，有些人就早来，占个好位置。那天刚吃过晚饭，孟繁信正在煤油灯下做作业，家里一前一后进来两个人，是村南边的邻居，正为宅基地建房子滴水檐的事闹别扭呢！其中一人觉得不好意思，起身要走，被四爷拦住了。四爷说，现在时间还早，我给二位讲一个六尺巷的故事吧，说着，四爷就娓娓道来：

童年的孟繁信

话说康熙时期，有一个叫张英的大官，相当于现在的省长、部长吧！一天，他收到老家的来信，自己的家人与邻居吴家在宅基地问题上发生了争执，互不相让，让张英给府衙、县衙打个招呼，收拾吴家。这事对张英来说太容易了，也就是一句话的事。但张英没这么做，他写了一首诗寄回老家，这首诗是这么写的：“千里送信只为墙，让他三尺又何妨。万里长城今犹在，不见当年秦始皇。”家人见书，主动在争执的地方退让了三尺，下垒建墙，而邻居吴氏看到对方谦让，感觉自己做的有点过分，也退地三尺，建宅置院，于是两家的院墙之间一条宽六尺的巷子。这是一个真实的故事，据说毛主席在建国后会见苏联驻华大使尤金时，曾经讲到这个故事，用来表达处理两国之间的事宜应该相互谦让、平等合作。

那两人听了这个故事，脸刷的就红了。四爷说，人家这么大的官都懂得让步，咱们老百姓凭啥你刚我强的啊！没有什么大不了的事，你俩握个手，回去都让出半米的滴水檐来不就行了吗。两位邻居握握手，互相道了歉，一件棘手的邻里纠纷就这么解决了。

从这件事上，孟繁信懂得了为人处世要谦让，不能太计较个人的得失，尽量做到与人为善。要以博大的胸怀去包容别人，需退步时就要退步，退一步海阔天空。

父亲的另外一件事，让孟繁信知道了教育人要讲究方法，要春风化雨，润物无声。四爷在村里德高望重，谁家有事解决不了，就跑来让四爷给评评理。看到不顺眼的事，四爷也会晓之以理。同村孟氏有一家人，论家族属于同一宗，儿子对父亲动不动就大呼小叫的，像教训小孩子一样，人倒还不错，对父亲也孝顺，就是脾气不好。那时候，村里集体去地里劳动，在田里吃饭。吃饭休息的间隙，四爷特意找到这个侄子，和他聊起来，从家长里短谈到人的脾气，四爷给他讲了一个故事：

从前，有一位父亲看到他的儿子常发脾气，就跟儿子说："你每发一次脾气，就到家里后院木柱上钉上一个钉子。"所以儿子一发脾气，就去钉上一个钉子。一个星期后，儿子一看木柱上密密麻麻地钉满了钉子，才突然警觉自己的脾气原来这样坏。从那以后他就注意自己的心是不是又瞋恚了，就这样地"观心"。由于有了这样的敏感度，发脾气的次数就慢慢减少了，终于不发脾气了。父亲就又跟他说："你只要一天不发脾气，就去拔下一个钉子。"

他就按照父亲的话去做，拔完的那一天他很高兴，跟父亲说："钉子我都拔完了。"

他父亲领着他走到木柱旁边说："你虽然把钉子都拔出来了，但是这些木柱能不能恢复以前的状态呢？不可能啦！因为它已经是千疮百孔了。"俗话说："利刀割体痕易合，恶语伤人气难消。"有的人被别人骂，就去自杀了，这说明言语是多么的有"杀伤力"。这个父亲又告诉儿子："你虽然现在不发脾气了，但是你以前发的脾气已经伤了许多人。因此，必须从现在开始，要对任何人、事、物都要保持认真和恭敬，弥补你以前的不足，这样在你今后的人生道路上会有许多助缘，在你前进的道路上会一帆风顺的。”儿子深深地点点头，后来果然取得了成功。

那侄子听了四爷讲的故事，马上就明白了，诚恳地许诺，说一定要改掉坏脾气，好好孝顺父亲，不让他生气……

孟繁信从事教育工作后，也经常用讲故事的方法，和风细雨地开导和教育别人。这是从父亲那里学来的。

品德的养成，更多的来自于家风的熏陶。家风是一个家族代代相传沿袭下来的，能够体现家族成员精神风貌、道德品质、审美格调和整体气质的家族文化风格，是一种经过历史积累而形成的精神尺度。家风的建设、传承，影响一个人的一生。

“人家送的东西不能要，人家的东西不能拿”，这是孟家的家风，也是孟家人做人处事的基本原则。

那一年，孟繁信记得当时父亲在乡里当乡长，下班一回家，小孟繁信就像只家雀似的蹦到父亲跟前，兴高采烈地说：“爸，有位大爷扛了一袋大米来了，我问他怎么回事，大爷说他是您的好朋友，送来让您尝新的。我说‘不行’，我想起您曾经对我说的‘别人的东西咱不能要’！于是我就请大爷拿走，大爷就是不拿走，还说：‘好孩子，不要客气，东西先放这，等你爸回来了再说好吗？’我问大爷姓什么，住哪儿。他说：‘我们是廊坊来的，现住在城北大车店。’”

“好！我知道了。”父亲抚摸着他的头，点了点头，欣慰地笑了！随后，父亲随手拎上那袋大米放在自行车后架上，出了大门。至于以后发生的事情，孟繁信就无从知晓了。但是，第二天早上，天蒙蒙亮，有人敲门，是那位大爷又把米袋子送回来了。他有点急：“我们的事情已经全部办完了，我们也没有什么可送您的，一年来您帮助我们不少，这是我们村的一点心意！如我再说，话就不好听了。”停了一停，他又说：“那就是你们看不起我们这些下力的！这点大米，我们是不会带回去的，留与扔，你看着办吧！”

话说到这份上，父亲只能收下了。让母亲拿出家里的积蓄：10 斤全国粮票和 10 元钱，父亲说："这个您得收下，这也是我们的一点心意。"拉扯了一番，母亲趁他不注意，把钱和粮票塞进了他大棉袄的兜里。

事情并没有完，过了两天，一个人给父亲捎来一封信，打开一看，大爷把钱和粮票又都退回来了，里面还加了张纸条，就一句话："哥们儿真行，您这个朋友我们交定了！"父亲和母亲商量一下，又把粮票和钱寄了回去。

还有一件事孟繁信记忆特别深刻，它像一枚楔子深深地嵌在他幼小心灵的深处，时时警醒自己。那是孟繁信刚刚上小学的时候，有一次下午放学回家途中，经过一个小煤场，看到煤场没有人，小伙伴们七手八脚去煤堆里捡煤块。孟繁信见大家都在抢着拿，就顺手捡了两块跑开了。回家将煤块扔到一边，就去做作业了。没想到那煤块还是被父亲发现了，他以少有的严肃态度，指着煤块，问道："这是什么？"

"煤呀！"

"哪儿来的？"

孟繁信感到了压力，低下头，默不作声了。

"说呀！说呀！"父亲穷追不舍。孟繁信就把经过说了一遍。

"我跟你说过多少次了，人家的东西，不论好坏香臭，一块都不能拿！半块都不能拿！"

"知道了！"孟繁信怯怯地回答。

"光知道还不行，你得给人家送回去，跟人家赔礼道歉。"

"爸，您就饶了我这一次吧，以后决不再犯！"孟繁信急得要掉眼泪了。

"好！念你初犯，我和你一道去给人家赔罪去。拿个袋子，装上拿来的煤块。走！"父亲斩钉截铁地说。

父子俩一前一后，不一会儿就来到了煤场，见到了看煤的的老大爷："大爷，对不起，孩子不懂事，从这里拿了两块煤，我让他给送回来了。"父亲回头对孟繁信说："快过来，向老爷爷认错！"

孟繁信好像突然间长大了不少，马上走向前去，把煤块从袋子里倒出来，扔掉袋子，给老人深深地鞠了一躬："爷爷，我错了！以后我再也不会干这种坏事了！"说着，说着，就眼泪巴叉地哭了。

"好孩子！好孩子！别哭！别哭！"老大爷一把把孟繁信搂在怀里，抚摸着他的头，激动地说："你还小，爷爷不怪你！认识到就好！认识到就好！"随后转身对父亲说："你这位家长对孩子管教得真严！我在这看了十几年煤场，从来没有人承认自己是错了，更没有人把煤块送回来！"

父母是孩子第一任老师，家庭是孩子第一课堂，一个人的成长有没有受到好的家风熏陶，是完全不一样的。有什么样的家风，往往就有什么样的价值观。对于孟繁信来说，家风培养了他正确的价值观。

第三节　坎坷求学

1964 年夏天，孟繁信背着母亲缝制的小书包兴高采烈地去学校上学了，学校的生活是简单而快乐的。他谨记"好好学习，天天向上"的口号，认真学习，成绩一直在班里名列前茅。

然而，好景不长，1966 年 5 月，孟繁信上三年级时，史无前例的"文化大革命"开始了，所有学校停课，开始了如火如荼的"革命运动"。书本全部收回，发的是一本《毛主席语录》，老师上课就教同学们背老三篇：《为人民服务》《纪念白求恩》《愚公移山》。那时候，老三篇家喻户晓，尽人皆知，有的人还能倒背如流。

"文革"十年葬送了一代人，这是历史的悲剧。那时候，一切活动让位于"革命运动"，学校是一个无产阶级的阵营，小学生都参加红小兵，中学生参加红卫兵。当时有两个阵营，所有的红小兵指挥部和红卫兵指挥部都属于"炮轰派"，即"造反派"，是"誓死保卫毛主席，听毛主席话，主张向走资本主义道路的当权派进行坚决斗争"的一派学生；红小兵司令部和红卫兵司令部则属于“保守派”，主张“誓死保卫当权者”。这就是文化大革命中学校里最著名的势不两立的两个学生组织。老师们有的被批斗，有的成了“革命的闯将”，没人教文化课了。

孟繁信却没有因此耽搁学习，他在父亲的督促下，认真学习《论语》《孟子》《大学》《尚书》《礼记》《春秋》等经典儒学著作，每天都要诵读。晚上，父亲还要逐字逐句检查。父亲教给孟繁信的学习读书方法颇为独特，对孟繁信以后的读书很有帮助，让他不仅喜欢读，而且还知道怎样读。后来孟繁信将这种读书法总结为“三字读书法”，分别是“吞”、“嚼”、“品”，这可谓是读书的三境界。

“吞”就是生吞活剥，囫囵吞枣。比如学习《论语》，生僻难懂的地方很多，一时半会搞不明白就不要管它，先熟读、背诵，这个过程虽然有些盲目，可能会导致进食过快消化不良以至胃胀腹痛。但这是知识积累的必经之路，也是一个人学识渊博、满腹经纶必不可少的起点，这是读书的初级阶段。

“嚼”就是咀嚼消化，强化吸收。不懂的地方父亲讲解，自己感悟，慢慢地就理解了。能够透过字义，懂得文中内涵，这是件快乐而有成就感的事情。嚼烂磨碎那些文字的骨头，从中获取钙质，汲取营养，这是吮吸精华，将僵化的知识化为活的血肉，这是一个漫长的过程，是读书人获得知识必须要付出的艰辛劳动。

“品”就是焚香沐浴，如饮琼浆的高境界，是成熟聪颖的心灵与星空的娓娓絮语，到这一境界，读书已经是陶冶心灵、颐养灵性的乐事，“品”是在“嚼”的基础上的悟性升华，也是进入至高、至纯、至净的读书人生最高境界的门票。

孟繁信认为，举凡大家鸿儒，书读到“品”的份上，往往将三法一起运用，“吞”文字，“嚼”新意，“品”韵味。或者是将泛读的“吞”之，精读的“嚼”之，细悟的“品”之。将此三境界延伸到指导人生，可以将无用的书“吞”之，有用的书“嚼”之，启人心智的书“品”之，则对人生受益无穷。

读书习惯的养成需要一个艰难、漫长的过程。孟繁信刚开始读书时信心满满，但书本上的语句艰涩难懂，对于一个十来岁的孩子来说，很是枯燥，无异于煎熬。这需要定力。虽然父亲从小就教育孟繁信“富贵必从勤苦得，男儿需读五车书”，教他背诵“三更灯火五更鸡，正是男儿读书时。黑发不知勤学早，白首方悔读书迟”。但童年的孟繁信并没有想那么多，如果有时间能逃离那些文字，他就会尽量离它们远点。父亲却并不着急，装作不知道的样子，只要每天能完成交给他的读书任务就行，因为父亲懂得，一种行为的养成不是一蹴而就的，是在成长的过程中慢慢形成的。

一天，孟繁信和小伙伴们在街上疯跑，看见村委门口围着一圈人，在看一张大字报，上面有一句话：“正如《论语》所言吾恐季孙之忧，不在颛臾，而在萧墙之内也。”大家都不认识“颛臾”二字，也不明白什么意思，议论纷纷。孟繁信一看，这句话自己学过，就对他们解释说，颛臾，念“zhuan yu ”，是人名。这句话的意思是说：我担心季孙的忧患不在颛臾的外患，而在自己的宫墙之内的内忧。人们都惊讶地看着孟繁信，眼神里充满了敬佩和欣赏，都夸奖他学习好，懂得多，有本事。孟繁信嘴上不说，心里美滋滋的，他第一次尝到了知识赢得了尊重的滋味，心里暗暗下定决心：好好学习，掌握更多的知识！

慢慢地，孟繁信熬过了读书的枯燥关，从汉字的字里行间发现了美，渐渐地喜欢上了汉字，那结构给予人们的稳重、端庄的感觉；那左右、上下的相互平衡、相互对立统一的审美感，让人在阅读中油然产生一种无以言表的愉悦之情。 就这样，孟繁信在儒家经典典籍、古典文学历史的海洋中遨游，对儒家格物、致知、正心、厚德、爱国、忠孝、仁义等思想有了自己的理解与感悟，他的知识逐渐丰富，内心也逐渐丰盈起来。

第四节　勤研技能

在这个世上，一个人是需要有个一技之长的。孔子说做人要“志于道，据于德，依于仁，游于艺”，他说的艺，包括礼、乐、射、御、书、数六艺。艺不仅指艺术，还指技艺，技术和艺术是相通的，技术的最高阶段就是艺术。对某种技能特别精通的人，一定能从这种技能中获得乐趣。

孟繁信自小就喜欢“游于艺”。1967 年夏天的一天早晨，孟繁信和父亲去表姐家走亲戚。尽管是一大早动的身，但走着走着就热起来，孟繁信没敢抬头看太阳，只觉得到处都耀眼，空中、田野都是白亮亮的一片，白里透着点红，由上到下整个像一面极大的火镜，每条都是火镜的焦点，仿佛一切东西就要燃烧起来。好不容易到了表姐家，孟繁信浑身像被雨淋过似得湿透了，刚坐下就听到隔壁小屋里传出音乐和说话声，他循声走过去，看到了一个铁盒子，声音就是从里面发出来的。表姐说，这是你表姐夫自己做的矿石收音机，他在部队上当的无线电兵，就喜欢鼓捣这些东西。孟繁信很惊讶，没有线就能发出声音？太神奇了吧！他找了半天，只找到了一根天线和一根地线，别的什么都没有。孟繁信一下子被吸引住了，嚷着要跟表姐夫学无线电，那时候整个县城最高科技恐怕就是街头上天天唱《东方红》和《大海航行靠舵手》的高音大喇叭，而且还是有线的。

表姐夫拗不过他，就给孟繁信讲了一些无线电知识，想打发他一下就算了。没想到孟繁信是一个较真儿的人，看准的事要学就学好，要么不学。他经常往返十几里地来向表姐夫学习无线电知识，也找到了一些无线电教材和有关收音机入门等书籍，虽然单从汉字上似乎还是看得懂，但那些密密麻麻的收音机电路图却不是一天两天就学会的。孟繁信有锲而不舍的精神，他一边向表姐夫学习，一边自学。

他先从最简单的组装矿石收音机入手，矿石收音机是最简单的无线电接收装置，因为它是由矿石来做检波器的，因此叫矿石收音机。

虽然装一台矿石收音机原理简单，取材也相对容易，但真正要让它能顺利接收到广播电台的信号并真正能发出声音也还真有点难度。首先要有一幅性能较好并有一定高度的天线，那时候，孟繁信家里院子里有一根约碗口粗、高约五六米的梧桐树，于是他就央求父亲找来一根和梧桐树一样高的铁丝，请人帮他架到树的最高端，这就自然成了一副良好的天线。然后就是接一根性能良好的地线，孟繁信自己找来一根导线，一头串接在矿石上，一头把它接到屋门旁边的地下，就这样一台最简单和最原始的收音机就算安装完毕了。

孟繁信拿着触针，在矿石上点点戳戳，以便找到声音最大的灵敏点，这是孟繁信自己制作的第一台收音机，虽然还很粗陋，但他是多想早一点听到广播电台的声音啊！他调呀调，终于，耳机中传来了糟杂的声音，时而还会有不清晰的女播音员的声音，矿石收音机安装成功了。孟繁信喜出望外，连忙喊来父亲来听，父亲在耳机中虽然听不清晰广播电台的声音，但他老人家仍然鼓励孟繁信说："好！只要好好钻研，一定会成功的！"

听了父亲鼓励的话，孟繁信更加坚定了一定要让收音机发出清晰声音的信心。他在表姐夫的指导下，分析了矿石收音机信号弱和只能听到嘈杂声音的原因，要想声音清晰，就必须装调谐器和放大器。使矿石收音机所接受到的微弱信号经过放大，从而听到清晰的声音。

功夫不负有心人，孟繁信边思考边安装，忙活了三天时间，他搞的那玩艺真的能收听广播电台的节目了，而且清晰度很高，可以和街上的高音喇叭相媲美。父亲自制了一个木箱子，装着这台来复式收音机，逢人就告诉他们说，这是我儿子自己安装的，目前在市场上还买不到呢！

孟繁信就是这样的人，凡事喜欢追根问底，彻底搞明白才行。踏入无线电这一行，在他眼前打开了一个崭新的神奇的世界，他先后自学了电子技术、电子设计自动化技术、电波与天线、无线电收发设备、电视原理与接收机、无线移动通信设备等技术。随着技术的增长，孟繁信也越发忙起来，这家收音机有故障了，那家的电视机突然不出影了，都来找孟繁信帮忙修理、调试。有时候，孟繁信正吃着饭时有人找来了，他丢下饭碗就跑去了。整个马家合子村，家家都留下了孟繁信急匆匆的脚步，他成了村里家用电器的维修志愿者，也博得了村民的喜欢和爱戴。

孟繁信学习无线电付出了汗水，义务为很多村民解决难题消耗了大量的时间，但他无怨无悔，而且感到快乐。说起学习无线电的经历，孟繁信娓娓道来，如数家珍，要说起在无线电领域的扛鼎之作，要数 1992 年他带领两位助手为东风电视机厂安装十三面工作台的故事，现在讲起来，孟繁信还是满脸的自豪……

那是 1992 年，北京东风电视机厂吞并北京昆仑电视机厂，搞中日合资。上世纪七八十年代，昆仑牌彩色电视机在市场上非常紧俏，那时的北京人没有不知道昆仑牌电视的，买电视机要凭票才能买到，甚至还要托关系。合资企业在北京朝阳区设了一个分厂，需要安装十三个操作台，每个操作台有一个台芯，不知什么原因，技术人员每次安装都不能将台芯调试好，反复几次都不行。技术人员实在是没办法了，打听到有一位叫孟繁信的老师对无线电、家用电器有研究，就抱着试试看的心情，把孟繁信请了去。孟繁信仔细查看了工作台，检查了他们的安装步骤、程序，然后写了一篇分析报告，指出了存在的问题和解决的方法。日方代表看了后，非常震惊，一个物理老师比企业的电视机工程师、专家还要专业，太不可思议了。下一次再安装调试的时候，日方代表一定要等到孟繁信老师亲自来，才能开始安装。孟老师带来两位助手，和中日双方的专家一起完成了安装调试任务，并且一次成功。

后来，孟繁信从事教育工作后，注重培养学生的动手实践能力，挖掘和发展学生的技能强项，避免学生理论上夸夸其谈、高谈阔论，动手却束手无策，高分低能，从而实现全面发展。这种教育理念的形成，与他学习无线电技术的经历是分不开的。

第二章
初悟师道，倾心教育苦求索

弱者习惯将希望寄托在他人身上，强者喜欢依靠自己的力量。成功要靠自己。即使现实中充满磨难，也要在荆棘中坚强绽放！

——孟繁信

第一节　孟氏教学法

1976 年 1 月，孟繁信高中毕业后被当时的通县小务中学留校任教，担任初中、高中的物理教学工作。刚开始主要是讲授电工基础，这对孟繁信来说是驾轻就熟，讲起课来他用通俗易懂的语言解释电的原理，并举出一个个鲜活的实例，学生们听得津津有味，都觉得长见识，认为物理老师有学问。孟繁信有点小骄傲，因为他的物理知识几乎全部来源于实践，实践出真知，讲起课来自然是内容丰富，再加上他幽默的语言，妙语连珠的口才，学生们自然而然地钦佩起他们的物理老师来。

1977 年国家恢复高考，全国统一教材在各学校迅速普及，孟老师拿着教材，有一种老虎吃天——无从下手的感觉。自己的物理专业知识和教育知识太缺乏，要想教好学生，必须自己先成长起来，提高自己的教学素养，丰富自己的物理专业知识。

说做就做，做就要做好，是孟繁信的性格。他像一名小学生一样虚心向老教师请教，从概念定义入手，先落实三基：基本概念要清楚，基本规律要熟悉，基本方法要熟练。然后，选择一本较好的教辅资料，自我加压，独立做一些练习题，不仅要求数量，更要有质量，做一些有难度的题。接着，再按照题型做归类练习和变式练习，也就是把相同或相似的习题放在一起，最后，一点一点为自己增加难度。此外，他还主动去听其他物理老师的课，虚心学习其他任课老师的讲课风格和特点，把听课当成是自己复习、巩固的一个过程。孟繁信还准备了笔记本，把知识要点记下来，如知识结构、好的例题、本章节重点难点等。

不仅如此，孟繁信还直言不讳地对学生说，这教材自己也是第一次接触，咱们的起点是一样的，就一块学习、一起探讨吧。通过加班加点补习，孟繁信渐渐明白了物理作为一门自然科学，有很强的逻辑性，只有系统地掌握好知识结构，把零散的知识以网状形式相关联，就可以加深对知识点的理解和掌握，更好地对知识进行灵活运用，达到举一反三、触类旁通的效果。 孟繁信把自己的感悟和体会与学生们一起分享，学生们有什么好的经验也愿意和老师交流，师生真正打成了一片，孟繁信也真正体会到了什么叫“教学相长”。

孟繁信在教学中提倡互动，让学生在课堂上动起来。以前学校传统的授课方式是老师教老师的、学生学自己的，各自为战，不能互动，使得教与学脱节。而孟繁信的教法与常人不同，他每节课只讲二十到二十五分钟，剩下的时间与同学们互动，让同学们发表意见，谈不好理解的难点，比如浮力的计算、不同状态下电路的分析与计算等，有明白的同学可以先讲，最后老师总结。这样授课，同学们对物理知识的理解更加深刻，经过反复地思考、感悟，使书本知识慢慢消化，真正成为自己的知识。

如今于家务中学的初中物理新的教学目标中就有合作与交流、情感与价值观等内容，要求师生之间、学生之间进行交流，互教互学，取长补短，共同提高。自己有了好的方法要学会与人分享，予人玫瑰，手有余香。同时，也要谦虚地吸取别人在学习中的闪光点，这样才能共同进步，而且大家的友谊也不断加深。

孟繁信在教学中，鼓励学生建立“错题本”，把曾做错的习题汇总在一起。“错题本”是自身错误的系统汇总，学生通过汇总很容易看出其中的规律性，发现自己薄弱环节。“错题本”还能改变学生对错误的态度，对待错题的态度是减少错题的关键。错误是一种经验和教训，因为错误才能使学生知道自己的不足，而不能因为错题少或错误的原因简单而忽视它。一个错误实际就是一个盲点。如果对待错误的态度不积极，或者缺乏理想的方式解决错误，错误会在任何可能的时候发生，而且会经常重复发生。

实践证明，“错题本”是提高学习效率的良方，是减轻学生作业负担的捷径，能改掉学生马马虎虎的坏习惯，学生会因为怕抄错题或错题太多没面子，而小心翼翼地做作业，不再马马虎虎了。错题本整理之后还要定期回顾。学生回顾的时候，先看自己上次的错误到底是犯在什么地方，总结一下，过个两三天再返回头来看错题本，只看题目再做一遍，看看自己能不能记住前两天的总结。就一般的经验而言，最多第三次，学生一定就可以做对了，并且记忆深刻。

孟繁信对建立“错题本”的方法进行了规范，如果错题是在试卷上或者课堂上做的练习册上，做过之后直接剪下来贴到本子上，将题目连同自己错误的地方一起剪，贴的时候只贴一个角。这样的方法节约时间，而且看上去直观，可以让学生回想起自己第一遍做错时候的状态。有些课堂上错误的题目，或者课外辅导书里的题目，可以手抄下来。把正确的答案、题目的考点、易错点、自己对题目的感想都写在错题本上。学生开始可能总结的不好，可以求助老师或同学，逐渐培养起自己分析题目的能力，以后在考试中遇到难题也能更好地应付了。 孟繁信对“错题本”的要求是持之以恒，他经常跟同学们说一句格言：“贵有恒，何必三更起五更睡；最无益，只怕一日曝十日寒。”

每次考试时，孟繁信和学生们一起做题，分数一起公布，老师不像老师，倒像是大师兄。同学们都愿意学物理，在校园内掀起了学物理的高潮。1977 年中考成绩，小务中学总分第四，而物理分数名列第三。看到成绩，孟繁信老师长出了一口气，一块石头终于落地了。自己没有白辛苦，没白没黑地恶补，汗没有白流，自己全身心付出的心血没有白费。

打好了中考第一仗，孟繁信自信心足了，他开始研究课堂教学，他认为真正理想的课堂秩序应该是师生双方在涉及具体问题时，所掌握的衡量行为的性质与尺度的标准是一致的。这样才能使课堂变成师生双方能够共同理解的世界，课堂学习中师生双方才会达成更多的一致和默契。

一个老师的权威不是建立在学生的被动学的基础上，而是建立在老师鼓励学生的积极参与教学，以促进其能力充分发展之上。这样，老师的作用就不会混同于一部百科全书或一个供学生利用的资料库。一个有创造性的老师应能帮助学生在自学的道路上迅速前进，言传身教，用人格魅力去感化学生。在充分尊重学生的基础上，给学生相对的自由，将教学成果的体现最大化。

这样的课堂教学可以称之为“孟氏教学法”，它使师生之间的行为都具有很大的自由度，这种秩序所追求的结果是师生之间的最大限度的平等，而这种平等的目的是为了更好的实现教育的目标。

物理说到底是一门以实验为主要手段的学科，孟繁信特别强调学生的动手能力。当时学校里的实验室由他代为管理，他注重以实验的形式激发学生学习物理的兴趣，提高他们的动手能力和思维能力。物理学家丁肇中说过这样一句话，实验可以推翻理论，而理论永远无法推翻实验。可见物理实验的重要性，它化抽象为直观，能更深入地理解物理规律，形成物理思维。实验形象直观，使学生印象深刻，而且能培养严谨的科学态度和作风。

为了教好学生，孟繁信自学了《教育学》《心理学》等知识，对教育有了更深刻的认识。在祖国古汉语中，“教”和“育”是分开的，“教，上所施，下所效也”，“育，养子使之作善也”。而真正把“教育”组合在一起成为词组的，正是自己的祖先孟子。《孟子·尽心上》记载：“得天下英才而教育之”，即把“教育”二字第一次组成词组，一直沿用到今天，成为我们日常生活中常用的一个概念。孟繁信从教育的发展史、教育的规律、教育制度入手，慢慢延伸到教学过程、教学方法、教学组织与评价、教师与学生和谐相处等各个环节，明白了教育所担负的历史使命，它不仅关乎一个国家的未来，也与每一个人息息相关。如何正确引导中小学生德智体健康发展，是每一位教师必须思考的大问题。

在自学《心理学》过程中，孟繁信着重研究了王阳明的《心学》，王明阳是理学大师，他的《心学》与儒家学说不谋而合，这让孟繁信感悟颇深。

孟繁信在苦研教学方法

任何人都不必向外人、外事、外物探寻真理，真理藏在每个人的内心里。人为什么有时候会犹豫不决，会觉得经常性的迷茫呢？很简单，在为人处事方面，任何人其实都知道一件事怎么做是对、怎么是错；但在情绪上，由于受利益的驱动和蒙蔽，人往往又不愿意承认善为善、恶为恶，并找出许多理由和借口来埋没、掩藏自己的良知。甚至希望借助外力帮助自己证明善为恶、恶为善。长此以往，通过自欺欺人的方式，人逐渐失去明辨是非、探寻真理的能力。

儒家学说是讲知行合一的，但王明阳的见解也是独具一格，孟繁信受益匪浅。王明阳认为，行要听从良知召唤，也就是听从直觉召唤，不能违逆本心。直觉有良心的直觉，也有情绪的直觉。良心的直觉为善，而情绪的直觉往往为恶。王阳明强调对良心的直觉和情绪的直觉都要非常敏感，发现情绪直觉的恶，要立即摒除；对良心的直觉，要努力守持，照此力行，达到知行合一。

孟繁信按照心学的修炼办法，把平常的每一件事都当做修炼心学的一种锻炼，坚守良心，不受外物摆布，因此建立了强大的心理力量。王阳明认为强大的内心才是在任何事务中保持制胜的法宝。只要战胜自己、控制自己的知行，战胜自己的情绪，就可所向披靡。人人皆有良心和情绪，依照情绪行事的结果就是，人总是听从外事外物的摆布。只要坚决照良心行事就不会受外物摆布，而依照情绪行事往往就会成为外物的奴隶，这是坚守良心的最大的好处。也就是说，照良心行事可以成就强大的心理。道理很简单，比如以戒烟为例，虽然人的良知都会告诉自己烟草对人是有害的，但侥幸心理和情绪又告诉自己可能吸烟也无所谓，并举出一大堆例子，并由此解脱自己难以摆脱的烟瘾。但人由于有烟瘾，只要烟瘾上来就会不顾一切找机会吸烟，人的注意力和意识就会受到烟草的摆布。由此，一个人的意志力在烟草面前变得十分脆弱，因此变为烟草的奴隶。

通过修炼心学，孟繁信能控制自己，严格自律，他认为，虽然修炼心学未必都能让所有人取得世俗意义上的成功，但人只要炼成心学，都会取得或多或少的成就，这是肯定的。一个心理强大的人，取得一定的成就是必然的。

秉持着这一理念，孟繁信扑在教育第一线传道、授业、解惑，探索出的独特的教学方法结出了累累硕果，向全国各地输送了大量优秀人才，桃李满天下。很多学生都成为所在行业的精英，作出了突出的成绩。这让孟繁信引以为傲。一位老师最成功的或最值得骄傲的不是他的论文或著作，而是他教出了学有所成的学生。2016 年 3 月的一个星期天，孟老师的几个学生相约来看自己的老师，其中一个学生说："老师，您还记得吗，我中考时物理考了 59 分！"孟老师看了他一眼一怔，另一位同学说："那时候，中考理化两门才 100 分，物理 60 分，化学 40 分。在高中他的物理成绩一直名列前茅！"孟老师释然了，多少年过去了，回想起当年在教学第一线，含辛茹苦，不分昼夜，虽然辛苦但在心里还是很值得留恋的！

第二节 临危敢担当

1995 年 8 月 25 日，一纸调令将孟繁信调入柴厂屯中学，任总务主任。一起调入的还有同事陆金龙，担任校长。

当时的柴厂屯中学是通州地区有名的“烂摊子学校”，校门前是个大垃圾场，教室破破烂烂，校园内纸屑满天飞，一片狼藉。大部分的门窗没有玻璃，围墙残垣断壁无人修理，下雨时，雨点噼噼啪啪地砸在挡窗户的纸壳上，窗上的塑料布应和着风声雨声呼呼乱响，掩盖了老师们讲课的声音，教室里根本无法上课。好不容易盼到下课，学生们在两间教室中间墙上的大洞里钻来钻去，有的做游戏，有的在打闹，一片混乱……

雨过天晴，教室外的杂草丛里，老鼠开始出没，到处乱窜，把校园作为石料场的大货车又开始呼啦啦倒起了沙子。学校无人管理，学生们上课时间四处游荡，临近放学的时候，才三三两两地回到教室，背书包回家。

1995 年暑期，柴厂屯中学又转走优等生 50 余人，好学生都转走了，剩下的学生更无心学习，老师也教的没劲。学生无故旷课，惹事生非并不奇怪，还有的纠集社会闲散人员、家长等到学校打架斗殴，有的甚至无故殴打老师，柴厂屯中学在社会上名声扫地，一度被群众称为“痞子学校”。

从 1990 年至 1995 年，柴厂屯中学换了四任校长。这所学校如风雨飘摇中的小船，随时都有倾覆的危险。

上级注意到这种情况，在考察了三个月后，把责任心强、能干事会干事的陆金龙、孟繁信一起调了过来。

孟繁信站在这所校园里，心里五味杂陈，竟无端地生出“风萧萧兮易水寒，大丈夫一去兮不复返”的悲怆感。情况比想象的还要糟，杂草丛生，垃圾遍地，满目萧条。这里的校园环境无疑是破败的，但更可怕的是心灵的荒芜与破碎，一部分教师的心理创伤也是千疮百孔，荣誉与尊严早已随风而去。但这能全怨教师吗？！教师的个人行为在这所学校的氛围下已经被蹂躏得疲惫不堪。

怎么办？孟繁信陷入深深地思考中。怪不得人们都说，这个学校就是个泥坑，谁去谁陷下去。学校的这种景况，让孟繁信的心里隐隐作痛，难道不干了，再回小务中学吗？继续做一名优秀的物理教师，继续管理资金 27 万元的小化工厂？继续修理每年净挣 1 万元的水泵？

孟繁信面临着抉择，也必须做出抉择。一边是安逸的工作生活，一边是未知的、充满变数的沼泽，是拼一下闯过去还是固守？这种抉择，是艰难的。妻子理解他有做企业的梦想，支持他干实业，同时也尊重他自己的选择。

孟繁信凡事犹豫的时候，就读书，从书中找答案。他随手打开一本书，是关于曾国藩的，里面一段曾国藩的独白引起了孟繁信的注意：

“自从去年 12 月 20 日后，我常常忧心忡忡，不能自持，若有所失，到今年正月还是如此。我想这大概是志向不能树立时，人就容易放松潦倒，所以心中没有一定的努力的方向。没有一定的方向就不能保持宁静，不能宁静就不能心安，其根子在于没有树立志向啊！

另外，我又有鄙陋之见，检点小事，不能容忍小的不满，所以一点点小事，就会踌躇一晚上；有一件事不顺心，就会整天坐着不起来，这就是我忧心忡忡的原因啊！志向没树立，见识又短浅，想求得心灵的安定，就不那么容易得到了。《礼记》中说，君子庄敬日强。我天天过着安逸、放纵的生活，于是，人也就一天天衰颓下去。像那些树木，志之不立，本之拔矣！”

人无志向，柔弱无刚。孟繁信突然明白了，自己犹豫不决的原因是自己没有志向，诸葛亮讲“志当存高远”，宋文帝讲做人应“慷慨立志”，王夫之讲“传家一卷书，惟在汝立志”。做人的第一件事就是立志，可自己呢？患得患失，胸无大志，孟繁信对自己的犹豫不决感觉到了惭愧。

他果断做出了自己的决定：为了安心工作，卖掉化工厂，卖掉家里一切修理工具。在往外拿这些工具的时候，妻子流着泪帮他收拾，但没有言语，孟繁信心里也很难受，他从小就爱鼓捣电器，从今后，他要与他的爱好告别。那一年，孟繁信的直接经济损失达 29 余万元，这对于当时月工资只有 400 多元的教师来说，是很大的考验。

接下来的问题，就是如何治理这个学校。有好心人劝孟繁信，柴厂屯中学就是一池浑水，搞不好就会把你也弄脏了，你就鸭子随大流，避重就轻，得过且过吧！孟繁信谢过他们的好意。他心里明白，自己既然选择了就只能义无反顾地走下去，妥协是不可能的，得过且过更是一种耻辱。他想起先祖孟子的话："天将降大任于斯人也，必先苦其心志，劳其筋骨，饿其体肤，空乏其身，行拂乱其所为，所以动心忍性，增益其所不能。"他抱定"困心横虑，正是磨练英雄"的决心。

面对学校实际，马上提高教学质量是不可能的，但必须寻找突破口，在短期内唤醒师生潜在的荣誉感、自尊心、进取心。孟繁信经过深入考察、调研，发现柴厂屯中学的体育教学底子相对扎实，可以以此为突破口，重铸自信，赢得发展。

在教职工会议上，这位刚刚上任的总务主任以他浑厚的声音，铿锵有力的语言，震撼着教师的心："我们可以贫穷，可以不富有，但我们要立志，要有人格，要有尊严！"随着孟繁信铿锵誓言的落地，全面治理柴厂屯中学的序幕拉开了，孟繁信也开始了他人生价值的第一次突破。

"穷且益坚，不坠青云之志"。贫穷并不可怕，可怕的是贫穷中的堕落，人格的沦丧。当生存环境无法选择时，生命形式可以选择。"自力更生，艰苦办学，柴厂屯人要自己站起来！"柴厂屯中学吹响了在困境中崛起的号角。

在孟繁信的提议下，学校确定了"以环境建设为先导，以体育工作为窗口，带动学校全面工作"的发展思路。

如同居家过日子，首先要“清理”门户，改变破烂不堪的面貌。因此以环境建设为先导是学校针对当时形势提出的明智选择。

于是，校园内出现了前所未有的画面：

几位后勤人员高举大锤，随着几声轰然清脆的声响，安睡在学校教学区的几个巨大氨水罐结束了为几位农民兄弟积肥数年的历史，也结束了作为学校垃圾场的角色。当时，为了填满这个垃圾坑，平整教学区，孟繁信联系附近的建筑工地，让他们帮忙运来土方 2700 多方。空气中新鲜泥土的芳香替代了臭哄哄的氨水气味。

为了把教学区、学生活动区分开，孟繁信带着后勤人员去建筑队讨价还价，买来废铁，然后组织人员自己焊铁栅栏。当时正值寒假期间，北风凛冽，寒气刺骨，气温大约在零下 20 度左右，甭说干活，伸出手来都冻得打哆嗦。但为了学校环境综合治理的进度，他们不计任何报酬，一直坚持在校内工作。天冷就戴上两层手套，中午天暖和点了，他们就脱下棉衣继续工作；渴了，到水龙头下喝一气凉水……

孟繁信一直盯在工作现场，电焊技术对他来说是轻车熟路，他不仅带头工作，还教给工作人员正确的焊接技巧，做到既干好活还要保护好自己。由于天气特别寒冷，孟繁信突然患了重感冒，一直发烧，最高时达 39.8℃，一会儿冷得厉害一会儿却又热得难受。但他硬是一天也没停止工作，打针吃药都在学校，坚持带领后勤教师们继续工作。大家也被孟繁信主任这种率先垂范、忘我的工作精神所折服，自觉加班加点完成或超额完成既定工作量。本来打算一个月完成的焊接任务，最后只用了 20 天就结束了工程。一块块高 2.5 米的铁栅栏将学校教学区和学生活动区分开来，既美观又结实。总算起来，焊了约 1.2 吨的废铁，只花了一千多元，节省资金三万余元。

接着，是整理杂乱的电线，更换破旧桌椅。那时，由于设计不合理，学校横七竖八到处都是裸露的电线，电线破损陈旧，失火的现象时有发生。有一次，孟繁信路过校传达室，发现屋里的师傅正端着一盆水，准备泼向着火的电线，孟校长一个箭步冲过去一把拉开师傅，才避免了一起后果不堪设想的重大事故。残酷的现实，逼着他必须向上级要钱更换线路。拿着申请报告，孟繁信先后去了十三次教委，只要到四千五百元。在一次教委召开的工作报告会上，孟繁信半开玩笑地说，自己现在蒙着眼睛都能找到教委主任的家。就是利用这些钱，他把学校线路全部改装，从根本上杜绝了火灾事故。还剩下一点钱,但换桌椅是远远不够的。没办法，只有靠自己，听说天津盛芳批发的学生桌椅便宜，孟繁信就三下天津盛芳去买便宜的桌椅面、便宜的钉卯，当时在盛芳，钉卯一毛钱四套，而在通州一毛钱一套。为了省一些钱，他有一次差点搭上性命。孟繁信现在想起来还不寒而栗。

1996 年暑假的一天，孟繁信从天津盛芳买完钉卯出来，刚刚大雨初晴,天气预报说,这几天是强降雨。孟繁信不敢耽搁时间,急急忙忙往回赶，路特别不好走，在路过一个河套时，车被淤泥窝住了，车轮只打转就是不往前走，而且越转车轮陷得越深。没办法，孟繁信走出好远，抱来几块石头塞到轮子下面的坑里，重新启动、加油，车子慢慢地从泥潭中开了出来。刚刚走出河套，上岸最多两三分钟的光景，上游的洪水一泻而下，整个河套变成了一条大河，孟繁信的汗“刷”地就出来了，一身冷汗浸湿了衬衫……就这样，孟繁信带领后勤人员用买来的桌椅面、钉卯等，利用假期共焊接了 570 套学生桌椅。三条腿的桌子，一条腿的椅子从此退出了柴厂屯中学的舞台。

当时，在柴厂屯镇细心的人会发现一个令人奇怪的现象：镇里只要扒旧房，就会有一群老师、学生模样的人来捡砖瓦，会有人过来用低价买走旧柁、旧梁、旧檩，包括换下的办公桌椅等。这是柴厂屯中学校委会通过的一项决议，不等不靠，利用一切可省钱的机会，改善教职工办公环境。就是用这些捡来的砖瓦、低价收来的梁柁，学校盖起了五间瓦房，柴厂屯中学拥有了自己的食堂。

然后是绿化校园环境。孟繁信到处找那种价格不贵、长得快的树，他踏遍学校周围的所有苗圃、花市，选择了几样物美价廉还实惠的花木，仅花了 800 多元，整个校园的绿化工作就完成了。走进柴厂屯中学，那些高低错落的绿色灌木、鲜花盛开的花坛告诉人们：世上没有过不去的事，关键在于“人”，只要矢志不渝，百折不挠，就一定会踩平坎坷，趟出一条大道来。

经过一年多的努力奋斗，校园环境的治理成效初显，柴厂屯中学变模样了。然而，相对于师生心灵环境的治理，校园环境治理就显得简单得多了。

针对学校周边环境复杂，学生旷课现象严重，打架斗殴时有发生等情况，孟繁信协助校长及时制定了“两抓两影响一震慑”的工作思路。首先抓学校教职员工的工作纪律：严格上下班纪律，严格工作过程要求，失职者将得到批评、警告、处罚等，以此凝聚人心，影响学生。然后是落实校内师生全方位管理，制定管理办法和行为规范，让校内所有人都受到约束，营造正常、规范的教育氛围，以此影响外部。一震慑就是利

孟繁信在绿化后的柴厂屯中学校园留影

用校内的宣传栏等进行普法教育，联系驻地派出所干警和司法人员到校做法制报告，让学生明白什么是应该做的，什么是不应该做的，并震慑学校周边的社会闲散人员。通过一系列严格有序的制度落实，教学环境得到了改善，教师集中精力教育教学，学生力所能及地掌握知识，学校又适时地叫响了“认真教没有教不好的学生，勤奋学没有学不会的知识”的口号，教风学风开始向良性发展的轨道迈进。

随着各项工作的理顺，柴厂屯中学的体育工作也大有起色，从1997年开始，中考体育成绩一直名列通州区前列。以体育工作为窗口，外界开始注意到了通州区南端还有一所柴厂屯中学，柴厂屯中学的名字开始在一些公众场合以崭新的面貌出现。学校曾连续四年体育成绩优秀，定为广播操免检校，2002–2003年，连续获得通州区男子足球赛冠军，2002–2003年，在通州区组织的篮球赛上也获得优异成绩。体育成绩的获得，大大激发了师生的荣誉感和进取心。然而要从根本上改变柴厂屯中学的精神面貌，在全校师生的心灵上构建一座健康、向上、进取的精神大厦，让全体教职员工同心同德，迎着困难阔步前行，还需要做大量工作。从走进柴厂屯中学的那一天开始，孟繁信就明确定位了自己的角色，那就是点燃师生们自信的火把，照亮前行的路。

第三节 轻伤不言苦

日子在季节的河流里匀速而永恒地流淌。转眼之间，孟繁信调入柴厂屯中学已经两年了。因工作需要，他又兼任了校政务主任，原本就闲不住的他更忙碌了。

这天，孟老师像往常一样，一大早就推着摩托车走出家门。太阳还没有升起来，东方的天空被染成一片片红色的绸缎。整理好头盔，打着火，孟繁信朝学校方向奔去。

金秋十月，正是收获和耕播的季节。玉米棒子都已经收回了各家院落，屋檐下、树杈上都吊着金黄的玉米穗，秋天浓稠的香味，灿烂在大街小巷。孟繁信猛吸一口气，情绪也高涨起来。他加大油门，飞驰而去……

“三春不如一秋忙”。路边的田野里，人们都在紧张地忙碌着：这边吆喝着牛儿在耕地；那边有三五个汉子在拉着手工播种机在地里来回走动，清脆的铃声传出老远；调皮的小麻雀也赶来凑热闹，在叽叽喳喳地啄食着田里散落的麦粒，见到人们过来，便“忽”的一声飞散而去。

人勤地不懒，教育也是这样，对学生要像对待庄稼一样，只要辛勤付出，必定有好的回报。孟繁信一边寻思一边往前赶。

前面是一个缓坡，孟繁信没有减速，下到坡底左转弯。孟繁信骑车正经过坡底准备拐弯时，突然，一辆农用三轮车迎面疾驰而来，想踩刹车已经来不及了，孟繁信吓得不敢拐弯，扶着车把径直往前跑，摩托车飞过路边的沟沿，跌跌撞撞地翻到了沟下面……

三轮车丢下一屁股烟尘扬长而去。倒是有几个路过的农民站在沟沿上询问：

“同志，不要紧吧？”

“同志，要不要我们帮忙把车给抬上来？”

……

孟繁信在沟底下定了定神，感觉脑子还清醒，忙冲着上面说：“谢谢！谢谢！我没事，请大家帮帮忙把摩托车给我弄上去！”

大家忙跳下沟，把孟繁信老师扶起来，七手八脚地把摩托车从大约有三米多的沟里抬到大路上。

“这不是孟老师吗！脸上有血，没事吧？”旁边的一位中年汉子看到孟繁信，关切地说。

孟繁信一脸的疑惑。“我儿子上初二时，就是您教的物理，开家长会时，我见过您！”那中年汉子一边笑着一边搓着手说。

“哦！”孟繁信轻轻点了点头。

“老师！您摔得不轻啊！”“前面村子就有卫生室，您过去包扎一下吧！”几位好心人给孟繁信出着主意。

孟老师伸伸胳膊蹬蹬腿，深呼吸了几次，除了有点胸闷没什么大碍。头盔前面的罩破了，将额角扎出了血，孟用手抹了一下，虽然很痛，但还能坚持，就微笑着对大家说：“没事，没事！谢谢大家！”说着扶着车把，用脚踹了一下启动杆，感觉肋骨有点疼，没打着火。

“稍等一下，孟老师！”认识孟繁信的那位中年汉子走到摩托车前，两脚紧紧地夹住车轮，双手握着车把，把方向矫正了一下，然后，来到车侧，脚放到启动杆上缓缓蹬了两下，接着猛一用力，“突”的一声摩托车就打着火了。他一边加着油门，一边自语地说：“摩托车应该没问题！”

“谢谢您！”孟繁信和中年汉子握了握手，戴上头盔，跨上摩托车：“谢谢乡亲们！大家有什么事可以到柴厂屯中学找我。”说着，挥挥手和乡亲们告别。

孟繁信心里充溢着感激，要不是这些乡亲们，自己还不知道，在沟里待多长时间呢！

孟繁信工作之余始终不忘学习

看看时间不早了，他顾不了身上的些许疼痛，加大油门向前飞奔……走了一会儿，他感觉不对，怎么跑到小甸屯方向去了！

“你啊，是不是脑子被摔糊涂了？”孟繁信喃喃自语，急忙调转车头往学校奔，赶到学校时，他已经迟到了十几分钟。

此时，明亮的阳光正在校园的树叶上涂着一圈又一圈金色与银色的光环。

教师们看着脸上渗着血、衣服不整的孟主任，都急忙围上来：

“这是怎么了？怎么摔成这样了？”

“都这样了，为什么不去医院？快去吧！”

“你的课，我替你，你先去医院查查！”

孟繁信双手抱拳，微笑着说：“谢谢同事们的关心！我没事，不小心摔了一跤。等我听完课就去检查！大家继续工作吧！”说着，他摘掉头盔，拿手巾擦拭了下脸，拍打了几下衣服，拿起听课笔记，径直走进了教室。

等听完了课，完成了今天的工作任务。孟繁信才去医院做了检查。这次意外他受伤着实不轻，两根肋骨骨折，头盔变形扎破了太阳穴，下颌、腿部都有划伤。

到了晚上，他的脸开始有点肿。肋部、腿部也疼痛起来，从屋门口挪到床沿，他足足用了十几分钟。为了不影响工作，他连夜挂上吊瓶。第二天，带上药，由家人搀扶着他骑上摩托车，他和往常一样坚持上下班，从没迟到早退。

医生建议他在家休息，但他心系工作，心系学生，坚持听课。他手撑着栏杆艰难的上下楼听课，一直坚持了一个多月，全校师生无不为之感动，学生们感动得流泪，都争着搀扶孟主任上下楼。

“靡不有初，鲜克有终。不能善终者，不遂其国。”这是诗经里的话，孟繁信说，它告诉我们人起初都是孜孜为善的，到后来，却很少能全始全终。如果领导层不能善始善终，就不能管理好一个“国”，这个“国”可以是一家企业、一个学校、一个地区，甚至一个国家。孟繁信自小受孔孟儒家思想的熏陶，凡事必须从自身做起，他始终认为：慎终如始，则事无败。

他是这么讲的，更是这么做的。在校园里，他将自己的一言一行化作了一种无声的影响、无言的力量，感染、带动着每一名师生。就在他受伤的前一天，学校刚开会制定了员工出勤制度，身为主任，他必须严于律己，以身作则。月底，孟繁信坚持按照制度扣考勤费 2 元。也许有人认为，他这样做很傻，但孟繁信认为，没有规矩不成方圆。他从成为人民教师的那一刻起，就践行着“勤勉奉献”的座右铭。一位和孟繁信同事多年的教师说：“是孟校长用勤勉的作风和赤诚的精神，带动了我们的工作热情。”

第四节 田野读书声

“至若春和景明，波澜不惊，上下天光，一碧万顷……”整齐嘹亮的声音惊起树上的鸟雀，鸣叫着飞上蓝天。夏虫也停止了歌唱，似乎也在聆听着孩子们发自心底的声音，“非典”的魔影逡巡了许久，终于被这蓝天下、鲜花碧草旁的一所所田间校园震慑了，它的魔爪已无法伸向这些铁骨铮铮、声振旷野的师生了。

这是 2003 年春夏之交，北京市中小学抗击非典的一道亮丽的风景线。这道风景线的策划人，就是孟繁信。

2003 年春天像往年一样，蹒跚着走来了，山朗润起来了，水涨起来了，太阳的脸红起来……正如当代散文家朱自清先生描述的那样：春天像刚落地的娃娃，从头到脚都是新的。几乎没有人会预料到，就是在这个山花烂漫的季节，全体国民将面临一场“洪水猛兽”般的挑战，这场攻坚战不亚于一场战役，从中央到地方，从天府之国到华北平原，从耄耋老人到几岁稚童，全国上下都记住了一个恐怖的名字——“非典”。

"非典"的突然侵入，打乱了正常的生活秩序，使长期处在稳定、安逸环境里的首都人不知所措，尤其是受惯了正规教育的孩子们，只能天天闷在家里自学，过着与外界隔绝的生活。时间久了，有些学生的心理发生了变化，暴躁、易怒、头疼等不良反应开始出现。北京市教委经过研究，决定通过空中课堂形式寓教寓乐，对非常时期的学生进行授课及心理方面的疏导。

对于地处偏僻的柴厂屯中学来说，这是一个巨大的难题，首先是绝大多数家庭买不起电脑，有电视的家庭，信号又不好，空中课堂在这里无法实现。如果不想办法，意味着柴厂屯中学近千名学生将无法学习，初三学生无法应付中考。另外，还有接踵而至的学生心理问题。

那段时间，一直坚守在学校的孟繁信忧心忡忡，吃不下饭，晚上翻来覆去地睡不好觉，瘦了好几斤。由于着急上火，胃病犯了，出现了胃出血的症状，但他对自己顾不了那么多，依然天天关注着在家学生们的情况。

那天，他开车又去各村询问学生情况，路过大片大片的田野，绿油油的小麦正茁壮成长，微风徐来，像柔软的波浪，一层撵着一层，一层压着一层。孟繁信心情稍微舒畅了一些，他停下车来，舒展一下身体，做了几个深呼吸，他闻到了小麦甜甜的味道。突然他灵机一动：为什么不在野外，在田间地头上课呢？通风好，学生的心理压力也可得到缓解。产生这个想法后，孟繁信马上电话召集校领导班子开会，最后制定出了实施方案：

一、确保安全，发挥党员、入党积极分子的模范带头作用，在这样的课堂形式下，保证学生安全，万无一失。

二、争得村干部的支持，每天对上课地点严格消毒，以村为单位，分三个年级上课，大村一个年级可分两个班。

三、教师每天三次严格测量学生体温，到各村轮流上课。

四、领导班子坚守岗位，每天到所辖村校督导各年级工作。

五、派专人调查各村家长情况，如发现家长有发烧症状的，通知学生隔离上课。

争得上级主管部门同意后，在孟繁信的领导下，一个个田间课堂成立了，它们像一朵朵盛开在田间的花朵，馨香飘进了师生的心里，泼洒在家长的心田。

许多家长看到为了孩子能够正常上学，学校领导、老师如此辛苦，都感动地说，柴厂屯中学有希望了。

一位学生在题为《喝彩》的作文中这样写道：

虫子爬进了我的鞋子，老鼠有时也从我们身边跑过，蚊虫也出来凑热闹，可我们已经不害怕了。我们都仿佛一下子长大了许多。望着从外村讲完课匆匆赶来的老师，听着他嘶哑的声音，看着他湿透的衬衫，我从来没有这样感动过，从来没有这样认真地听讲过……我以前是专爱与老师作对的学生，今天，我要为我的老师喝彩。

这就是感动的力量。

田间课堂历练了柴厂屯中学师生的思想，凝聚了共识。学校上下，心往一处想，劲往一处使，做到了团结一致。有位老师在他的一篇文章中这样写道：“有一种情感在师生之间默默奔流，有一种力量在干群之间深深地凝聚。”

在通州区教育工作汇报会上，孟繁信作了典型发言，他在发言中说，一个人没有皮鞋，可以穿草鞋，但必须得穿鞋。教育工作也是这样，不能因为没“鞋”穿，就消极等待，不作为。每一个人，只要勤奋加机敏，一定会在他现行的岗位上体现自己的价值。对一个学校来说，也是如此。

“有条件要上，没有条件创造条件也要上”，这是当年铁人王进喜率领石油工人，为摘掉中国贫油落后帽子而喊出的口号。在“非典”时期，孟繁信为了孩子能够正常上学，创新思维，独辟蹊径，积极创造条件，保证了上课时间，使学生们没有落下任何课程。

第三章
修身立德，诚信包容事业兴

海纳百川，有容乃大。大地因为宽广，才容得下山川草木、森林河流，君子当顺应自然，培养宽容的胸襟，用行动践行“君子厚德载物”的人生信念。

——孟繁信

第一节　把心放低能容物

1997 年至 1998 年，孟繁信兼教导主任和总务主任两职。1998 年下半年任教学副校长兼总务主任。

《荀子·富国》中说“上一则下一矣，上二则下二矣；群之若草木，枝叶必类本。”说的就是执政者榜样的作用。孟繁信经常对自己说，大海把自己的位置放得最低，它才能容纳百川。一个人成功的一个重要因素就是进入角色要快。要善于面对现实，做什么就像什么，要做就做好，身先士卒，群众才能认可你，才有下一步心灵的沟通。

孟繁信喜欢读《史记》中的《李将军列传》，李将军就是西汉名将李广，凭着世传弓法，射得一手好箭，是一代名将。他英勇善战，历经汉文帝、景帝、武帝，立下赫赫战功，匈奴的单于都很敬佩他。李广为人忠厚，爱兵如子。在汉景帝、汉武帝两朝，李广历任七郡太守，守卫边疆，统兵作战。他没有口才，不爱说话，但喜欢和将士们在一起。在行军打仗十分艰苦的时刻，如果找到了水，他要等所有的士兵都喝够了，才最后一个饮水；吃饭时，他总是等将士们吃饱了以后，才最后一个端起饭碗。这种无私精神，使他深得士兵与百姓的爱戴。“及死之日，天下知与不知，皆为尽哀。彼其忠实心诚信于士大夫也！”李广屡立战功，深得汉文帝的厚爱。每当朝廷对他进行赏赐时，他总是把赏赐的东西分发给属下。从军四十余年，李广家中也没有多少积蓄。司马迁论赞李广将军时候引用古谚“桃李不言，下自成蹊”，借以高度评价李广的品格，赞美他诚实朴直、事事以身作则，赢得了全军和普通老百姓的尊敬。

从李广的故事可以看到，作为领导者，自身的行为端正，就是不发

孟校长柴厂屯中学办公照

命令，下面的人也知道该怎么做；自身的行为不端正，即使三令五申也没有人听从。如果自身行为端正，管理别人就没有什么困难；如果自身行为不端正，又怎么能够去规范别人。

但做到以身作则，长期坚持，则是一件说起来简单，但实际操作起来却又难之又难的一件事情。这需要长期不懈地严格要求自己，时时让自己的行为合乎道德规范，处处注意自己的形象，对身边人的行为总是起到一个榜样的作用。

孟繁信就做到了。“脱下西服干活，穿上西服听课”，是孟繁信当年在学校里广为人知的形象。修理、焊接、安装、建筑……大大小小所有校内的这些活，他从来不指手画脚指挥别人，而是亲自动手。回到办公室，洗净灰尘，穿上整齐的西服，打上领带，马上搬着椅子去教室听课，这时，他的角色又变回了一位治学严谨的校长。教学、总务两手抓，这在当时的农村学校绝无仅有。

为整顿学校纪律，引导教师自律，孟校长十几年来每天坚持早于教师半小时到校，晚于教师离校，周末不休息，没有节假日。只要不出差，或者有什么特殊情况，每天早晨，孟繁信都会站在门口迎接师生的到来。有的教师第一次迟到，孟繁信不说什么，第二次迟到，他还是不说什么，然而这位教师却再也不好意思迟到了。以身作则，坚持不迟到不早退，看起来事情不大，然而要坚持下来绝非易事。孟繁信却一直坚持了下来。

孟繁信在学校实行亲情化管理，他曾说过，我和一切人的优点打交道。无论以前是什么样品质的教职工，只要生活上有困难，提出要求的，孟繁信从没说不字，他总是千方百计为教职工排忧解难。职工家里如有婚丧嫁娶，他一定到场，职工因病只要几天不上班，孟繁信就一定去看望。

柴厂屯中学的教师王福庆，有一次请假说因感冒不能上班。结果四五天没来学校，孟繁信推掉其他工作，赶到王老师家探望，进屋时，看到王老师咳嗽得厉害，喘得直不起腰，孟繁信马上说服家属，驾车把王老师送到了医院。医生说多亏来得及时，如果晚了就非常危险。事后，王老师非常感动，一直到现在，虽然年龄已大，但仍然带病坚持在教学第一线。

柴厂屯中学有一位教师，事事爱与人计较，对历届领导大有意见，有一次，他主动走进校长室，对孟繁信说："我研究你很久了，不明白为什么学校的男女教工，无论年龄大小，都和你谈得来呢？"

孟校长听后，笑了："我前几天看了中央电视台一个访谈节目，记者问一位企业老总成功的秘诀，他讲了自己一段切身经历，他说，他本来是一个特别情绪化的人，一遇到不开心的事，心情就糟糕不已，手足无措。特别是大学刚毕业那段时间，他在一家公司做文员，工资低得可怜不说，同事之间还充满着排斥和竞争，他有些适应不了那里的工作环境，内心很苦闷。可就在这时候，与他相爱三年的女友也离他而去，他的心在一点一点地破碎，除了伤悲，他不知道自己该做些什么。最后，在朋友的再三劝说下，他去见了一位著名的心理咨询专家。专家听了他的诉说，微微一笑，把他带到一间很小的办公室里，室内唯一的桌上放着一杯水，专家指着杯子问他："你看这只杯子，它已经放这很久了，几乎每天都有灰尘落到里面，但它依然澄清透明，你知道是为什么吗？"他深深地盯着杯子，像把他看穿一样，是啊，这到底是为什么呢？这杯水这么多杂质，但最终却依然很清澈！他思考片刻，激动地说："我懂了，所有的灰尘都沉淀到杯子底下去了。"那位专家说："你说的很对，生活中烦心的事情很多，就像这杯水每天都有尘埃落入，如果你厌恶它，使劲摇晃它，整杯水都会浑浊一片，不得安宁。如果你慢慢地、静静地让它们沉淀下来，用宽广的胸怀去容纳它们，心灵就会不会受到污染，反而更加纯净了。"

至纯至净，这也是孟繁信对自己的要求，他曾经在一篇关于教学的文章里写道："作为一名教育工作者，在遇到烦心的事时，一定要用宽广的胸怀去容纳它们，让它们沉淀下来，就像大海，容纳了百川的或清澈或浑浊的河水，展现在人们面前的却始终是一片蔚蓝。"

孟繁信努力把自己的心胸锤炼成大海，既具有海浩瀚的宽广，还要有海至纯的品质。他很推崇《论语·学而》中曾子所言：吾日三省吾身，为人谋而不忠乎？与朋友交而不信乎？传不习乎？我每天都要多次问自己：替别人办事是否尽力？与朋友交往有没有不诚实的地方？先生教的学是否学好？他每天晚上睡觉前，经常三省吾身，问一问自己：我是谁？我该做什么？每件事做得对不对？

把自己的位置放低，才能正确地看清自己。孟繁信从来没把自己当校长看，主任也好，校长也罢，他认为都只是一种称呼，无论怎么变，自己还是自己，还是一名扎根基层的教育工作者。作为负责人，他积极做表率，发挥模范带头作用，要求别人做到的，自己先做到，要求别人不能做的，自己决不能做。他严于律己，当上校长后，为了断绝腐败的源头，他戒烟戒酒戒茶，不给自己留有腐败的空子，堂堂正正办事，清清白白做人。丹麦作家安徒生说过："清白的良心是一个温柔的枕头。"孟繁信每日都在枕着这样一个枕头。

把自己的心放低，才会觉得自己可学的还有很多。无论工作多么繁忙，

工作之余，孟繁信用音乐陶冶心灵

他都抓住点滴时间，博览群书：历史、哲学、艺术、宗教、文学等。他经常读书至深夜，他家书房的灯一定是所在楼房最晚熄灭的灯。与时俱进的学习，使孟繁信具有了深厚的文化底蕴。如果你与孟繁信谈话，你会很快被他幽默智慧的语言吸引，会惊叹于他的博学，你会觉得他身上有你挖掘不尽的宝藏。

音乐是会陶冶人的性情的。孟校长常说，音乐能使人心灵纯净。他喜欢音乐，业余时间学习各种自己喜欢的乐器。如今，他精通十多种乐器，每种乐器的演奏都能受到专业人士的好评。在家里，他会拿起身边的葫芦丝，吹奏起一曲优美的“月光下的凤尾竹”……

他自己还组织了一个民间乐队，在永乐店地区已小有名气。在学校组织的一些联欢活动中，他们的出色表演赢得了全体师生的阵阵掌声。

音乐的魅力，歌声的吸引，人格的召唤，都如一缕缕和煦的春风拂过校园里那些久已冰封的心灵，教职工们的冷漠开始融化，领导、教职工、学生之间开始融洽相处，氛围从未有过的和谐起来。抓住这个机遇，孟繁信开始对全体教师进行深入浅出的价值观、人生观教育。

第二节 “孟大妈”处世艺术

柴厂屯中学的校园环境有了翻天覆地的变化。可是，漫步在绿地花丛中的孟繁信依然心事重重，他深深地知道，治理自然环境容易，可是绿化一片荒芜的心灵不容易。由于柴厂屯中学长期管理不善，没有明确的赏罚制度，学生厌学，学校混乱，老师们在社会上没有地位，得不到应有的尊重，使得原本有事业心的一些教师心灰意冷，丧失了对学校的信心，被动应付，不尽心，把教学当成了副业，有时课堂乱哄哄的也不去管。有的人在自己家却办起了修理厂、养殖厂，把这些当成了主业。

孟繁信针对这种现象，除了以身作则，用自己的人格魅力影响教职工外，他开始实施一系列绿化心灵的工程。

首先，让教师树立正确的道德观。孟繁信在全体教师会上倡议，每名教师必须孝敬父母，包括夫妇对方的父母。一名连父母都不孝顺的人不配做柴厂屯中学的教师。每人都要有能力保证自己家庭和谐完美，否则就没有能力管好一个班集体。

他在会上对教师进行伦理道德教育：我们老祖宗留下的文字都是智

慧的符号。“孝”字属于会意字，一个“老”字的上半部，加一个儿子的“子”，上一代跟下一代融为一体才叫“孝”。上一代人总想着如何培养下一代，才能对父母、对先祖有所交代。而孩子理应将奉养父母的责任扛在肩上，时时想着父母、孝顺父母，不仅养父母之身，还要养父母之心、养父母之志和父母之智慧，这样才能使父母身心更健康，生活更圆满。

他还经常这样对教职工们说，对待孝顺，民间有一种说法叫“论心不论迹”，就是说每一位孝子未必都有丰裕的物质生活和很高的地位，只要根据老人的心理把爱折合成一种物质条件给父母就够了。有时候可能是一个小小的心愿，有时候可能是田间的一簇纤美的野菜，在孝的天平上，野菜和山珍海味等值。

他还讲了世界首富比尔·盖茨的一个故事：“世界首富比尔·盖茨在飞机上接受意大利《机会》杂志记者采访。记者问他：‘世界上，最不能等待的事情是什么？’比尔·盖茨没有回答记者们往往希望听到的‘商机’、‘机遇’之类的词。他说，天下最不能等待的事情莫过于孝敬父母！趁父母们还健在赶紧孝敬吧！否则，会终生遗憾！”孟繁信苦口婆心的教育，

孟校长和教师们交心座谈

收到了良好的效果。教职工的思想受到了触动，行为开始慢慢转变。

除了在会上对教师进行伦理道德教育外，孟繁信还定期向教师发放一些载有伦理道德文章的期刊杂志。他着力培养教职员工们孝敬父母、感恩社会的意识，以及爱岗敬业的责任感和使命感。

孟繁信之所以首先向教师进行伦理道德教育，是学校地处农村的环境决定的。大部分教师长期生活在农村，而且在农村不孝敬父母、兄弟之间不和、邻里不睦是常有的事，为了避免老师受到影响，教育已犯错的教师，树立教师在百姓中的威信，必须先从伦理道德教育开始，否则职业道德就是一句空话。

孟繁信曾发现一位女教师情绪不稳定，后来知道她家里正在闹分家，她总觉得自己吃亏了，不公平，想办法要讨回公道。他把这位女教师叫到办公室，语重心长地对她说："有一句话叫'眼内有尘三界窄，心头无事一床宽'，意思是说眼睛如果被尘埃蒙住，就是给你三界你都会觉得活得郁闷，但要是心头无事，坐在自家床上你也会觉得天宽地阔。当年孔子的学生问孔子一个非常矫情的问题，老师你能给我一个字，让我终身行之乎。孔子回答：其'恕'乎。如果世界上真有一个字让你一辈子受用的话，你就记住一个宽恕的'恕'字，因为你对别人包容了，其实自己就天宽地阔了，这是一种内心自然的成长，宽可以得众。农村家庭，分家又能分到什么呢？你回去试着改变态度，大度一些，看一看心情会怎样。"这位女教师听了他的话，回去改变了态度，不再计较分给东西的多少，结果，全家互相谦让，兄弟妯娌之间欢天喜地，比分家前关系好多了。这位女教师受到了邻居的夸奖，从此工作起来也格外积极，她逢人便说孟校长的好。

像这样的家庭纠纷还有很多，孟繁信如果发现哪个教师情绪不好，他就主动与其谈心，想方设法排解教师的愁绪。这样时间一长，学校的男女教工不论年龄大小，家里一遇到什么事，就跑到校长这儿讨主意，愁眉苦脸进去，乐哈哈地出来，后来大家都亲切地叫他"孟大妈"。

有一位老师，看到出了车祸的一位大妈躺在地上，急忙打了 120 急救电话，结果被他的家人勒索，认定是他撞的人，那时候也没有摄像头之类的玩意，那位老师是有口难辩，最后被讹去一万块钱。他的那个郁闷啊！整天把自己锁在家里，课也不上，任何人不见。孟校长知道了情况后，当天晚上就来到他家宽慰他：生活中遇到别人误会中伤，谁都会气愤和憋屈。但是，人生就像一条河流，有舒缓怡然的平静的时候，也有奔流而下波涛汹涌的时刻。只有碧波荡漾的平稳，没有激起美丽浪花的跌宕，不是完整完美的人生。所以，无论面对什么流言和误解，都要学会宠辱不惊，这才是坦然大度的活法。

孟校长给他讲了一个刚刚看到的故事：

有一个商人在翻越一座山时，遭遇了一个拦路抢劫的山匪。商人立即逃跑，山匪穷追不舍。走投无路时，商人钻进了一个幽深的山洞。山匪也追进了山洞里。

在洞的深处，商人未能逃过山匪的追逐。黑暗中，他被山匪逮住了，遭到了一顿毒打，身上所有的钱财，包括一把夜间准备用来照明的火把，都被山匪掳去了。

“幸好山匪没要我的命！”商人为失去钱财沮丧一会儿后，终于想开了。

之后，两人各自寻找山洞的出口。

这山洞极深极黑，而且洞中有洞，纵横交错，二人置身其中，仿佛在一个地下迷宫。

山匪庆幸自己从商人那里抢来了火把，于是他将火把点燃，借着火把的亮光在洞中行走。火把给他带来了方便，他能看清脚下的石块，能看清周围的石壁，因而他不会碰壁，不会被石块绊倒。但是，走来走去，就是走不出这个山洞。最终，力竭而死。

商人失去了火把，没有了照明，但是他想：“我还有眼睛呢！”于是，他在黑暗中摸索着前进，他不时的碰壁，不时地被石块绊倒，跌得鼻青脸肿。但是，正是没有火把的照明，他的眼睛慢慢地适应了黑暗，能敏锐地感觉到洞口透进来的微弱的亮光，他迎着这缕微光摸索爬行，最终逃离了山洞。

后来，商人还暗自庆幸山匪抢走了他的火把，否则他也会像山匪那样困死在洞中。

塞翁失马，焉知非福。很多人因为失去了才有了更高层次的获得，比如断臂才有了维纳斯的不朽，比如宫刑才有了鸿篇巨制《史记》，失明而有了美轮美奂的《二泉映月》……这些故事告诉我们，生活中其实没有什么东西是不能放手的。昨日渐远，你会发现，曾经以为不可放手的东西，只是生命中的一块跳板而已，跨过了，你就会明白，太阳每一天都是新的，为已经失去的耿耿于怀、放不下，太不值得了。

孟繁信还拿孔子开导老师说："孔子一生颠沛流离，其学说政见难为当权者所接受，而其为人也常遭人误会。但孔子有博大的襟怀，能够坦然承受各种误会、嘲讽、指责，说他是'丧家之犬'，他会自嘲'然哉、然哉'。正是这种豁达的态度，使得夫子在挫折面前，不会选择屈原式的自戕，不会选择商容式的撞柱血谏，不会选择伯夷叔齐式的逃遁山林，而是能够怀仁弘毅，一以贯之，百折不挠，坚韧不拔，乐观面对。"

听了孟繁信的话，这位教师的脸上终于露出笑容，心情刹那间晴空万里，第二天他准时站在了讲台上。

孟繁信教育成功的秘诀之一："情感治校"。这位"孟大妈"在生活上成为了教职工们的精神依靠。心灵的距离接近了，该是播种事业种子的时候了。接下来，孟繁信开始对教师进行价值观教育。孟繁信对教职工们说，一个人事业的成功，就是让周边的人认可，在自己从事的事业里，体现自己的价值。每次开教职工大会，孟繁信都要对教师进行价值观教育，旁征博引，幽默精辟、通俗易懂的演说，使教师们听得入迷，时时爆发出热烈的掌声。

紧接着，孟繁信又制定了一系列奖罚严明的制度，规范教师行为，一切放在桌面上，公开、公平、公正，激发了广大教职员工的工作热情，唤醒了埋藏在他们心里的职业责任感和使命感。

学校有一位姓张的老师，原本有较强的事业心，所教的班成绩优良。在孟繁信未到学校工作时，看到学校管理一片混乱，自己也无能为力，一气之下自己在家办起了修理水泵的工厂，一门心思在修理厂上，效益颇丰。

孟繁信接管学校工作后，他暗中观察，深深地被孟校长的人格魅力感动了，亲眼目睹了学校的巨变，他看到了柴厂屯中学的希望，心中又燃起了“人类灵魂工程师”的信念之火，毅然损失上万元，卖掉了家里的修理厂，主动请缨担任毕业班班主任工作，以及两个班的教学工作。当年所带的班毕业成绩非常出色，他的妻子对他说，孟校长到底给你什么迷魂药吃了，原来上班是晚去早回，现在是早去晚回，披星戴月，真是不明白你了。这听起来是责备，其实是赞许。张老师当时嘿嘿地笑了，是啊，是吃了迷魂药了。这副迷魂药就是孟繁信校长的精神感召，在这份感召下，他终于找到了自己的存在价值，有了成就感，他终于明白，教育才是他自己真正想从事的事业。他永远都热爱这份教书育人的事业。

第三节　家长补习的课堂

“走啊，上学去！”

“哎，等一等我！”

每天下午 2 点多，细心的人会发现总有一些中年人，男男女女说说笑笑走进柴厂屯中学，走进孟繁信开办的家长学校。

学生要想健康成长，家庭环境非常重要。孟繁信开办家长学校的目的，就是要通过给家长上课的教学形式，使家长了解学校教育规律、办学思想和校规校纪；认识家庭教育的意义、作用，增强家庭教育的使命感和责任意识，指导家长树立正确的教育观念，学习与掌握科学的家庭教育知识和有效的教育方法，及时了解当代教育的动态，参与到对子女的教育中来，为子女健康成长营造良好的家庭教育环境。

家长学校基本课程为《关注孩子的需要》，从孩子的需要出发，关注孩子的生理及心理上的健康成长。每天下午以班级为单位开设一个班三节课的家长学习班，第一节课由孟繁信主讲，另外两节课由副校长、教导主任或班主任承担，采取的形式灵活多样。

家长学校，是孟繁信在特殊的历史环境里想出来的策略。以前，这个地区的家长大部分不关心孩子的教育，即使上心，方法也不恰当。很多学生家长不知道该怎样教育自己的孩子，也不知道如何与孩子相处，与孩子沟通很困难。自己的孩子出了这样那样的问题,但家长却束手无策，不知道问题出现在哪里，该怎样去做。有的放任自流，有的很粗暴地对待，斥责，甚至打骂。有的孩子受了打骂，更加放弃自己，不学习，抽烟喝酒，甚至结帮打架，有的还到学校寻衅滋事。家长于是绝望了，这时会决定让孩子退学。

针对家长在教育中存在的问题，孟繁信校长在课堂上有的放矢进行讲解。有一次上课，孟繁信在讲台上讲课，有家长在下面吸烟，交头接耳讲话，孟繁信就说，家长是孩子的一面镜子，你平常一些行为会直接影响你的孩子，比如现在在课堂上抽烟、随便说话。那些家长听了，很不好意思，马上熄灭烟，安静下来，认真听课。孟繁信讲课，语言风趣幽默，讲道理深入浅出。他从当前的国内形势、北京市的形势讲起，强调知识的重要性，然后从各个角度阐述作为一名家长应如何培养孩子的人格魅力、学习的主动性、良好的习惯等，应该怎么做，不应该怎么做。家长们在台下不时发出会心的笑声，因为他们知道，校长说的事，自己家里就有。每次走出课堂，家长们都会议论说，孟校长的话说得在理，说到咱的心坎上来了。咱见识不能太短，不能光知道挣钱，以后还真得在孩子身上多用点心，要是不管孩子，孩子将来没有出路，咱这累不是白受吗。

孟校长与学生家长座谈情况

在一次课堂上，一位家长发言说："我的孩子就在前天（礼拜天），把我的鱼缸从客厅里搬到了门前，愣是在太阳底下暴晒了两个多小时，浴缸里水都烫了，十几条小金鱼全都热死了。可把我气坏了，随手两记耳光就过去了，这孩子怎么一点人性，一点没同情心都没有，太残忍了！可他还和我讲理，说什么晒太阳能补钙，他是做好事，给小鱼补钙呢！"

孟繁信给家长们分析，孩子毕竟小，以为人不晒太阳会缺钙，小鱼和人一样，孩子是因为想让金鱼补充钙质而想到了这个办法。其实，我们小时候又何尝没有这样的行为，我们也曾让小鸡学游泳，让小鸭学爬树，爱迪生小时候不也曾孵过小鸡？善待孩子的奇思妙想，尊重孩子的实践，让孩子主动发展。前苏联教育家霍姆林斯基说："孩子们不仅是用智慧，而且是用整个心灵来感知周围世界的。"知识的获得离不开实践，孩子的主动性实践则更可贵，只是孩子的实践常常不为成人所理解。

反思我们今天的教育，我们不也常常以高高在上的姿态俯视自己的孩子吗？也常常将自己的想法强加于孩子。有一位妈妈常带孩子去玩具店玩耍，可孩子每次都吵着要回家，妈妈有些不明白，这么多玩具对竟然对孩子没有吸引力，有一次她蹲下身子系鞋带时，才豁然发现，商店的高高柜台遮住了孩子的视线，孩子眼中看到的只是人来人往形色各异的鞋子。蹲下身子，才能发现孩子眼中真实的世界，你才能走进孩子的心灵，也才能以孩子们的心态和经验感受属于他们的那片蓝天，那片土地。

在家长学校的学习中，家长们逐渐认识到了自己的责任和使命，明白了自己就是孩子最好的老师，孩子是父母的未来，父母更是孩子的未来，如果自己不优秀，怎么给孩子优秀的教育？怎样要求孩子优秀？不如提升自己，同时提高孩子。家长们的心理慢慢地发生了转变，在教育孩子时更在意和用心了，以前孩子如果提出各种奇离古怪的问题时，家长会不加理会地训斥一番，通过学习他们不再那样，而是积极回应，通过各种途径寻求答案，给予正确的解答。不再斥责其问题的好笑，而抹煞孩子求知的好奇心。人的知识与思维能力是相互依存、相互促进的。杜甫早就说过“读书破万卷”才能“下笔如有神”。因此要激发孩子强烈的求知欲，就要让孩子多读书，大量吸取人类的精神财富，丰富其头脑。同时还要让孩子认真观察生活，关心周围发生的事情，鼓励其多提问，掌握各种新的知识。

让孩子养成勤于思考的习惯。人的脑力与体力一样，要经常锻炼，否则他就会退化、萎缩。韩愈说“行成于思，毁于随”，鲁迅强调“多思”。要从小培养孩子多思的习惯，凡事多问几个为什么，即使找到答案，思考也不要停止，要继续追求新的途径。要克服孩子的思维定式。思维定式会妨碍思维能力的发展，应当注意克服。人们熟知的“空城计”就是一个受思维定式影响的良好例子。再如，许多孩子在数学运算中往往将a立方的平方误算称a的九次方，这就是乘方法则的干扰所致。要让孩子敢于提出问题，大胆质疑。思维永远从问题开始的，在学习中要善于提问，只有对已有知识理解，才能发现新问题。质疑是创造性思维的一种重要方式。还要培养孩子分析问题的能力。人的知识和能力不能单凭上课、看书获得，还要通过实践获得。“纸上得来终觉浅，绝知此事须躬行”。因此，要鼓励孩子多参加生产劳动，节假日里多到田野里去，把课堂、书本上学到的知识同生活实际、同大自然结合起来，在分析实际问题中发展思维能力，培养真才实学。

孟繁信在推进家庭和学校教育的同时，着力为孩子创造一个良好的生活环境。他努力推动家长抛弃陈旧保守的家教观念和模式，建立现代家教观念，实现四个转变。

角色定位的转变：从教育者到共同学习者。父母是教育者，子女是受教育者，这种关系以前是固定不变的，而现代家庭教育观念认为，教育者和受教育者是不断变化的。父母和孩子间应形成互学互助的关系，提倡父母向孩子学习。

亲子关系的转变：从居高临下向到平等民主。按传统观念，孩子只有听话的权利，没有与父母对话的自由。而现代家庭的亲子关系，已经从“听话”转变到“对话”的模式，两代人民主地、平等地对话与沟通。

教育途径的转变：从单向到双向互动。传统家庭里的沟通方式是单向型的，父母对孩子的要求是：我说你听、我训你忍、我打你挨。现代家庭教育要求家长和孩子在互动中一起成长。互动应是双向的，父母教育孩子，更要向孩子学习；子女不仅有听父母说、接受父母教育的权利，更有表达想法的权利。

教育方式的转变：从封闭到开放。家庭教育应该从“自己的孩子自己教”的封闭状态向开放的状态转变。家庭教育的开放，首先是教育对象的开放，从孩子扩展到父母；其次是内容的开放，从分数教育到做人的教育；第三是教育方法的开放，讲究教育的多元化、综合化；第四是教育时空的开放，家庭、学校、社会成为培养现代人才的三大支柱，相应的，还要有教育资源的开放和教育者队伍的开放。

孟繁信认为，目前，教育还存有许多缺陷，从家庭来看，生活上的溺爱、宠爱及无微不至的照顾，其实大多数孩子并不愿意接受家长这种过分的照顾。在学习上，不考虑孩子的兴趣和接受能力，强迫孩子学这学那，结果孩子非常反感。在家庭关系的设置上，把孩子看成“小太阳”、“小皇帝”,不明白这样对孩子的发展有多大害处。还有的走向另一个极端，对孩子一味指责，使孩子不知所措。《现代教育报》曾有文章举例，有一个孩子对记者说：“你不知道我跟爸爸一起吃饭有多难，他端起酒杯就开始数落我，最近打架了没有？考试考得怎么样？如果我继续吃，他就说，没皮没脸，说你呢，你不听着，光知道吃。如果我不吃了，他就说，怎么，还说不得了，一说就不吃了，真叫人左右为难。”有的家长对孩子的社交和生活，进行错误的干预。如：偷看孩子的信件，偷听孩子的电话，偷看孩子的日记等。孩子们的隐私权受到侵犯，当然他们会有意见。不少孩子认为这是家长对他们不信任。

通过在家长学校的学习，家长的教育态度发生了很大转变。三三两两的家长开始到学校找到班主任或科任老师主动了解孩子在校情况并汇报学生在家里的情况，如听说个别家长与老师有抵触，家长们来上课时同村的或同班的家长就纷纷指责他（她），在玩笑加批评的和谐气氛里，这位家长往往不好意思地低下了头，然后去找老师赔礼道歉。在家长的潜移默化影响下，学生们也比以前懂事了，校园里，老师好！老师好！的问候声温馨而又和谐。家长们也纷纷反映，孩子在家也懂事多了。

第四节 太阳升起的地方

校园不是一座孤岛，它要在所处环境中生存，孟繁信深深体会到这一点，所以，他特别注意与周边村的关系。遇到劳动节等节日，他就把各村的书记、主任请到学校来，开个茶话会，虚心向他们请教学校发展的路子，真诚地听取他们的意见。有时，孟繁信还要发挥自己在乐器上的特长，为他们弹奏一曲、高歌一曲，在音乐中拉近距离。他这种诚心诚意的热情，打动了这些村里的书记、主任。2003 年有个村拿出 4 万元

学校与各村党支部书记联欢

为学校铺上了柏油甬路，使学生出行更加方便、校园环境更加整洁。孟繁信认为，打造和谐教育的品牌，需要学校与校外社会环境的和谐，校园内自然环境的和谐，人文环境的和谐。现在，柴厂屯中学和谐的社会环境已经形成，学校的教育获得了家长、村委干部、百姓的认可与支持。校园内，自然环境和谐美丽，蓝窗红瓦，墙壁雪白，一座座瓦房整齐朴素，甬路旁围墙边绿树参差，繁花似锦，众多鸟儿在这里的树上落足或栖居。

更重要的是，校园内教职工之间、学生之间，形成了和谐的人际关系。孟繁信经常在教工会上说，大家工作在一起不容易，要珍惜缘分，互助互爱。学校有一位叫朱艳春的老师是从东北调过来的。由于习惯了原来学校高中的教法，这里的课堂教学让她觉得无所适从，放学的时候，自己就偷偷地抹眼泪，没心思去吃饭。一位姓马的老师知道了，把一盒热气腾腾的饭菜端到她面前，开导她，朱艳春当时觉得自己就像一个迷路的孩子，突然遇到了家里人，感动，温暖。马老师对她说："孟校长曾说过，老师之间要珍惜缘分，你从东北来到这儿，这就是我们的缘分，有什么事儿我们大伙一块商量、解决，千万别累坏了身体。"还有一次，是一个冬天的晚上，天上飘着鹅毛大雪，朱艳春在路上不小心滑倒了，摔得不轻，好在离医院不远，她拿点药就回来了，没想到，在校住宿的几位老师知道了，马上来朱老师的宿舍，她们先打来热水，让她烫脚，马老师还坚持给她洗了脚，然后扶着她起来慢慢活动。当时，朱老师感动得眼泪在眼眶里打转，长这么大，她恍惚记得只有妈妈曾经这样对待过自己，她在心里暗下决心，一定努力工作，认真教学，不辜负同事们的关心、爱护。

这样的事不只发生在朱艳春老师一个人的身上，在柴厂屯中学，老师们无需发愁，大事小事都有通天的梯，这架梯就是同事之间的情谊、领导的关怀。有了这架梯，老师们都觉得校园里同事间的感情比海都要深，大家不论来自哪里，都是兄弟姐妹，互相扶持、互相照顾。心存感动，工作就有了劲头，自然就会产生百倍的信心和力量。

要想打造和谐的教育环境，师生之间的和谐关系更要确立。孟繁信明确要求教师，不准打骂学生，不准以任何理由、任何形式体罚学生，不准给学生停课。这些规定落实起来很难，在柴厂屯中学，要做到这些决非易事，这里的生源差，学生的学习基础薄弱，有的学生语文水平充其量只能是小学二年级水平。那些理解知识更不用提。有一些学生没有良好的学习习惯，扰乱课堂秩序是常有的事。针对这种情况，孟繁信专门召集班主任，集思广益，商议解决办法，对症施策。最后，与会老师一致认为，虽然师资严重不足，但也要针对学生的学习素养、基础能力，进行有针对性的分层教学。英语没有基础的学生就从 ABC 开始教起，而这样的孩子在柴厂屯中学占三分之一以上。

为改变学生的现状，提升整体素质，老师们付出了极大的辛苦。经过一段时间的努力，学生们初步尝到了学习的乐趣，课堂纪律开始稳定，师生之间的矛盾冲突降低到最低值。

接下来，孟繁信将工作重点放在如何让师生之间在和谐的氛围中进行知识的传授与交流上面，他非常清楚，在柴厂屯中学，要达到这一步真的很难。一是学生学习基础依然很薄弱，学习习惯还有待进一步规范；

二是教师的教学素质需要提高。以往，教师们已习惯站在讲台上，以权威者的形象向学生传授知识，学生在下边是被动地、强制性地学习，时间一长，学生品味不到探索知识的成功感，在交流中也体会不到被尊重的滋味，所以，学习的兴趣也会越来越淡，对知识的厌烦也就自然产生。有的老师因为对学生的知识基础、接受能力和兴趣爱好不甚了解，结果费了很大的劲儿，学生的学习成绩也上不去。在管理上，有的针对性不强，没有效果；有的不符合实际，造成双方都不愉快。有位初中二年级的班主任，工作很卖力气，大扫除，换座位，收各种费用，解决某些同学之间的矛盾等，都是他亲自去做。这种包办代替的工作方法导致班长、班委、组长都感到自己没有工作可做，也不知道怎样去做。班级的一些设置便成了空架子。一个班的事情几乎全靠班主任一人，当然不会做好的，其根本原因就在于这位班主任完全不理解学生们的心理，不了解他们都有一种愿意表现自己的机会，都有被人认为自己能行的愿望。所以，要管理好一个班，首先必须理解这个班学生的心理，否则就是再不辞辛苦，也将会徒劳无功。

孟繁信召开了学校的教师教法研究会，让老师们自己讨论研究，究竟哪一种上课态度更好，并提出了一个问题让大家思考。这问题就是：既然大家已经付出很多努力、很多辛苦，成绩应该很理想，为什么到最后，中考成绩仍然在通州区各中学的后面？经过讨论，老师们开始认识到，这个问题的产生，有学生的因素，但更多的是自己的因素，因为教师是教育的实施者。

在孟繁信的启发下，老师们开始尝试在课堂上改变自己的角色。由知识的传授者变为合作者，居高临下的权威变为与学生的互相对话，学生由被动接受学习的工具变为主动参与学习的主人。大部分学生学习的积极性被调动起来。课堂上，有时学生会为一个问题争论不休，这个问题一节解决不了，下节课接着讨论，许多学生求知的欲望越来越浓，教师们也觉得上课不像以前那么累、那么枯燥，师生的心情都是愉悦的，在这种和谐愉快的氛围中，知识的力量得到了最充分的张扬。改变自己的教学角色不是一朝一夕就能实现的，有的老师坚持了一两节课，又回到传统的教学方式上，为此，孟繁信与其他几位校领导班子成员商量决定，进行不定期随堂听课，把调动学生学习积极性作为评价优秀课的标准。经过长时间的努力,柴厂屯中学的课堂基本上已形成了师生之间求知、合作的融洽氛围。

早在新的课程标准出台前，孟繁信就已经实施了他的和谐教育理念，作为探索者，走在了国内教育的前面。虽然这种理念在偏僻的农村中学实施起来十分艰难，但它毕竟摸索着走出了教育的低谷，并且前面的道路越来越宽广。

一分耕耘，一分收获。在孟繁信及广大园丁们的辛勤哺育下，柴厂屯中学如同一棵挺立的小树，茁壮成长，越来越枝繁叶茂。三年时间，通州区柴厂屯中学中考成绩由通州区 38 所学校倒数 1、2、3 名，上升到全区的中上水平，综合评价连续四年被评为通州区一类校，连续两年被评为优秀校。在 2004 年首届通州区中学“春华杯”青年教师教学大赛和“秋实杯”中年教师教学大赛中，该校双双捧杯。这样的成绩在农村中学凤毛麟角。在每年一次的“春蕾杯”全国中学生作文大赛中，柴厂屯中学也取得了优异的成绩。

慢慢地，人们知道了在通州区的最南端，还有一所蓬勃奋进的柴厂屯中学。而且，从学校毕业的学生成绩稳定，后劲足，精神风貌好，据不完全统计，后来居上的柴厂屯中学先后向清华、北大等全国一流学府输送人才 120 余名。

如今，当有人问柴厂屯中学在什么地方时，当地老百姓会毫不犹豫地回答 :“它在太阳升起的地方。”

第四章
另辟蹊径，对症下药传圣道

一花一世界，一叶一菩提。人生经历虽不尽相同，但可以同样精彩。不管过去的是欢乐还是痛苦，是平坦还是坎坷，只要一路向前，必定冲破阴霾，迎来光明。

——孟繁信

第一节　凝聚师生共识

2008 年 3 月，孟繁信调任通州区于家务民族中学任校长兼书记，5 月又兼任通州区渠头中学校长、书记。区里要整合教育资源，将要把这两所中学合并，成立新的学校，让孟繁信担任两所学校校长，是便于他及早了解情况，为合并后新学校的发展打基础。2008 年 9 月，两校正式合并为通州区于家务中学，孟繁信任校长兼书记。学校合并起来很简单，但合并后要实现健康有序运行，却要复杂得多，因为不仅仅是财和物的简单整合，最主要的还是教师、学生之间的磨合。可以通过几篇学生的日记了解当时的情况。

9 月 8 日　　　　星期一　　　　天气　晴

今天是开学的第一天，一大早，我就背着书包来到新学校。

学校建的非常漂亮，办公楼、教学楼傲然而立，气派得很。校园里到处都是学生，吵吵嚷嚷地，有许多送学生的家长在学校旁边的文具店里给孩子买书包、文件夹、练习本之类的学习用品。学校门口也挤满了人，有家长、学生，也有附近村的村民，像赶集似的在校门口游逛。

我被分到初二三班，好不容易才找到自己的教室，教室里乱糟糟的，有几个同学在打闹，他们应该是于家务民族学校的吧！我随便找个座位先坐下，陆续的同学们都来了，有熟悉的老同学，也有陌生的面孔。大家各自找各自的同学聊天，也许是刚开学的缘故吧，同学们都怀念像梦一样快乐而短暂的暑假，许久也没有老师来，教室里像炸开的锅。后排坐着的几位同学居然偷偷地抽起烟来。

开学第一天，感觉有点乱！

9 月 16 日　　　　　星期二　　　　　天气：阴

今天上午课间操的时候，后排的两位同学吵起来了，具体原因不清楚，听说是一位同学的课本找不到了，怀疑让对方偷去了。两位同学一个是于家务民族学校的，一个是渠头中学的。这一下问题有点严重了，各校向各校的，谁也不让谁，最后俩人扭打在一起，其中一位叫马振宇的同学脸被挖破了，血渗了出来，要不是老师及时赶到，还真不知道会闹成什么样子。

然而，事情还没有结束，中午放学的时候，马振宇就约了几个同学来找打伤他的那位同学，幸亏有同学及时通风报信，才没有找到。下午，那位同学也没有来上课。听同学们说，他也回家找人去了。

唉！冤冤相报何时了？！

9 月 17 日　　　　　星期三　　　　　天气：阴转多云

今天一到教室，同桌就告诉我，马振宇又被打了。

昨天下午，那位同学回家找了几个人，在学校门口等着马振宇他们，把马振宇和他找的那几个同学全揍了，马振宇被打得最惨，听说他被按在地上，狠狠地踢，直到求饶为止。

果不其然，马振宇没来上课，打他的那位同学一上课就被班主任叫走了。

马振宇的家长来了，气冲冲的直接领着马振宇找到了校长室，讨要说法。

本来是小事，让同学推波助澜打了起来，然后又都觉得自己有朋友，不能吃了亏，于是小事变成了大事！结果呢？谁也没有赢，两败俱伤。

唉！这个社会到底是怎么了？这个学校到底是怎么了？

从这几篇简短的日记中，可以想象得出当时学校的情况。其实，这仅仅是学校的一个小场景，但窥一斑可见全豹。最让孟繁信费心的，是

孟校长在于家务中学办公照

班主任与教师的安排，因为如何安排会直接影响到教学的质量。

合并之初，孟繁信彻夜难眠，考虑怎样才能尽快地凝聚人心，形成合力，把于家务中学引入发展快车道。后来他认识到，文化能育人铸魂，只有从文化的角度去改变人们的思想，才是长远的，永久的。

孟繁信开始着力打造校园文化，以文化凝聚人心，形成共识。他翻阅大量资料，从如何做人入手，确立了教师之间相处的三个层次：一是不能算计别人，算计别人会误伤自己；二是办事要留有余地，于人方便自己方便；三是放宽胸怀，学会包容他人。然后以这三个方面为出发点，借鉴相关资料，结合自己的感悟，编写了三篇文章《算计别人也会伤害自己》《留有余地是一种理智的人生策略》《学会包容他人》，并把这三篇文章打印出来，在全体教师会议上下发，每位教师人手一份。在那次的会上，孟繁信语重心长地说，大家能凑到一起工作是缘，能一起从事教育事业更是一种缘分，因为我们面对的是懵懵懂懂的孩子，所以正人先正己，我们自己做好了才能教育和影响学生。我们虽然在基层在农村，但我们教育的对象是一样的，是我们的下一代，祖国的未来。今天大家看到的这三篇文章，既有我个人的感悟，也借鉴了一些资料，希望大家回去后认真阅读，结合自己的工作实际情况，写出读后感或者心得、建议、意见交给我，希望大家在文里能畅所欲言，只要对学校发展有利的建议、意见，我们一定会采用。

许多年过去了，这三篇文章今日看来依然有深刻的哲理和教育意义，现附录于后，和读者一起分享：

算计别人也会伤害自己

俗话说：真正聪明的人，往往聪明得让人不以为其聪明。聪明人表面笨拙、糊涂，实则内心清楚明白。北宋大臣吕端，官至宰相，是三朝元老，他平时不拘小节，小计小过，仿佛很糊涂，但处理起朝政来机敏过人，毫不含糊。宋太宗称他是“小事糊涂，大事不糊涂”。其实，“大事不糊涂”者怎么可能“小事糊涂”呢？须知大事就是小事积聚起来的。所谓小事糊涂，只是装糊涂而已，因为真正的智者不屑在小事上浪费时间和精力。在处理大事与小事的关系上，有人提出了一种论点：大事小事都精明——少；大事精明，小事糊涂——好；大事糊涂，小事精明——糟。在古罗马律法中就有“行政长官不宜过问细节”一条。

在现实生活中不仅仅是领导者，普通人也要时时面对自己的大事和小事。何为大事？影响全局的事为大事，决定整体的事为大事，范围内的工作为大事，也就是说，以结果来评价事之大小。对于一个企业管理者来讲，不管其工作性质如何、内容多寡，其工作程序和本质是不变的。工作的关键环节和关键行为应视为大，在这些问题上思路必须清楚，不能糊涂。

美国心理专家威廉根据多年的实践，列出了500个测试题，测试一个人是否是一个“太能算计者”。这些测试题很有意思。比如，是否同意把一分钱再分成几份花？是否认为银行应当和你分利才算公平？是否梦想别人的钱变成你的？出门在外是否常想搭个不花钱的顺路车？是否经常后悔你买来的东西根本不值那么多钱？是否常常觉得你在生活中总是处在上当受骗的位置？是否因为给别人花了钱而变得闷闷不乐？买东西的时候，是否为了节省一块钱而付出了极大的代价，甚至你自己都认为，跑的冤枉路太长了……只要你如实地回答这些问题，就能测出你是否是一个“太能算计者”。

威廉认为，凡是对金钱利益太过于算计的人，都是活得相当辛苦的人，又总是感到不快乐的人。在这些方面，他有许多宝贵的总结。

第一，一个太能算计的人，通常也是一个事事计较的人。无伦他表面上多么大方，他的内心深处都不会坦然。算计本身首先已经使人失掉了平静，掉在一事一物的纠缠里。而一个经常失去平静的人，一般都会引起较严重的焦虑症。一个常处在焦虑状态中的人，不但谈不上快乐，甚至是痛苦的。

第二，爱算计的人在生活中，很难得到平衡和满足，反而会由于过多的算计引起对人对事的不满和愤恨，常与别人闹意见，分歧不断，内心充满冲突。

第三，爱算计的人，心胸常被堵塞，每天只能生活在具体的事物中不能自拔，习惯看眼前而不顾长远。更严重的是，世上千千万万件事，爱算计者并不是只对某一件事情算计，而是对所有事都习惯于算计。太多的算计埋在心里，如此积累便是忧患。处忧患中的人怎么会有好日子过？！

第四，太能算计的人也是太想得到的人。而太想得到的人，很难轻松地生活。

第五，太能算计的人，必然是一个经常注重阴暗面的人。他总在发现问题，发现错误，处处担心，事事设防，内心总是灰色的。

从另一个角度来说，一个人大事不糊涂，小事也精明，事事都按照自己的方式算计，就不可能拥有很多朋友，也不可能在团队中发挥最好的作用。人毕竟没有三头六臂，当你事事比别人聪明时，总会引起别人的反感和嫉妒，终究“明枪易躲，暗箭难防”，导致自己受到无谓的伤害，甚至牺牲。真正聪明的人在一些小事上不会锱铢必较，而在人事上则会保持清醒头脑。所以，在办事时，千万不要在小事上纠缠不休，搞得自己精疲力竭、心绪不宁，而到了大事面前，却又真的糊涂了。

算计别人最终伤害的还是自己，难得糊涂其实是一种生活智慧与生存哲学。洒脱大方的人会给他人带来欢笑，同时也给自己赢得愉悦的感受。

留有余地是一种理智的人生策略

我国古代有个叫李密庵的学者，写过一首《半半歌》，诗云：“饮酒半酣正好，花开半时偏艳，半帆张扇免翻颠，马放半鞭稳便。半少却饶滋味，半多反厌纠缠。百年苦乐相掺，会占便宜只半。”用现代的话说，就是凡事留有余地，不要不给自己和别人留退路。

常留余地二三分，体现了人生的一种智慧。凡事留有余地，则自由度增加。进也可、退也可，亲也可、疏也可，上也可、下也可，处于一种自由的状态，体现了一种立身处世的艺术。

阿朱小时候家里很穷。一天，有个客人到他家，难得的诱人的鱼香，令阿朱垂涎不已。阿朱当时才6岁，还不懂得掩饰自己，他吵着要吃鱼。母亲答应了，但是有一个条件：等客人吃饱后方可上桌。

阿朱不听：“等客人吃饱了，鱼不就被他吃光了吗？”母亲答道：“知礼的客人绝对不会将鱼翻过来吃，另外一面一定还是好好的。不信，你去窗边看看……”

阿朱来到窗边，踮着脚尖往里看，眼睛盯着桌上的那条鱼。

忽然间，客人用筷子把鱼翻了个身……阿朱失望地跑回厨房，扑进母亲怀里大哭起来。母亲也哭了，她不知如何安抚阿朱的心。

几十年过去了，生活水平提高了，阿朱也成了一名经理。但在所有的应酬宴请中，每当有鱼上来，阿朱就会回忆起儿时那伤心的一幕。每次，他总是不去把鱼翻身，因为他永远记住了母亲的那句话。

常留余地二三分，这是因为，世界上的事变幻不定，常常有许多意想不到的不利因素产生作用。人外有人，天外有天。人不要总是想着赢，要留一些给别人赢；不要老想占上风，要给别人一些尊严。这样，自己才能进步，人际关系才能更和谐。一句话，为人处事还是谦虚谨慎些的好。如果目中无人，骄傲自满，就容易碰壁、栽跟头。

唐朝时代，有一位德山大师，精研律藏，而且通达诸经，其中尤以讲《金刚般若波罗蜜经》最为得意，因俗姓周，故得了个“周金刚”的美称。

当时，禅宗在南方很盛行，德山大师就大不以为然地说：“出家沙门，千劫学佛的威仪，万劫学佛的细行，都不一定能学成佛道，南方这些禅宗的魔子魔孙，竟敢诳说：‘直指人心，见性成佛。’我一定要直捣他们的巢窟，灭掉这些孽种，来报答佛恩。”

于是，德山大师挑着自己所写的《青龙疏钞》，浩浩荡荡地出了四川，走向湖南的澧阳。

一日途中，突然觉得饥肠辘辘，看到前面有一家茶店，店里有一位老婆婆在卖烧饼，德山大师就到店里想买个饼充饥。老婆婆见德山大师挑着那么一大担东西，就好奇地问道：

“这么大的担子，里面装的是什么东西？”

“是《青龙疏钞》。”

“《青龙疏钞》是什么？”

“是我为《金刚般若波罗蜜经》做的批注。”德山大师对自己的著作，表现出很得意的神情。

“这么说，大师对《金刚般若波罗蜜经》很有研究？”

“可以这么说！”

“那我有一个问题想请教您，您若能答出来，我就供养您点心；若答不上来，对不起，请赶快离开此地。”

德山大师心想：“讲解《金刚般若波罗蜜经》是我最擅长的，任你一个老太婆，怎么可能难倒我！”随即信心慢慢地说：“有什么问题，尽管提出来好了！”

老婆婆奉上饼，说道：“《金刚般若波罗蜜经》中说：‘过去心不可得，现在心不可得，未来心不可得。’不知大师您是要点哪一颗心？”

德山大师经老婆婆这一问，呆立半晌，竟然答不出一句话来。他心中又惭愧又懊恼，只好挑起一大担的《青龙疏钞》，怅然离去。

德山大师受到这次教训后，再也不敢轻视禅门中修行之人。后来来到龙潭，至诚参谒龙潭祖师，从此勇猛精进，最后大彻大悟。

世事无常，万事多留些余地，多些宽容。这是一条重要的做人准则。在你留有余地的同时，别人也会因此受益匪浅。

一幅画上必须留有空白，有了空白才虚实相间，错落有致。有余地才更加符合实际，才更加充满希望。当然，留有余地不是立身处世的圆滑，不是有力不肯使，也不是逢人只说三分话，而是对世界、对自己抱一种知己知彼的理性态度，是对鉴于世界的复杂性和自身能力的有限性所采取的一种理智的人生策略。

学会包容他人

“处处绿杨堪系马，家家有路到长安。”宽厚待人，容纳非议，是事业成功、家庭幸福美满之道。

事事斤斤计较、患得患失，活得也累，难得人世走一遭，潇洒最重要。因此说，宽容就是潇洒。

世界由矛盾组成，任何人或事都不会尽善尽美。无论是“患难之交”、“亲朋好友”，还是“金玉良缘”、“模范丈夫”，都是相对而言。他们的矛盾、苦恼常被掩饰在成功的光坏下，而掩盖的工具恰恰是宽容。不必羡慕别人，更不要苛求自己，常用宽容的眼光看世界，事业、家庭和友谊才能稳固和长久。因此说，宽容就是洞察。

同事的批评、朋友的误解，过多的争辩和“反击”实不足取，唯有冷静、忍耐、谅解最重要。

相信这句名言："宽容是在荆棘丛中长出来的谷粒。"能退一步，天地自然宽。因此说，宽容就是忍耐。

人人都有痛苦，都有伤疤，动辄去揭，便添新伤，旧痕新伤难愈合。忘记昨日的是非，忘记别人先前对自己的指责和谩骂，时间是良好的止痛剂。学会忘却，生活才有阳光，才有欢乐。因此说，宽容就是忘却。

"小不忍，致大灾"；"忍时之气，免百日之忧"。古往今来，人世间多少憾事、多少不幸、多少悲剧、多少恐怖都是因为人与人之间争强斗狠，不能相互宽容而发生。

一个人的胸怀能容下多少人，就能赢得多少人的尊重和喜爱。"忍人之所不能忍，方能为人所不能为"；"大肚能容，容天下难容之事；笑口常开，笑天下可笑之人"，弥勒佛之所以能日进万金，全仗他心理功夫炼到家了。用宏大的气息去感受那一笑泯恩仇的快乐。智者总会用宽容这把智慧之剑去斩断冤冤相报这扯不完的长线。

生活中，常常会发现这样的事情：有的同学总在抱怨没有朋友，总在抱怨别人对自己的不友好。

其实，你有没有想到，如果你以一颗宽容博爱的心去对待别人，是否会有意想不到的收获呢？善待别人，就是善待自己。就如一本书上说的，我们的心如同一个容器，当爱越来越多的时候，烦恼就会被挤出去。我们学会了让他人快乐就是让自己快乐，学会了善待他人就是善待自己。生活就是一幅画，当我们把思想的调色板用心的画笔勾出每一道风景时，爱是最美的一笔。

把自己的聪明才智，用在有价值的事情上面。集中自己的智力，去进行有益的思考；集中自己的体力，去进行有益的工作。不要总是企图论证自己的优秀，别人的拙劣，自己正确，别人错误。不要事事、时时、处处总是唯我独尊、固执己见。在非原则的问题和无关大局的事情上，善于沟通和理解，善于体谅和包涵，善于妥协和让步，既有助于保持心境的安宁与平静，也有利于人际关系的和谐和社会环境的稳定。

有了大海那样的胸怀，这才能够百川并蓄。人人需要宽容这一可贵的品格。

常有一些所谓的厄运，只是因为对他人一时的狭隘和刻薄，而在自己前进的路上自设的一块绊脚石罢了；而一些所谓的幸运，也是因为无意中对他人一时的恩惠和帮助，而拓宽了自己的道路。

人与人之间总有差异，所以有时摩擦、争吵不可避免，这些本是很正常的事情。如果多些理解，学会包容，能够设身处地地为他人着想，就不会因人与己见不同而生出隔阂，进而产生矛盾。

正是由于人与人之间存在不同的见解，才使得我们这个世界有朝气，从而产生了许多新生事物。从另一个方面来说，与他人有不同见解存在，也才会使得自己去从另一个角度思考问题。也许自己固有的见解原本就是错的，不科学的。正是由于他人的不同见解使自己反省，从而纠正自己错误的认识与观点，并获得新的进步。因此，正确对待不同见解，不仅不是理亏，反而是一种理智的态度。而要做到这点，所需要的就是“理解”。理解他人，理解环境，理解我们所处时代的方方面面；不固执，不偏激，不斤斤计较，更莫为小事而与别人打“肚皮官司”，弄得自己心神不安，伤神又伤心。

设身处地为别人着想的理解是一缕精神阳光，借助这缕“阳光”，可以澄清我们的思路，净化我们的心灵，使我们在工作、学习和生活中显得更充实，更自在，更快乐。

肯尼斯库第在他的著作《如何使人们变得高贵》中说：“暂停一分钟，把你对自己事情的高度关注，跟你对其他事情的漠不关心，互相做个比较。那么，你就会明白，世界上其他人也正是抱着这种态度！这就是，要想与人相处，成功与否全在于你能不能以同情的心理，理解别人的观点。”

法国作家伏尔泰在遗言中说：“包容是什么？它是人性的特点，就让我们原谅彼此自身的愚蠢吧！”人与人的相处，难免会发生矛盾，出现这样活那样的失误与差错。在这时，如果你不让我，我不让你，就很容易引发争斗。这时我们就需要学会宽容，懂得宽容待人的好处。包容是一门做人的艺术。包容待人，首先足要在心理上接纳别人，理解别人，体谅别人，在接受别人的长处时，也接受别人的短处。其次，当你遇到事情打算用愤恨去实现或解决时，不妨试着去包容，或许它更能帮你实现目标，解决矛盾，化干戈为玉帛。

把自己当成别人，站在对方的角度上感受对方的情感；把别人当成自己，感同身受，用亲身去体验别人的感受；把别人当成别人，我们无法强求别人改变，只能去理解体会别人；把自己当成自己，我们的一切理解和包容并非为了别人，而是为了自己，设身处地地包容别人，其实也是在包容我们自己！

孟繁信的这三篇文章直指内心，如丢入心湖中的三颗石子，在教师们中间掀起圈圈涟漪，引起他们的反思、警醒。教师们都明白了，户口是泥饭碗，能力是铁饭碗，素质是金饭碗；先做好人才能做好事，最重要的是品质，这是做好一切的保证；做老师，必须要有师德。从那以后，自觉学习、读书的老师多了，闲聊、无事生非的少了；积极上进、互相请教的老师多了，推诿扯皮、自以为是的少了；正气多了，歪风邪气就没有市场了。

趁热打铁，孟繁信从“以老师为主体”的理念出发，尊重老师、信任老师、关心老师、激励老师、发展老师，使老师在成就学生的同时成就自己的事业。学校先后出台了《于家务中学岗位设置管理工作实施方案》《于家务中学岗位聘用工作实施办法》《于家务中学乡优秀教师、先进工作者、先进集体评选办法》《于家务中学教职工考核细则》等一系列规章制度，所有的制度只有一个出发点，那就是善待每一位老师，尊重每一位老师，关心每一位老师。所以，每一项制度的出台，孟繁信都反复酝酿，与老师们几经商议，然后交教代会讨论，通过后再付诸实施。

孟校长带领校党小组成员学习

经过大家讨论后制定出台的规章制度，是一道道无形的红线，让教师们知道应该做什么，不应该做什么，于是行为得到了规范，作风得到了转变。学生们发现，老师们变了，对教学一丝不苟了，对学生既严厉却又和蔼可亲了。

教师队伍稳定的问题得到了解决，孟繁信又把目标锁定在学生身上，学生是学校的主体，只有充分尊重学生的主体地位，提高其学习主动性，增强其求知体验，才能让每一位学生发现自己的长处，发挥自身潜能，激发内心深处最美好的东西，体验成功的喜悦。

为了解学生的想法，全面倾听学生的意见和建议，孟繁信亲自主持制订了面向学生的问卷调查，内容是，学生理想中的学校、校长、老师、课堂、管理制度应该是怎样的，要求参与调查的学生按照自己的真实想法填写，学校将尊重学生的意愿，依照学生们的意见制定优秀校长标准、优秀教师标准、优秀课堂秩序标准等，改善教学质量。

问卷发出后，学生们积极响应，认真填写，一周共收到问卷 406 份，经过梳理，孟繁信对学生们总体的想法渐渐明晰起来，他让政教处将所有意见、建议归纳后，张榜公布，让全校师生都看到。

学生们心中的理想学校是：应该以智育为基础，注重学生德智体美劳的全面发展，着力于“合格＋特长”的个性养成。学校的德育、智育、体育、美育和劳动教育，总是有机地互相联系、互相渗透的。学生的主要任务是学习，但智育不应该只是简单地传授知识，在智育的过程中应该有对学生正确人生观的教育、求真信念的塑造、审美情感的熏陶、坚强毅力的培养、实践能力的训练等。因此，学校应该在构建模式和管理上有所改变，注重学生品德修养的形成、增加体育设施设备，强调体育锻炼在学生成长过程中的重要作用并积极落实到位；增添美学和艺术类课程，增进学生对于美的认识和思考，鼓励学生根据自己的兴趣爱好开展学生活动和组建社团；加强学生对于劳动的意识，为学生创造条件，鼓励学生积极主动参与到力所能及的劳动中去；学习与实践相结合，提升学生的动手实践能力。通过各种行之有效的举措，打造有特色、有品位、有理念的学校。

同学们心中理想的校长是：1. 富有人格魅力、具有远大理想；2. 具有奉献精神，注重人文关怀。3. 走进学生生活，聆听学生的心声。4. 珍视学校的名誉。 5. 追求人生理想和办学理念，具有独特办学风格。6. 重视教育科学研究；7. 严于律己，友善待人。

同学们心中理想的老师是：1. 和蔼可亲，民主公正。2. 言行一致，了解学生。3. 有幽默感，能听取学生意见建议。4. 讲课生动活泼，注重增强学生分析问题、解决问题的能力。5. 注重激发学生的学习兴趣，鼓励学生独立思考。6. 言行文明，不粗暴，不挖苦和嘲笑学生。

同学们心中理想的课堂秩序是：1. 加强互动，教师的权威不能建立在学生的被动与无知的基础上，而是建立在教师鼓励学生的积极参与教学，以促进其能力充分发展之上。2. 教师的作用不能混同于一部百科全书或一个供学生利用的资料库。3. 教师应能帮助学生在自学的道路上迅速前进，言传身教，用人格魅力去感化学生，以德服人。4. 在充分尊重学生的基础上，给学生相对的自由。5. 把课堂变成师生双方能够共同理解的世界，课堂生活中师生双方达成一致和默契。

同学们心中理想的管理制度是：1. 一视同仁，坚持公平、公正、公开的原则，维护每一位学生受教育的权利。2. 不能将学生人为划分为三、六、九等，学校内部不能将班级划分为尖子班、普通班以及差生班。3. 建立完善的评价体系，改变传统的只能由教师单一评价学生的模式，加强教师与学生的互评。4. 努力获取学生的多方面信息，关注和兼顾学生的差异及特长，促进其全面发展。

针对调查问卷，孟繁信召开了全校师生大会，他的讲话掷地有声："同学们心中的理想就是学校发展的方向。不论校长还是老师，都要努力地向各自的理想状态靠近，全校师生都可以互相监督、勉励互助、共同提高。"

会场立即响起暴风骤雨般的掌声。一场轰轰烈烈的"鞭策后进促先进，勤抓教学促和谐"的教育活动在于家务中学开展起来。

第二节　传承儒家文化

在当代社会，一个优秀的校长还必须是一个敢为人先的改革者、创新者。面对传统僵化的教育体制和激烈的社会竞争，孟繁信深刻地认识到，学校也不是一个铁饭碗，不改革创新，不办出自己的特色，同样没有出路，甚至会有被淘汰出局的可能，更不用说为国家培养高素质人才了。经过细致调研和深入思考，在校领导班子中认真讨论后，孟繁信明确了于家务中学"传承儒家文化，办当地百姓满意学校"的办学理念，确立了"厚德砺志，笃学致远"的校训，提出了"承传中华美德，促进民族团结，先做人再成才"的办学宗旨。

党的十八大以来，党中央和习总书记多次强调要传承和弘扬中华优秀传统文化。习总书记指出："中华文明源远流长，蕴育了中华民族的宝

孟校长在做“传统文化走进于家务中学”主题演讲

贵精神品格，培育了中国人民的崇高价值追求。自强不息、厚德载物的思想，支撑着中华民族生生不息、薪火相传。”

孟繁信远见卓识，他的治学理念与中央的决策不谋而合。作为亚圣孟子的嫡系子孙，自小受儒家文化的熏陶，他对如何传承儒家文化有着自己独到的见解。

孟繁信认为，以儒家为代表的传统文化可以说是中华民族大家庭的精神家园，孔子、老子、墨子、孟子、庄子等诸子百家学说至今仍然具有世界性的文化意义。这些思想家上究天文、下穷地理，广泛探讨人与人、人与社会、人与自然关系的真谛，提出了博大精深的思想体系，今天看来都十分的有意义。上千年的儒家文化充满了治国、齐家、修身、正心的大智慧，中华民族之所以几千年屹立于世界民族之林，历经磨难，一次次凤凰涅槃，成为人类发展史上的奇观，最根本的就是深深植根于民族基因的伟大精神支撑和崇高价值追求。于家务中学应该传承传统文化，与学校自身实际相结合，形成具有自身特色的校园文化，为学校的发展积淀深厚的文化底蕴，提供不竭的动力。

孟繁信对中国传统文化在今天没有得到很好的传承进行了深入思考。他认为，中国传统文化在中国历史长河中是根深蒂固的，虽然从清末就受到冲击，甚至五四新文化运动直接全面否定了传统文化，称其为糟粕。纵观近代史的发展过程，其实也是中国传统文化与外来文化搏斗的历程。随着时代的发展，一些跟不上时代的落后部分无疑是会逐渐消亡的。传统文化属于上层建筑范畴，与生产力不相适应的部分自然消失，是正常现象，符合历史的规律。

但是，中国传统文化很大一部分优秀内容失去其应有光环的原因却不是它不合理，而是人为因素造成的。特别是文化大革命，在这场文化浩劫中，中国人在“新心”没有存活下来的时候变得“没心”了，思想上左右摇摆。文化上没有一个完整的体系，价值观和行为上没有达成共识，而传统文化被连根拔起，彻底地消亡了。

对儒家提倡的“忠孝仁义信礼智勇”，孟繁信也有自己的见解，他认为，这是儒家思想核心，但在当今社会，忠孝仁义信礼智勇，已经找不到存在的根基了。“君君臣臣父父子子”之道在时代的发展中被淘汰了，但也切断了我们与“忠孝仁义”的关联。“信礼智勇”虽然还是一个社会通用的生存哲学和基本要求，但如今已嫁接了西方的价值理念，在儒家的词语外壳下，内涵不再。古人把道德修养视为人生的终极追求，不过，在全球化浪潮席卷神州大地的今天，很多人认为，个人奋斗、快乐、自由通通比道德来得重要；现在的人们还有很多别的事要忙，于是道德缺失的现象就频出不穷了。

孟繁信对如今孩子不知四书五经感到忧虑，古时，书生 15 岁之前便要把四书五经烂熟于心，他们对经典的了解，就算今天的古代文学博士生也望尘莫及。1912 年 1 月 19 日，当国民政府第一任教育总长下令“小学堂读经一律废止”的时候，这在当时被认为是一个解放思想的壮举，但是，这个命令的后果，导致近一个世纪后，已经没有多少人回答得出来什么是四书五经了。孩子对以《大学》《中庸》《论语》《孟子》《易经》《尚书》、《诗经》《礼记》《左传》为代表的古代中国的支柱思想体系，一头雾水。

孟繁信认为，儒家所崇尚的任侠之气，如今也应有选择性地大力倡导。要去其糟粕，用其精华。何为任侠？孟繁信的解释，是“道之所在，虽千万人吾往矣；义之所当，千金散尽不后悔；情之所钟，世俗礼法如粪土；兴之所在，与君痛饮三百杯”；是“十步杀一人，千里不留行。事了拂衣去，深藏身与名。三杯吐然诺，五岳倒为轻。纵死侠骨香，不惭世上英”；是荆轲、是聂政、是专诸、是李白、是一饭之恩的漂母、是救过伍子胥的渔女。不过，如今很少见到这种任侠之气了。再不见独行万里为曾允朋友一诺的男人，再也没有了“拚将一生休，尽君今日欢”的女子。现在从小就被教导明哲保身，不要相信别人，何来的狂狷豪迈之气？何来风流洒脱的风骨？从来没有过年少轻狂，青春就是不完整的青春，读再多的金庸古龙也不管用。

孟繁信对儒家历代提倡的责任感很认同，一个人要有责任感，对家庭负责、对族人负责、对国家和民族负责，这是古代士人每人肩上必须承担的的重担。而今天，很多人缺乏责任感，他们认为人生在世，既没有为别人奉献的义务，也没有权利向别人索取，只能为自己负责。对他们来说，《大学》开篇就说“古之欲明明德于天下者”，在今天成为镜花水月，顾炎武的“国家兴亡，匹夫有责”在和平时期更像是一句空谈。

孟繁信认为，对历史文化特别是先人传承下来的道德规范，还是要坚持古为今用、推陈出新，有鉴别地加以对待，有扬弃地予以继承。“有鉴别”就不是全盘肯定或全盘否定的态度，不是历史虚无主义或文化保守主义的态度；“有扬弃”是在经过分析鉴别的基础上，坚决剔除其过时落后的糟粕后，积极继承吸收其合理优秀的成分。长期以来，学者们在优秀传统文化的继承与发展方面缺乏科学规划，甚至仅仅把其归为学术研究，尤其是在清理和发掘民族传统文化的积极内涵、赋予民族传统文化以时代精神和适宜形式等方面，做得还不够。因此，要真正提高中华民族传统文化的吸引力和影响力，使之发扬光大，就需要做好整理工作和开发工作。赋予民族传统文化时代精神和旺盛活力，实现民族传统文化的现代化，离不开整合本土文化与外来文化，离不开引进和培植新的文化要素和文化精神。

孟繁信曾多次在不同场合谈儒家的经典学说，因为他认为儒学在现实中的意义太大了。让优秀传统文化成为人们日常生活的一部分，是弘扬传统文化的关键之处。对此，孟繁信经过了长时间的认真思考。全国人大常委会原副委员长许嘉璐曾有形象表述："优秀传统文化不是摆设，不是只供学者研究的对象，而是养成民族灵魂的最好营养。如果一种文化产品只存在于博物馆中，一种文艺形式只存在于舞台上，那么我们就可以说，它们已经死亡了。同样的道理，如果传统文化只存在于学者的书斋里或研讨会上，那么我们也可以说，它已经死亡了。"活的文化在哪里呢？许嘉璐的答复是："文化活在街道上、家庭中、人心里。"他举例说，女孩子穿着高跟鞋走在马路上，一下摔倒了，如果没人管，那伦理道德就死了；如果有人打 110 求助，那说明他内心的道德观活了一半；如果马上有人上来搀扶，那么说明中国传统文化是活生生扎根在他心里的。如何使中华优秀传统文化深入人心，成为国民的一种文化素养和日常行为的遵循，需要我们在传播和弘扬优秀传统文化的载体上下功夫，要选择群众喜闻乐见的美育载体，阐释和弘扬社会主义核心价值观；要发挥学校教育与社会教育的合力，古为今用、学以致用，把传统文化精髓融入时代语境。

将弘扬和传承优秀传统文化与学校教育有机结合起来，是孟繁信一直在考虑的，也是一直在积极探索的。他对当前学校推行传统文化教育的看法是，要入心入脑，要内化为每个人的日常言行，而不是流于形式。必须从基础教育抓起，发挥第一课堂主渠道作用，在教学、研究体系中坚守中华民族的文化基因和精神命脉。当前，国家教育部门在推行优秀传统文化中还有一些问题，如一些教材中的"中国味"淡化，教育内容的系统性、整体性还明显不足，重知识讲授、轻精神内涵阐释的现象还比较普遍。对此，他提出了解决措施，一是要增加代表中华优秀传统文化的文章和课程，分层次、分内容，使学生在学校教育中始终受到优秀传统文化的熏陶和感化，把优秀传统文化的学习与学生思想道德素养的培育结合起来；二是拓展中华传统文化类课程建设，使之成为提升学生人文素养和优秀传统文化素养的重要载体。尊重传统不能食古不化，“一股脑儿都拿到今天来照套照用”，更不能作茧自缚。应该立足于实践，把跨越时空、超越国度、富有永恒魅力、具有当代价值的文化精神融合起来，以兼收并蓄的包容精神，借鉴一切可以借鉴的优秀文明成果，通过转化再造、丰富发展，使传统文化焕发新的生命力。

孟繁信把传播优秀传统文化作为自己的责任，学校作为教书育人的场所，应该义不容辞地承担起这一重任，正是基于这一认识，他在学校全面推广儒家文化，让学生们从小做起，从小事做起，从生活中的点点滴滴做起，接受传统文化的熏陶。

孟繁信校长与中国孔子文化传播促进会签署合作协议

对孔孟儒家学说，孟繁信有着自己的解读。首先是仁。他认为，仁是孔子儒家思想的核心，这一思想贯穿政治、教育、理论、文化等诸多方面，尤其是在做人的问题上，在孔子看来，仁是做人的根本。而对如何践行仁，孔子的解释很平实。子张问仁，子曰："能行五者于天下，为仁矣。"子张"请问之"，子曰："恭、宽、信、敏、惠。恭则不侮，宽则得众，信则人任焉，敏则有功，惠则足以使人。"

恭则不侮。"恭"就是予人恭敬。古训说"先敬人，人恒敬之"。尊重是相互的，而能做到先敬人则是一种更高的境界。一个"先"字首先表现了尊重他人的主动性，并且首先去尊重社会地位比自己低的人，甚至竞争对手；其次还表现出尊重他人的实质性，尊重他人人格、尊重他人劳动成果、尊重他人创意、尊重他人抱负等。第三表现在恒定性，即始终保持敬人如敬己的一贯品格，人变我不变，而不是时敬时不敬、大敬小不敬、上敬下不敬、外敬内不敬，如此等等。

孔子说：恭而不侮。就是一个人对世界、对他人保持毕恭毕敬的态度，那他就不会招致侮辱。人人皆有尊严，人人都渴望被尊重，但是怎样做到呢？有两种方式，一种是自尊心过强，甚至表现为敏感多疑，只要有人言语中稍不留神提到点什么，他就会问，你影射谁呢？还有一种态度，就是对所有人都宽和、恭敬。这两种方式哪一种更容易有尊严呢？尊严这东西就像沙子，你攥得越紧，它就流失得越快。但是你把它放到心里，表现为一种从容谦和的态度，那么它就存在。

宽则得众。孔子说，宽容你就能够得众，你就可以博得众人对你的一种信赖，你就可以拥有最广阔的朋友。

信则人任。一个人的信誉，在今天的社会中是非常重要的品德。孔子说，信则人任焉，意思是谁讲信用，谁就会被更多的人任用。人品和信誉无论在什么社会永远都是人格的基石。

敏则有功。敏就是智慧，敏锐、敏捷就会建功立业。人人都想建功立业，但很多人做的都是无用功，而敏锐的人总能在不经意间获得灵感。一个君子，“敏于行而纳于言”。你不必说的太多，而是赶紧得去做。想想生命时光的流逝，人所谓的一生，无非是从光阴中借来的这么一段，几十年而已。在这几十年里，所有的未来你都可以从容地憧憬，所有的过往，你都可以从容地缅怀。但如果只沉迷于缅怀，那么所有的当下，都在充满了惶惑、迷失、遗憾的氛围中匆匆地溜掉了。敏于行就是告诉人们要活在当下，就在今天，就在此刻，把事情做好。

惠则足以使人。一个怀有恩惠之心的人，能够领导他人，因为他使唤得动所有人。

孔子说做到了以上五点，就可以基本上做到仁。仁，有时候是一种行为方式，而这种行为方式会给生活带来一些改变，内心真正有仁爱的人，一定有亲人和朋友，一定热爱山川河流，热爱跟别人在一起的快乐时光，而他那种仁爱的情怀，可以无所不在地感染着别人，这才是真正的仁。

孟繁信对“信义”两字看得特别重。子曰：“信近乎义，言可复也；恭近于礼，远耻辱也。因不失其亲，亦可宗也。”“君子之于天下也，无适也，无莫也，义之于比。”孔子的意思是说，与人有信约，符合了义，说的话才有可能实现；对别人尊重恭敬，符合了礼，才能免受侮辱。依靠可亲的人，才可能靠得住。君子对天下的各种事物，既不存心敌视，也不倾心羡慕，只以正当合理为衡量标准。

何为“信义”呢？孟繁信说，“信义”包含诚实、守信、道德、正义等。在中华传统美德的传承中，“信”的位置十分重要，孔子说：“人无信，无以立。”在长期的社会实践中，中华民族形成了重承诺，守信义的道德传统，留下了“千金一诺”“一言既出，驷马难追”之类的美谈佳话。

在当今时代，这一理念显得尤为重要。孟繁信曾经给学生们讲过《曾子杀猪》的故事：

曾子是孔子的学生，有一天，曾妻要上街，孩子哭闹着也要去，曾妻对孩子说，别闹了，回来杀猪给孩子吃。等她回来，看见曾子真的准备杀猪，便马上阻止，说自己是和孩子说着玩的。曾子说，做父母的如果失信于孩子，就等于教孩子也去欺骗。说完，就把猪杀了。曾子不折不扣地落实了妻子对孩子的承诺。

他通过这个故事，告诉学生们从小就要讲诚信，不能说而不做，失信于人。

那在实际学习生活中，如何讲诚信呢？孟繁信告诉学生们，诚信，即诚实守信。“诚”就是诚实、真诚，说老实话，办老实事，不欺人，不做作，不掩饰。“信”就是守信，就是一言一行都要遵循自己的诺言，不论对自己还是他人，凡是自己承诺的一定要兑现。不论哪个时代，哪个国家，哪个社会，诚信的人都会被社会认可，诚信的美德也流传甚广。诚信是为人处事最重要的品德。

“诈与妄，奚可焉”。这个“诈”就是欺骗，“妄”就是不真实的语言，不诚实、不老实的语言。“奚”是怎么可以的意思，“可焉”，可以做。讲话要老实，一个人怎么能欺骗别人，不讲真话呢？

诚信在现代社会中更重要，诚实守信是公民的社会公德。对一名学生来说，只有在心里播下诚信的种子，才能在将来成为社会的栋梁之才。如果学生时期就做不到诚信，认识不到诚信对人生发展的重要性，学会说谎话，那么将来进入社会后，也会不被人信任，很难在社会上立足，也很难做出什么突出的成绩来。所以，学校培养学生的诚信意识，对社会的和谐健康发展极为重要。

对“礼”，孟繁信有着更深刻的认识。他曾对学生说，在华夏历史的长河中，有一种文化，犹如一道霹雳，贯穿了中华儿女的思想；又似一种元素，融进了中华儿女的血液；更似一盏明灯，点亮了中华儿女前进的方向。是什么用它独具的内涵征服了一个又一个民族？是什么令一个民族在几千年的历史长河中绵延不绝，至今闪烁着灿烂华丽的光芒。是礼仪，是先贤用他们的思想和智慧，为我们这个民族镌刻下了“礼仪之邦”

的美称。

那么，礼之本是什么呢？林放曾就这个问题问孔子。子曰："大哉问！礼，与其奢也，宁俭；丧，与其易也，宁戚。"意思是说，林放问礼的根本是什么？孔子说，你问的问题意义重大啊！礼，与其过分奢侈，不如简朴节俭；丧事，与其仪式隆重，不如真正悲切。荀子云："人无礼不立，事无礼不成，国无礼不宁。"礼不仅是立身之本，而且也是立事立国之本。

然而，在时代飞速发展的今天，有些人弄丢了它，对呕心沥血的师者，少了尊重，多了挑剔；对身有残疾的人士少了关怀，多了冷漠；对待别人的成绩，少了尊重，多了不屑。当中国的孩子开始变得倔强时，韩国的孩子正垂手而立聆听父母的教诲；中国的孩子边看电视边指挥父母做这做那时，美国的孩子正打扫房间，修剪草坪；中国的孩子连上学都要坐轿车的时候，日本的孩子正独自背着包去高山旅行。当美、日、韩正学着我们的"温、良、恭、俭、让"的传统美德时，我们自己正一点点地丢弃。

孟繁信教育学生要明礼。做到讲文明、讲礼并不难，孟子道：爱人者，人恒爱之；敬人者，人恒敬之。明礼就如一面镜子，你尊重他们讲礼仪，他人自然投给你尊敬的目光。在我们的日常生活中，讲礼的作用是无与伦比的，一声"对不起"，能化解剑拔弩张的冲突；一个友善的微笑，就如一缕春风，温暖他人的心田；一次真诚地援助，能唤起尘世间的爱心与感动。所以，明礼能使一个人变得更加高尚，能使一个国家变得更加强盛。如果每一个人能以一颗明礼的心对待身边的每一件事，每一个人，那样，我们生活的家园一定会充满和谐与欢乐，我们的思想会光芒四射，我们的民族一定会傲立于世界民族之林。

"学"，一直是孟繁信所注重的。古人十分重视勤勉学文。子曰："学而时习之，不亦说乎？""我非生而知之者，好古，敏以求之者也。""业精于勤，荒于嬉，行成于思，毁于随。"凡勤奋不怠者必定有所成就。人需要鞭策自己，克服懒性，才能走向成功。中国人重视读书，勤奋好学，已成为世代相传的优良传统美德。稍许浏览一下历史，一个个勤奋好学的动人故事就会争相跃入眼帘。匡衡幼年凿壁引光苦读，终以说《诗》而扬名；茅以升少年立志，远涉重洋，经历千难万险，终于成为“桥梁之父”……

“书山有路勤为径，学海无涯苦作舟”。中华民族自强不息的精神，在勤奋读书方面表现得格外突出。不论是善于治国的政治家，还是胸怀韬略的军事家；不论是思维敏捷的思想家，还是智慧超群的科学家，他们之所以在事业上取得不同成就，都是与他们从小的远大抱负分不开的。

孟繁信多次向学生们讲宋濂的故事。宋濂小时候喜欢读书，但是家里很穷，也没钱买书，只好向人家借，每次借书，他都讲好期限，按时还书，从不违约，人们都乐意把书借给他。有一次，他借到一本书，越读越爱不释手，便决定把它抄下来。可是还书的期限快到了。他只好连夜抄书。时值隆冬腊月，滴水成冰。他母亲说，孩子，都半夜了，这么寒冷，天亮再抄吧，人家又不等着书看。宋濂说，不管人家等不等这本看，到期限就要还，这是个信用问题，也是尊重别人的表现。如果说话做事不讲信用，失信于人，怎么可能得到别人的尊重。又一次，宋濂要去远方向一位学者请教，并约好见面日期，谁知出发那天下起鹅毛大雪。当宋濂挑起行李准备上路时，母亲惊讶地说，这样的天气怎能出远门呀？再说，老师那里早已大雪封山了。你这一件旧棉袄，也抵御不住深山的严寒啊。宋濂说，娘，今天不出发就会误了拜师的日子，就失约了；失约，就是对老师不尊重啊。风雪再大，我都得上路。当宋濂到达老师家里时，老师十分感动，称赞说道，年轻人，守信好学，将来必有出息。

在一次讲课中，孟繁信对学生们说，今天，我们有着比前人更优越的学习条件，在继承和发扬勤学立志的同时，更要不断地激励自己，为实现全面建设小康社会实现中华民族的伟大复兴的宏伟目标，更加勤奋地学习。

第三节　开设道德讲堂

道德讲堂是于家务中学的一大特色。孟繁信认为，中华民族的传统美德，源远流长，道德的力量，一直支撑中华民族几千年来屹立于世界民族之林而不倒，“仁义礼智信、忠孝节义”、“富贵不能淫、贫贱不能移、威武不能屈”等大家都熟悉的做人、做事准则和基本要求，数千年来一直是激励中华儿女砥砺奋进的精神支柱。四大文明古国唯一延续下来的只有中国，其原因很大因素就是中华民族有着非常优秀的传统文化，不管是哪朝哪代，谁当统治者，但传统的道德观和心灵的底线从来没有失去过。

然而，当时代的指针走到今天，受经济大潮的冲击，一切向“钱”看，以金钱衡量一切的思想泛滥，思想观念和价值取向也呈现多元化的趋势，国民道德滑坡相当严重，老人倒地无人扶、不敢扶，食品安全敲警钟，地沟油、毒牛奶、苏丹红等案件接连不断，为了经济利益不惜污染环境等等；

北京市人大代表来于家务中学考察儒学传承情况

从小的方面讲，爱岗敬业奉献的精神也比不了上一代了，有人加点班就有怨言，多做点事就有意见，宁愿拿手机玩半天也不愿意学习业务，有的甚至和单位讨价还价，出工不出力，但涉及个人利益时绝对不能少半分，完全做到了有困难就让，有利益就上。所有这些现象说明，我们的民族道德建设出现了相当多的问题，长此以往，中华民族的传统道德可能会崩溃，支撑中华民族的精神支柱就不复存在，而一个没有精神支撑的民族绝对不会有一个美好的未来。

通过道德建设来激浊扬清就显得迫在眉睫，对此，孟繁信有一种危机感。他还在柴厂屯中学工作时就开办了家长学校，讲授有关传统文化的内容，在于家务中学，孟繁信开设了“道德讲堂”，并一直坚持下来，推而广之。

一开始，开设道德讲堂也是遇到了许多麻烦，关键是许多家长不理解，甚至有抵触情绪。记得在建校之初，有一回道德讲堂开讲，恰好那次是由孟繁信主讲，乡里领导及相关单位人员都来了，马上就上课的时候，从门外闯进一个人，满脸通红，满嘴酒气，进门就嚷嚷：“搞什么狗屁讲堂啊！害得老子饭都没吃好，酒也没喝好！”一抬头，好像是看见同村的熟人了，大声打着哈哈，靠过去坐下，问这问那，大声喧哗。

乡领导看到这种情况，非常生气，让办公室打电话给派出所把这个人带走。孟繁信校长制止住了他：“讲堂刚开始，让派出所介入对以后发展不利，咱们的初衷就是用圣贤文化来教育村民的。他喝醉了不要和他一般见识，他讲他的我讲我的，看看谁坚持到最后！”

于是，道德讲堂按时开讲，孟繁信用他那特有的磁性的声音从“孝悌”讲起，“百善孝为先”做儿女的如何行孝？孝顺父母不仅表现在自己对父母的言谈、举止中，更表现在日常生活的点点滴滴。同时也应该懂得如何照顾自己，以免让父母牵挂。做到这样就是一个真正的孝子了。然后讲了闵子骞《单衣顺母》的故事。

一开始，孟校长在台上讲，那醉汉在台下讲。当讲到闵子骞穿着用芦花填充的棉衣，赶马车时冻得拿不住鞭子，不明就里的父亲抽了闵子骞一鞭子，芦花纷纷飘出时，全场鸦雀无声了，孟繁信幽默的语言和真情地表达，征服了所有人。当讲到父亲知道真相后，大怒，要休掉妻子，闵子骞劝道“母在一子寒，母去三子单”时，有好多人流下了眼泪。孟校长用古诗赞道:“闵氏有贤郎，何曾怨晚娘？车前留母在，三子免风霜。”

台下响起了热烈地掌声，都为闵子骞小小年纪就能如此明白事理而感动！那位醉汉也许是醒酒了或者被故事里的人感动了，羞的不知道跑哪儿去了。

乡领导高兴得对孟繁信说：“今天，我才真正领悟到传统文化的魅力！”

如何孝顺父母，孟繁信有自己的理解，认为应从养父母之身、养父母之心、养父母之志、养父母之慧四个方面来尽心尽力。

养父母之身，就是对父母的身体健康，要时时懂得去关怀。对六十岁以上的老人要当小孩一样关怀照顾。老人家在晚年容易感觉孤独，而身体也比较虚弱，所以要常常体恤父母的身体状况，在季节交替之际，温度变化大，要多嘘寒问暖，看看父母有没有御寒的衣服，棉被够不够用。养父母之心，就是时时能够关注父母的心情。养父母之志，就是用自己的德行才能去奉献社会才能扬名于后世，让所有人感受到，某人有这样的成就，能为社会做出如此贡献，也是父母教育的成果。养父母之心、养父母之志，是一种大孝显亲的表现。养父母之慧，就是要通过一些机会，开导父母去除贪念，懂得放下。因为一个人到晚年的时候，常常都活在患得患失的烦恼当中。去除贪念，才能体会幸福。

道德讲堂开设后，在当地深受欢迎。孟繁信讲课，从孝悌、亲仁、信义、明礼等儒家经典学说出发，旁征博引，并举出许多现实当中的例子加以佐证，语言幽默风趣，而且很真诚，很能吸引人、打动人。

在一次关于孝道的课上，孟繁信讲了蔡礼旭的故事。蔡礼旭生于台湾，曾任小学教师，课余时间从事儿童经典教学。在教学生涯中，有感于圣贤教育为人生首先之教育，遂辞去公职，远赴澳洲净宗学院研习传统文化并师承儒学耆老徐醒民老师学习儒家。2003 年 10 月，在海南岛和杨淑芬老师一同创办“海口孝廉国学启蒙中心”，并担任该中心主讲教师。在大陆各地，为教师、家长、学生、企业人士和社会团体（包括大专院校、监狱等）演讲。2004 年年底在香港开办 10 天的《幸福人生讲座》，以德行教育为主要科目，更是获得高度肯定。蔡礼旭为了弘扬中国传统文化而不辞辛劳地奔走于世界各地，讲解《弟子规》，但他在忙碌之中时刻惦念着自己的母亲，每周同母亲约定好在固定时间必打一次电话，以免母亲牵挂。

在一次关于“德”的课上，孟繁信讲了《弟子规》上一句话：身有伤，贻亲忧；德有伤，贻亲羞。然后讲了发生在他身边的一个真实的故事：

一个十八岁的儿子和爸爸开车去郊游，到了一个风景区，儿子要给车加油，父子俩约好下午四点在这里再见面。儿子到加油站加完油后，发现还有一段时间，心想看完电影后再去接父亲也不迟，于是就到附近的电影院看了场电影。电影结束后一看时间已经晚了，心里也很着急。这个孩子也没学过《弟子规》中的“过能改，归于无，倘掩饰，增一辜”，他匆匆地回去后就跟父亲说：“车子坏了去修理，所以回来晚了。”父亲说：“你怎么可以骗我，我已经给加油站打过电话了，加油站的人说你的车子整个下午都在加油站停着，根本没有离开过。”儿子一听很惭愧地说：“爸爸，你不要生气。”父亲接着说：“我非常生气，也非常难过，不是对你，而是对我自己生气，对我自己难过。因为我养育了 18 年的儿子居然来骗我，这说明我教育失败，我要好好检讨这么多年来对你的教育，今天我要走回家去。”父亲坚持一步一步在前面走，边走边反省；儿子开着车一步一步在后面跟着，边跟着边惭愧。风景区离他们家有 18 里的路，走回去都半夜了。

讲完这个故事后，孟繁信对台下的听众说：“父亲的行为对儿子内心是一次非常大的震撼，儿子会对这件事终生难忘的。这次旅途是儿子一生最长的旅途，也是父亲给他最成功的一次教诲。因此，做子女的一定要时刻注意自己的德行修养，要踏踏实实做人，否则会让自己的父母感到蒙羞。我们不仅在身体和德行上不能让父母担心和蒙羞，更不能在道德品质上让祖国蒙羞，曾经看到过这样的三则报道：巴黎圣母殿门口用中文写着‘请勿大声喧哗’；在美国珍珠港的垃圾桶上面用中文写着‘请把垃圾丢到此’；在泰国的皇宫厕所里也是用中文写着‘便后请冲厕’。不言而喻，这是给我们中国人看的。”

孟繁信还讲了一位朋友的一件事，这位朋友从英国旅游回来，很感慨，英国的草坪上也用中文写着“不要踏入草坪”，而我们出国的人员中却偏偏有人到草坪里面，有的坐到草坪上、有的躺在草坪上照相；有一个很洁净完美的雕塑供大家欣赏，很多人都在雕塑附近很得体地照相留影，而我们出国的人中，有的却要爬到雕塑上面搂着，而且脸部还要紧贴在雕塑上照相。这哪是照相，这不是到国外去出中国人的“洋相”吗？

在这堂课快要结束时，孟繁信语重心长地说：“作为中国人就要活出做中国人的味道，老祖宗教导我们：成就人格，首重五常，即‘仁、义、礼、智、信’，是做人的基本原则。‘少年若天性，习惯成自然’，所以长大后，无论走到哪里，都会用自己的德行为祖国争光。不让祖国蒙羞，才不愧我们中华民族‘礼仪之邦’之称号。”

在“循礼守节”的课上，孟繁信举了两个例子，一个是著名的《颜回循礼》：

孔子周游列国时，有一次七天没有吃饭。子贡千辛万苦买了一石米。颜回、仲由把脏饭拣出来吃掉了。子贡在井台看见了很不高兴，认为颜回偷嘴，就告诉了孔子。孔子说：“很久以来，我就相信颜回是个讲仁德，行礼仪的人，即使你谈了以上情况，我也难以因此而怀疑他，这或许另有缘故吧？你先不要声张，我去问问他。”过了一会，孔子对颜回说：“前

2014年9月，北京政协委员到于家务中学进行国学研讨孟校长做发言

些日子，我梦见死去的先人，他们也许对我有所启发？你烧好饭端上来，我要用来祭祀他们。”颜回回答：“刚才一块灰落在饭里，不加处理，恐怕不干净，把脏饭扔掉，又觉得可惜；我就把上边的脏饭吃了。这饭已不能用来祭祀。”孔子说：“既然如此，我也吃点儿。”颜回走了以后，孔子对子贡他们说：：“我相信颜回循礼守节，不是从今天开始。”弟子们由此对颜回更是服气了。

另一个是《新民晚报》上的一则报道。那天一位叫晶晶的女孩晚上考完试坐出租车回家，可到了家门口，晶晶却因为两块钱和出租车司机吵了起来。他们越吵越凶，最后动手打了起来。那个出租车司机一气之下，竟用手把晶晶活活地掐死了。这样一位花季的生命仅仅因为两块钱而凋谢了。如果他们彼此都礼让一下，那会是什么结果呢？！

通过这两个例子，孟繁信使大家认识到了礼的重要性。在现实生活中，许多小事可以通过“礼让”来解决，很多大事故都是由一点点小事积累而成的，而“礼让”就可以阻止一些矛盾纠纷的发生。另外，“礼让”也是一块试金石，从能否“礼让”上，能看清一个人品格的好坏。懂得礼让的人，更令人尊重，能交得更多的朋友。人人都能懂得礼让，那么当今社会就更加健康和谐，这个世界就会更美好了。

孟繁信在《道德讲堂》上的每一堂课，就像一枚石子，投在人们的心湖中，激起全圈涟漪，连绵不绝。只要听过他的课的人，都很有感触，感觉很有收获。在日常生活中，他们也会严格地要求自己，总是不自觉地审视自己的行为，看看符不符合道德要求。《道德讲堂》像一粒火种，点燃了听者心中的善，或者说是“德”。

第五章
以文筑景，春风化雨养品德

“与善人居，如入芝兰之室，久而不闻其香，即与之化矣。”人生不可复制，与圣人同行，活出自我的本色才最精彩。

——孟繁信

第一节　建设人文景观

校园文化是一种教育精神，它激励着一代又一代莘莘学子怀着美好的理想走向人生的宽广大道。几年来，于家务中学在孟繁信的领导下，以育人为宗旨，以丰富多彩的活动为载体，积极构建校园文化大厦，推广儒家文化。在确立了“传承儒家文化，办当地百姓满意学校”的办学理念、“厚德砺志，笃学致远”的校训，提出了“承传中华美德，促进民族团结，先做人再成才”的办学宗旨之后，孟繁信决定把理念具象化，因为只有具象化，将校园文化外化于形，才能更加贴近师生的内心，收到良好的感化效果。

一场“以文筑景，将传统文化外化于学校角角落落”的攻坚战拉开了。

2009 年春节刚过，空气中年的味道尚未散去。孟繁信和校委会一班人已经考虑着将体现儒家伦理文化核心的《二十四孝》以图文喷绘的形式，悬挂在学生们每天经过的教学楼长廊里。在征求意见时，有老师提出了疑问：《二十四孝》是元代郭居敬编录的，历史太久远了，再就是里面的《埋儿奉母》为了侍奉母亲把自己的孩子埋了，虽然最后挖出了金子没埋成，但它对学生的教育有意义吗？还有《尝粪忧心》为了了解父亲的病还有没有希望，去尝其粪便，这不是一种愚昧的做法吗？

孟繁信表扬了质疑的老师，认为只有争论才能出真知灼见。他认为《二十四孝》里面的故事有很多看起来是迂腐的，有的甚至不可能发生，但我们透过故事看其精神，我们传承的是一种精神。在大家的集思广益下，最后确定了孝道长廊由两部分组成，在古代《二十四孝》的基础上，从当代精选出二十四个感人至深、催人泪下的孝亲故事，赋予孝德以新的时代内涵，体现出孝行常年不断，孝心历久弥新。让于家务中学的师生在这些经典感人的故事中，感悟明理，及时行孝。古《二十四孝》感天动地，新《二十四孝》震撼心灵，现撷取其中两个故事，让读者一起感悟：行孝不能等，切莫留下“子欲养而亲不待”的遗憾。

带着“金奶奶”出嫁

张品正，女，原北京市通州区北苑学校会计。

自打张品正记事起，就管非亲非故的金学珍叫“奶奶”。而金学珍叫她“丫头”。

金学珍祖籍天津，解放初期和老伴迁到通州，在张品正爷爷家租了一间房。两家相处融洽，亲如一家。张品正的妈妈在外贸仓库干临时工，离家 15 里地，干活又脏又累。那年冬天特别冷，品正妈妈实在受不了了，就想辞掉工作，回来照顾家。金奶奶知道了就劝她：“快过年了，再坚持坚持，多挣点钱，家里的事我帮你。”说来凑巧，没过多久，品正妈妈从临时工转成正式工。为此，全家人十分感激金奶奶。

1974 年，当无儿无女无积蓄的金奶奶老伴去世后，金奶奶一句“你走了，我没儿没女怎么活啊”！那撕心裂肺的哭声令张品正心都碎了。那时候她就暗暗发誓，一定要赡养金奶奶直到百年。

青年时期许下的一句诺言，却让张品正在以后的一万多个日日夜夜里，以涓涓不息的情感溪流，温润着一位孤老的心田，流淌出一曲上善若水、大孝无言的旷世长歌。

做姑娘时，有稳定教师工作的张品正有信心、有能力照顾孤寡老人金奶奶，可是自己即将婚嫁，要为人妻、建新家、离开娘家，金奶奶由谁照顾？她想起了从小和金奶奶在一起的日子，想起了金奶奶把自己当作亲孙女的日日夜夜，想起了自己曾经许下的诺言，一股爱的暖流在心中汇聚：无论何时我都要照顾好金奶奶，一辈子，永远！于是，一个大胆的决定形成：带着金奶奶出嫁，与老人一辈子不离不弃！年过六旬的金奶奶与张品正一起来到了新家，延续着亲如一家的生活，抒写着人间大爱的新篇章。

三十年后，老人的牙齿掉光了。牛肉好吃，但老人不能嚼，张品正就想办法弄烂，然后喂给奶奶。每天早晨，都为金奶奶换衣服、梳头、洗脸。那时简易楼没有条件装洗浴设备，她每周都要借个小三轮，带老人到北京水泵厂、科印厂、农印厂澡堂子洗澡。

张品正细心照顾金奶奶，但她从来不向别人诉说自己的难处。2000年，因工厂破产丈夫无奈下岗，家庭生活水平明显下降。她辛劳一生的母亲患上了老年痴呆症，她既要照顾金奶奶，又要操心母亲别发生意外。长期的精神压力，也没有击垮她几十年来所形成的坚定信念：一如既往照顾金奶奶，让她幸福地走完自己的一生。

许世友“四跪”慈母

许世友将军生前曾得到特别批准：死后不火化，运回老家埋在父母身边。1985年10月22日，一代名将辞世而去。遵照将军的遗愿，他被安葬在父母身旁，终于实现了他生前许给母亲的诺言——活着精忠报国，死后守着父母。

他生前流传着许多跪拜慈母的感人故事。

一跪：许世友13岁那年，父亲在贫病交加中离开了人世。临终前，他对妻子说：“为了全家十几张嘴，就把幺妹送人吧，也好换来几个活命钱……”几天后的一个中午，两个人贩子拿着五块大洋来领幺妹，恰好被刚从田里回来的许世友碰上，他一把从人贩子手里拉回幺妹，然后“扑通”一声跪在母亲面前，哭着说：“娘，不能把幺妹送进火坑啊！俺姐弟八人中要是一定卖一个的话，那就卖我吧！”

儿子的话犹如一把利剑穿进母亲的心，母亲拉起跪在地上的许世友，悲伤地说：“孩子，起来吧！娘向你保证，以后就是饿死，全家人也要死在一块儿！”

二跪：1926 年，许世友参加了革命，成了“清乡团”搜捕的主要对象。

“抓不到许世友，就拿他母亲是问！”“清乡团”的头目高喊着，他们捆绑、毒打许母，逼问许世友的下落，许母咬紧牙，一个字不说。许世友听说母亲被抓，顿时怒火中烧，他写了一封警告信，让人送到“清乡团”，“清乡团”头目知道许世友就在附近，顿时吓得脸色苍白，暗中把许母放了。

许世友惦念母亲，连夜赶回家，未及问候，便先双膝下跪道：“娘，不孝的儿子让您受苦了。”

三跪：1949 年，许世友作为华野山东兵团司令员，不停地在战火中奔忙。大儿子已长大成人，并来到了将军身边。后来将军得知家中屡遭变故，母亲生活艰辛。将军含泪给母亲写了一封信，说：“等全国解放后，我头一件事就是回去看娘。”然而，开国大典的礼炮响了，将军却又接受了新任务，无奈只好让大儿子把母亲接来。

日思夜盼的母亲来到眼前时，将军却呆住了，母亲头上的白发都快掉完了，腰身也直不起来了，连走路都颤巍巍的了。“娘……”将军喊着，不顾一切地扑上去，紧紧握住母亲干瘦的手，当着 100 多名部下的面，“扑通”跪在了地上。

“孩子，我终于见到你了！”母亲抚摸着儿子，稍顷，像是意识到了什么，说：“快起来，一个大将军怎么能当着这么多部下跪我一个老太婆！”将军泣不成声：“我当再大的官，还是娘的儿，就让我多跪会儿吧，这样我心里好受些！”

俩人就这样一个跪着，一个俯着身子，构成了一幅“孝子与慈母”的永恒雕塑。在场的人都被感动得流下了泪。

四跪：1959 年秋，将军思母心切，便请假回家探望，正遇着年近八旬的母亲背一捆柴回家。将军心里像打翻了五味瓶，他快步跑过去，接过柴草，跪倒在母亲面前：“娘，您这么大年纪了还上山砍柴，儿心里实在难过啊！”

于家务中学学生在表演儒学情景剧《入则孝》

“快起来，现在是新社会了，谁家还兴跪？”母亲说着掉下了眼泪。“孩子，你能出息成今天这个模样，不光是娘的功劳，还有打仗时掩护你的乡亲、部队的领导、你手下那些士兵，要是那些士兵不冒死往上冲，你能打胜仗吗？”母亲接着说：“往后不要再给我下跪了，需要你感恩的人多着呢！”将军这时才明白母亲的意思。

新古二十四孝组成的孝道长廊建成后，引来了同学们的驻足观看。长廊既拓宽了同学们的知识面，也加深了他们对孝道的理解，取得了良好效果。紧接着，孟繁信把儒家文化中最精髓的十个字筛选出来，分别是：仁、义、礼、智、信、善、节、勤、正、和，搭配与之相适应的格言名句及精美图片，分别组成十个儒学文化展厅，构筑了师生与圣人天天为伍的人文景观。

“仁”，就是与人相互友爱、互助、同情。“仁”的精神也就是人性与人道的精神，就是以人为本的精神。自古以来，“仁”就是道德准则之一，“仁”在字典中的意思是指人与人相互友爱、帮助、同情等。儒家以“仁”

为道德之源，不仅说明人与人之间的关爱、和谐、合作，较之于人与人之间的竞争，更为重要、更为根本，具有更高的价值；也说明不论在什么情况下，人道与人性的价值，都是终极的最高的价值。任何科学技术的发明与运用，政治经济措施的建构与实施，都不能违背人道与人性的原则，都不能以牺牲人的性命为代价。在崇尚科学技术、提倡竞争的当代社会，尤其需要强调“仁”的道德原则，以便使科学技术与竞争机制更好地为人道与人性的根本目的服务。

“义”，公正合宜的道理或举动，即公平正义，坚守原则。道德文明建设的重要任务之一也就是要确立一个社会的“义”，并且培养学生对“义”的自觉和信念，树立道德正义感和道德原则立场。当今社会上许多腐败堕落现象的产生，一方面固然有制度不健全、监督不得力等外部原因，另一方面，当事人自己内心丧失起码的道德正义感和道德原则立场，不辨“义”与不“义”，也是一个重要的内因。最根本的腐败其实就是对正义和道德原则的践踏和破坏。需要指出的是，儒家虽然重视“义利之辨”，但并不一概反对群体或个人对利益的合理追求，“富与贵，是人之所欲也”。“好利恶害，是君子小人之所同也”。儒家强调，追求利，追求个人的自由发展，应该有个底线，不能以不义的手段追求利。如果没有基于“义”的道德、法律原则作为底线，人们对利的追求就会是不择手段的、杂乱无序的、不可持续的，最终是必然损害到所有人的利益。

“礼”，在社会生活中，由道德观念和风俗习惯而形成的仪节，符合统治者整体利益的行为准则，即恭敬尊重，行为文明。不可否认，在封建时代，礼的许多具体内容，实际上强化着上下尊卑的封建等级观念，其中不少繁文缛节早已过时，失去现实意义。太多太繁的礼也会束缚人的手脚，限制人的自由。但是“礼”维护社会秩序和稳定，促进人对人的恭敬与尊重，协调人际关系和睦，倡导言谈举止的文明礼貌，在当代社会仍然需要。一定形式的礼，无论对于一个社会还是对于个人，都是必不可少的。对社会而言，礼是这个社会道德文明程度的直观表征；对个人而言，礼则是其道德素质和教养程度的外在标志。我们今天仍然可以借助“礼”的形式，来对公民进行道德素质教育，特别是恭敬、尊重品质的教育。对古代的礼仪文化要继承其精华，去其过时的糟粕，创造出当代新的礼仪文化，使我们这个礼仪之邦的古国放射出现代文明的光彩。

“智”，聪明，智慧，考虑问题周到、严密，崇尚知识，追求真理。儒家认为追求知识，增长聪明智慧，也是人生的一个重要的价值取向。儒家相信，人有认识事物的能力，而任何事物都是可以被认识的。世界上只有尚未被人类所认识的事物，却没有不可以被人所认识的事物。人类不断通过实践，认识世界，认识自我，探究万物，掌握规律，创造文明，积累起越来越丰富的科学文化知识。这些知识代代相传，不断发展，犹如漫漫长夜里永不熄灭的明灯，茫茫大海上永不沉没的航标，照耀着社会人生之正途，指引着通往真理的方向。今天仍可以借助儒家之“智”倡导“崇尚知识、追求真理”的精神，重视学习，发展教育。孔、孟都是伟大的教育家。孔子主张“有教无类”，可以说是提倡全民教育的先驱。“孔门四科”和“六艺”的教学，是对学生德、智、体、美、情的全面素质教育的典范。儒家的教育理念体现了一种道德精神，与“功利”截然相悖。

“信”，诚实，不欺骗，不怀疑，忠于职责，诚实守信。儒家把诚信作为人的基本道德。孔子说：“人而无信，不知其可也。”“民无信不立。”与人交往要“言而有信”，治理国家要“敬事而信”。君子应当“言忠信，行笃敬”。“信”的道德要求：说话算数，言行如一；尊重事实，反映真相；信守承诺，忠于职守；勇于承担责任，认真履行义务等。如果一个社会缺失了诚信，人与人之间相互尔虞我诈，这个社会就将是个丑恶而可怕的社会。中华民族有着悠久的诚实守信的优良道德传统，历史上传诵着许多诚实守信的动人故事。继承发扬诚信的道德传统，在当今社会主义市场经济深入发展的情况下显得更加迫切。我们今天重建市场经济条件下社会信用体系时，儒家的“信”是可以利用的重要道德价值资源。

“善”是儒家追求的目标。他们以为，世间之物，凡美必善。求善乃求美的另外一种方式与路径。儒家所主张的善，有很强的可操作性。它告诉同学们读书是善，写文章是善，作诗是善，游山玩水是善，聚会是善……因为这些举动都会直接或间接把人引向善。善从来都不独居中心，只有阐释学意义上的"善心"才真正对人有意义。可以说儒家叫人在不知不觉地行善，而非刻意地行善。亚圣孟子的性善论，让人对其进行无数种解释，让人在无形中将行为定着于善。在这点上，儒家要求人们言必斯文，行必检点，思必内敛，最终必归于善。三国时期刘备曾说："勿以恶小而为之，勿以善小而不为。"不要认为坏事较小就去做它，不要认为好事较小就不去做它。这句话讲的是做人的道理，恶，即使是小恶也不能去做；善，即使是小善也必须要做。

"节"是讲气节。坚持正义，在敌人或压力面前不屈服的品质。"朝闻道，夕死可矣"，揭示的是气节的源泉；"鞠躬尽力，死而后已"，归纳的是气节的拓展"英雄生死路，却是壮游时"，抽象的是气节的升华。经过世代培育、弘扬、传承的气节和信念，是数千年来支撑中华民族生生不息、弱而复强、衰而复兴的灵魂和脊梁。"岁寒，然后知松柏之后凋也"。节是对身处逆境中的"君子们"的行为规范。气节与爱国是分不开的，如苏武牧羊 19 年，不丢民族气节等。气节是一个人，一个民族必须遵守的操行。通过"节"展厅的图文，学校告诉同学们什么是应该干的，什么是不应该干的，做一个讲道德，有气节的新时代学生。

"正"是指做正直，充满正能量的人。古人云："正，直也。"古代一直以"正"为行为准则，"车正"是国家运输车辆技术标准官；"火正"是国家负责制订大火历的官员；"木正"是国家木器制作技术标准官；"陶正"是国家陶器制作技术标准官；"农正"或"田正"、"土正"是国家农业技术标准官；"水正"即国家水利技术标准官。所以说，"正"是一种能量，那么什么是正能量呢？科学家们给出了一个解释：以真空能量为零，能量大于真空的物质为正，能量低于真空的物质为负。文学界的正能量指的是一切予人向上和希望、促使人不断追求、让生活变得圆满幸福的

孟校长与来学校参加互动活动的体操冠军肖钦在孔子文化广场合影

动力和感情。人生之路有平坦也有坎坷，只要我们拥有正能量，走的直，站的正，努力前行，就会到达成功的彼岸。

“勤”是勤奋之意。“勤能补拙是良训，一份辛苦一分才”。《礼记·玉藻》曰：勤者，有事则收之。世界上最宝贵的除了良好的心理素质，还有一样最宝贵的东西——那就是勤奋。勤奋是打开成功之门的一把金钥匙，科学家说，勤奋能使人聪明；政治家说，勤奋是实现理想基石。最宝贵的勤奋，不仅仅指身体，还有精神上的，勤奋靠的是毅力。天才是靠一分天赋加九十九分的汗水换来的。古人云：“天道酬勤”，这个成语的意思是说上天会按照每个人付出的勤奋，给予相应的酬劳。多一分耕耘，多一分收获，只要你付出了足够的努力，将来也一定会得到相应的收获。正所谓：“机会留给有准备的人”，唯有努力了才有可能抓住机遇，才可能到达成功的彼岸。

“和”是天地人之魂，是原动力，是正能量，是旗帜。和生万物，和生美好，生生不息，和力无限。和文化是中国传统哲学的智慧结晶。中国是最早提倡和谐思想的国家。重视以人为本，倡导人与自然的和谐。“和合”思想是儒家文化的基本内核，目前，“和谐”作为社会主义建设的重要组成部分，其包含着人与人的和谐、人与社会和谐、人与自然的和谐等方面，共同构成了社会主义和谐社会的思想根本。要建设和谐文化，离不开对中国传统文化中的和谐思想观念的继承和发扬。“和”文化告诉学生们，只有尊重别人，别人才会尊重你，我们要积极学习和践行“和”文化的理念，继承、发扬这种崇尚和谐的文化精华，充分发掘其理念蕴含的当代价值，使之成为和谐文化的重要内涵，融入到自己的学习、生活中，努力促使自己与自然、与他人、与社会的真正和谐。

这十个展厅，从十个方面教育孩子们如何做人，学生们天天行走在这样具有浓厚传统文化气息的长廊和展厅里，耳濡目染，不自觉地就会接受熏陶。

如果说孝道长廊和展厅只是小打小闹的话，那么建孔子文化广场可算是孟繁信的大手笔了。

建孔子文化广场，是孟繁信确定传承儒家文化办学理念以来的一个心愿。不论是去山东曲阜拜谒孔庙还是游览文庙，孟繁信都被里面巨大的气场震撼着。既然学校要传承儒家文化，必须要建有一定规模、气场宏大的场所，才能无愧于儒家文化这一称号。思来想去，孟繁信就把目标锁定在孔子和他的四配、十二哲上。孟繁信认为，四配十二哲很有说法，四配是孔庙受奉祀的人物中，仅次于孔子，又称四公、四圣。他们的塑像分坐于孔子像的两侧。依次为：孔子像东为兖国公颜回（复圣）、沂国公孔伋（述圣），西为成国公曾参（宗圣）、邹国公孟轲（亚圣）。据史书记载，孔庙祀典在未有“四配”之前，原先有“十哲”。“十哲”是根据《论语》“从我于陈蔡间”一章中的弟子而名，唐开元八年（720 年），玄宗皇帝李隆基命国学祭祀孔子，尊孔子弟子中“四科”最优秀的十人为“十哲”，配祭于大成殿内孔子左右。他们是：德行科颜回、闵损、冉耕、冉雍；

言语科宰予、端木赐；政事科冉求、仲由；文学科言偃、卜商。宋度宗咸淳三年（1267 年），颜回升为“四配”之首，便以颛孙师递补“十哲”。清康熙五十一年（1712 年），增祀宋代大儒朱熹而成“十一哲”。乾隆三年（1738 年）增祀有若，遂成“十二哲”。十二哲人塑像，列于大成殿内“四配”之后，东西各六人，东位西向的是闵损、冉雍、端木赐、仲由、卜商、有若，西位东向的是冉耕、宰予、冉求、言偃、颛孙师、朱熹。

当时孟繁信这一想法特别强烈，不论在什么场合都把自己建孔子文化广场的想法说给大家，因为当时学校刚刚起步，资金捉襟见肘，需要找赞助。有一次，北京市民族事务委员会的领导来学校视察工作，在汇报工作打算时，孟繁信又着重介绍了孔子文化广场建成对传承儒家文化的重要意义。孟繁信的汇报引起了带队的牛主任的兴趣，他承诺民委可以想办法解决资金问题，但当时没钱，只能在合适的时候帮助解决。

孟繁信得到这样的答复已是很满意了，他立即联系了一个专门做雕塑的厂家，让他们看场地、做测量、核价格，最后做出预算近 30 万元。

孟繁信校长在纪念孔子诞辰 2566 周年活动中宣读祭文

将预算价格报到市民委得到肯定的答复后，孟繁信直接找到雕塑厂的厂长，问："你敢不敢赊给我，钱是少不了你的，但可能是一年也可能是两年。"那位厂长看到孟繁信为了学校的事情这么操心，而且从谈吐上看出他是个讲仁义、讲信用的人，就肯定地回答："我们先给您做吧，不管一年两年，您就是五年给我也成。"

就这样，孔子文化广场从2009年8月开始启动，先从孔子行教像做起，然后做四配、十二哲，半年时间孔子文化广场正式落成，孔子像雍容大度，身体稍稍前倾，双手作揖，谦卑有礼。像高五米，底座九十公分，暗含孔子儒学文化为九五之尊。头扎儒巾，双目前视，须发飘逸，透出圣人的智慧。四配十二哲雕像端庄大方，器宇轩昂。在校园里塑孔子及四配十二哲像，在国内还是第一个。一般的文庙里也是只有孔老夫子像，四配十二哲只是写个牌位放在那，但于家务中学进行了改进和发展，按照大成殿里的规矩，都塑成了像。这样这个"场"就强大了，古时候雕塑之间的通道叫"神道"，经过要毕恭毕敬。很多学生从操场出来很多都是大喊大叫的，但经过这里，自觉不自觉地会放下脚步，停止喧哗。孔子文化广场潜移默化，对学生起到了教化作用。

文化广场建成了，孟繁信校长徘徊其中，总感觉缺少点什么，广场的构架、气势都没问题，到底还有什么缺憾呢？沉思良久，孟繁信顿悟：文化广场还缺少点睛之笔！从孔孟之道到校训，从传承中华魂魄到弘扬民族精神，孟繁信苦苦思索，经过集思广益，两幅对联在孟繁信脑海中渐渐成型：

慕先贤高山阙里育厚德尚善学子　寻圣迹流水洙源创笃学雅行校风

承千秋文化取精髓铸中华魂魄　　传万载文明通血脉扬民族精神

两幅对联与孔子文化广场珠联璧合，浑然一体。观雕塑让人心灵震动，肃然起敬，读对联文字让人豪气满怀，顿生传承好优秀文化，弘扬好民族精神的宏愿。

每年的9月28日，孟繁信都带领全体师生，在孔子文化广场郑重纪念至圣先师孔子诞辰，全体肃立，整理衣冠、奏国歌。然后向至圣先师孔子像三鞠躬，学生向孔子像敬献花篮，孟繁信读祭文，全体学生诵读《论语》等。仪式古朴而典雅，庄严而肃穆，让学生们心生民族自豪感，立志学中华文化，行华夏礼仪，为民族崛起而拼搏。

第一次祭拜孔老夫子时，也是一波三折。因为于家务乡属于民族乡镇，凡是大型活动必须向上级汇报，当时孟繁信就和教委和分管教育的乡领导作了汇报，乡里拿不定主意，于是就向北京市民委做了汇报，市民委为了慎重起见，以不搞个人崇拜、不宜搞大型活动为由，不同意学校搞祭拜活动。当时，孟繁信等上边的意见，左等不来右等不来，眼看日子临近了，就打电话问教委，当时分管中学的一位副主任就把市民委的意思做了传达。孟校长一听就急了："拜祭孔子怎么是搞个人崇拜呢，您说不宜搞大型活动，那明天我就把学校的早操给停了，那也是大型活动啊。"那位主任解释说："关于祭拜的事情，咱们教委也拿不准，这是市民委的意思。"孟校长的倔强劲上来了："那不成，不给我一个明确的理由我就搞，除非您把我撤了。"那位主任苦笑一下："那您就看着办吧。"

最后，拜祭仪式照常举行，中间并没有发生"插曲"，而是很顺利，取得了良好的效果。以后，每年一次，学生们在圣人像前，接受耳濡目染，学会了做人，学会了做事，学会了学习。

为进一步提高文化品位，由中国教育策划学术研究会设立的"中国梦"文化馆，于2015年3月8日在于家务中学开馆。它是全国第一家中小学中国梦文化馆。馆内分为"命运抗争"、"大国崛起"、"梦之路"三个部分，以实物和照片的形式展示了华夏儿女实现中国梦的奋斗历程。第一个展厅是命运的抗争，呈现的是中国人的自强不息；第二个展厅是大国崛起，主要展示了新中国成立以来的翻天覆地变化，以及改革开放以后尤其是十八大以来中国经济、文化、科技、军事等的变化，展厅里有56

个民族板块；第三个展厅展示的是学校 60 年的历程，尤其是新校建成以来的师生活动与变化。三个展厅设计精巧，体现出了设计者的独具匠心，也给人内容丰富、耳目一新的感觉。孟校长说，于家务中学中国梦文化馆，旨在以中国梦文化馆为依托，引导师生深入学习体验中国梦的核心内容——中国人的自强不息以及新中国成立以来的逐步崛起和于家务师生“厚德励志，笃学致远”的精神追求。它的落成，使于家务中学又增添了一处对学生进行爱国、爱校教育和“放飞中国梦”的重要场馆，也是师生开展研究性学习、社会实践的基地，也是于家务师生践行“中国梦”的良好开端。于家务中学中国梦文化馆的建成得到了北京建亚世纪拍卖有限公司的董事长岳鸿声的大力资助。

为进一步体现“外化于形，让校园每一处都育人”的理念，学校还在教学楼和宿舍楼之间的公园里修建了明德亭、行健亭和师德亭，东方为乾是明德亭，西方为坤是师德亭，中间为人是行健亭，暗合天地人三

孟校长在学农基地收获红薯

才和天人合一之意。亭上将孔子七十二贤人绘于其上。孔子七十二贤人出自古时家教经典之作《名贤集》中的几句话:“将相本无种,男儿当自强。三千徒众立,七十二贤人。”其中“三千徒众立,七十二贤人”两句指的是:“孔子弟子三千,贤者七十二”,就是说孔子有学生三千多,真正能领会儒家学说精髓的只有七十二人。在亭上还分别将十二生肖、二十四节气、天干地支等内容作了介绍,让同学们在欣赏风景中也能得到文化的熏陶。

不仅如此,学校还在绿地、餐厅、宿舍、厕所甚至是每一级楼梯间都作了精心的布置,“芳草萋萋,踏之何忍?”“今天你做到了吗?”“微笑传递文明”等温馨提示语,陪伴学生们快乐生活每一天。

第二节　推崇农耕文化

学校东南角,是学校的学农基地。这块地有七亩左右,原本是学校用来建体育馆的,由于多方面因素一直未建,学校就因地制宜,建成了学农基地,课余时间,让学生们在这里播种五谷菜蔬,享受独有的农耕文化。

建立学农基地,还有一个小故事呢。学校刚建立初期,四周都是农田,放学后,同学们像潮水一样涌出校门,很多同学为了早回一会儿家,就从农田里直接往家的方向奔。当时学校事情太多,都没有注意到这件事。直到有一天,一个农民模样的中年人急匆匆地走进了孟校长的办公室。孟校长到田地里一看,非常震惊:青青的玉米苗被踩的东倒西歪,有的被拦腰踩断,叶子已打起卷来,渐渐枯萎,田地里还残留着七零八落的脚印。孟繁信当时非常生气,因为前几天,学校还在红领巾广播中宣传要爱护花草,爱护庄稼,学生不会明知故犯吧。他一个劲地给农民兄弟赔不是,答应他,一定尽快给他答复。

回到学校,询问了附近的同学,才知道中午有十几个同学经过了这片玉米地，但同学们都是小心翼翼，绕开玉米苗走的，初三（二）班的几名同学在庄稼地里打闹，才踩坏了玉米苗。孟校长知道原因后，把班主任找来，并将那几位学生“请”到了校长室。班主任非常生气，怒气冲冲地训斥了他们一番，可他们满不在乎，一个学生竟说：“老师，我们不就是踩坏了两三株玉米苗嘛。”脸上的表情好像在说：“多大点事啊！老师，你没有必要为了几棵玉米苗发这么大的火。”

孟繁信意识到了事情的严重性，想起了以前在学校发生的很多事情：不知谁逮了只鸟带来学校玩，最后被大家折腾死了，扔在校园里；课间操，一位同学不小心跌倒了，不少人笑得前仰后合，却没有人伸手把她扶起来；更有许多学生看到乞讨的老人，不给予也就算了，成群结队跟在后面，嘲弄人家……

所谓“恻隐之心人皆有之”，可这些孩子的同情心和爱心去哪儿了？孟繁信校长决定利用这一并不光彩的事情，开展一次实践活动。孟繁信安排班主任作文课时让同学们以此事为材料，写出自己的感受。礼拜一的升旗仪式结束后，我向圣人说的内容就是宣读作文课的范文。

同学们的作文大多对破坏庄稼的行为进行了批评，提出了尊重土地，尊重农民伯伯劳动果实的主题思想。也有一部分，抱着无所谓的态度，认为拿这件小事作文，是小题大做。有一篇文章引起了孟校长的注意，题目叫《一株玉米苗的诉说》，读后让人心生酸楚，这不是一个很好的题材吗？他让老师把这篇作文好好修改，礼拜一就宣读这篇范文。

礼拜一早上，微风轻拂，树叶在风中“簌簌”作响，在忧伤的音乐中，班主任动情地朗诵了这篇文章，文章是这样写的：

我是一株普通的小玉米苗，冲破层层阻力，刚从土里钻出来，来到了这个美丽的世界上。我闻到了花香，听到了鸟的歌唱，看到了我的同伴们。我们尽情地吮吸着大自然清凉的甘露，接受着阳光的爱抚。我身边有一所小学，我每天都能听到孩子们琅琅的读书声、欢快的嬉闹声，看到孩子们在操场上玩耍、打球，觉得自己和孩子们已经是好朋友了。

在一个阳光灿烂的中午，农民伯伯来看我们了，他抚摸着我说："孩子们，快快长大吧！"并用手拔掉我们身边的杂草。我心里暗下决心，一定好好吸收营养，希望自己赶快长大。农民伯伯走了，我和同伴们在快乐地聊天。忽然，学校那边传来一阵嬉笑声。我顺声望去，原来是学校放学了，同学们像出笼的小鸟在路上欢快的蹦蹦跳跳。我羡慕地说："如果能和他们一样无忧无虑、自由自在地生活多好啊！"突然，那几个男孩从前边跑过来，我顿时感到全身酸痛，接着就晕了过去，什么都不知道了。不知过了多长时间，我迷迷糊糊地睁开了眼睛。天哪，同伴们都陷在泥土里，有的已身首异处，自己也已经遍体鳞伤了。

我在脑海里慢慢回忆，想起了那几个男孩，他们已经消失得无影无踪。是他们，残忍地杀害了我的同伴们。我伤心极了，痛哭起来，哭了好久，哭着哭着渐渐昏睡过去。睡梦中我好像听到有人说话，使劲睁开眼睛，看见了农民伯伯。他义愤填膺："肯定是学校的调皮孩子，把我辛辛苦苦种出来的玉米苗踩死了。我又是播种，又是施肥、浇水，好不容易才长出了这清脆可爱的小苗。现在的孩子呀，怎么成这样了，唉……"

我感到自己的生命在一点点消逝，可我还想对那几个男孩说："亲爱的同学们，我曾经那么喜欢你们，把你们当作我的好朋友，可你们为什么要伤害我们呢？"

故事读完了，全场一片寂静。同学们还沉浸在故事的情境中，感情丰富的学生眼眶里已闪烁着泪花，就连踩坏玉米苗的那几个学生也羞愧地低下了头……

孟繁信校长这时把已枯萎的玉米苗放在国旗下的台子上，说："同学们，小玉米苗把我们当成它的朋友，现在它走了，我们为它和它的同伴们开个送别会吧。"

同学们在音乐声中默默地行动着，有的小组创作送别小诗；有的小组在制作贺卡，送给玉米苗；有的小组商量下课后，给玉米苗安一个新家……

小小的玉米苗／你再也闻不到花香／听不到鸟的歌唱／看不到这世界的颜色／可是／你不要难受／也不要伤悲／你要记住／我们永远是你的好朋友／一路走好／小玉米苗

虽然诗句既不不押韵也不优美，可这是孩子们的真实心意。

制作贺卡的小组把贺卡放在小玉米苗的身边，素净的白色，点缀着朵朵小黄花，上面写着：

“可爱的玉米苗，我们的朋友，你们安息吧！”

……

仪式结束后，同学们把玉米苗埋在学校花园里，把贺卡插在泥土上，整个过程同学们都积极、虔诚，孩子们内心深处真、善、美的情感被激发出来了。

第二天，那几个踩坏玉米苗的孩子主动承认了错误，并提出种玉米苗，赔偿农民伯伯的损失。正好校门旁边就有空地，孟繁信校长让他们在那里培育玉米苗。把玉米种种下地，一个星期后，孩子们欣喜地告诉老师和孟校长，他们种的玉米种长出小苗了，嫩嫩的。

孟校长告诉他们，等再大一些，就可以搬到农民伯伯地里了。孩子们都等待着这一天的到来。又过了几天，玉米苗已经长得差不多了，下午放学时，孟校长宣布把玉米苗搬到田地里，同学们高兴地捧着玉米苗，小心翼翼地，生怕又踩坏了田里的小苗，把自己培育的苗都种下了地。

回到学校，大家如释重负，感觉轻松多了。

从这次看似偶发的事件，到触发一场让学生经历心灵教育的体验，让孟繁信觉得：现在的孩子，基本上都是饭来张口，衣来伸手，脱离了赖以生存的土地太久了。用现在的话说，就是不接地气，这是很危险的。

于是，孟繁信将目光瞄向了这块因资金不到位而闲置的土地。

孟繁信认为，农耕文化也是儒家文化中的重要组成部分。很多人认为儒家文化是一味排斥农业，阻碍了农耕文化发展，这是不符合客观事实的。因为儒家文化是在农业经济不断繁荣和农耕文化不断兴盛的环境中产生的。即使在中国古代，农业文明也从未逃离过人们的视线，儒家文化的产生发展也一直与农业兴盛息息相关。文化的产生必须根植于丰厚的社会土壤，而农耕文化的发展以及农业经济持续繁荣为儒家文化的兴盛提供了这种可能。儒家文化的发展也离不开中国古代农业的发展，可以这么说，中国古代社会，农业的繁荣一直在维系着社会的高速发展，是中国传统文明思想发生发展的源动力，是促进中国古代社会快速转型的精气神。中国古代农业的发展催生了历史悠久的中华文明，这一点早已无可置疑写入了中国历史。儒家文化作为一种社会意识形态，长期主导中国社会发展进程，标定了中国古代社会发展的坐标系，澄清了中国农耕文化的本来面目。“仓廪实则知礼节，衣食足则知荣辱”就反映出了人们的思维和价值取向必然要受到农业发展水平的影响，中国古代社会以农业为主的小农经济长期占据主导地位，农耕文化的兴盛为儒家思想的产生提供了沃土，也为儒家思想的产生提供了坚实的基础，儒家文化的产生与中国农业社会的一路高歌猛进分不开的，也是与中国农业发展相辅相成的。

当然，儒家文化的发展也极大地推动了中国农耕文化的大步向前发展。儒家思想博大精深，意味深长，从中可以看到农耕文化的繁荣。儒家文化从未脱离过农耕文化的影响，“天人合一”、“格物致知”、“致良知”、“为天地立心，为自然立法”等哲学思想的产生，都是在对农耕文化高度融合的基础上产生的，归纳出这些哲学思想的思想家们，必然对农业经济占主导地位的当时社会有着深刻的认识。

我国古代是农业社会，农业在国民经济的比重份额极大，这种长期占据统治地位的得天独厚的优越性造就农耕文化的繁荣景象。儒家文化作为在中国古代社会发展起来的一种社会思潮，一刻也未停止过对中国古代农业社会的指导和引领，一直在中国农民的心灵中占据着极其崇高

孟校长陪同中教科科长张晓航检查指导学校工作

的地位，渗透到人们衣、食、住、行等各个方面，有形无形地影响着人们的思维，成为人们日常生活不可或缺的精神元素。儒家文化也一直在发挥自身的这种优势，开导人们的思维，启迪人们的心灵，引导着人们朝着成圣成贤宏伟目标前景。农村作为儒家文化最重要的传播地，成了儒家思想传播弘扬的最重要的场所。儒家思想在规范我国古代农民的思想行为方面有独当一面的作用，儒家思想成为中国古代乡村礼仪制定的重要依据。

孟繁信把农耕文化与教育相结合，这是教育的一个重大创新。

在学农基地，学生们自己动手，从播种、施肥、除草，到浇灌、除虫等全是孩子们自己完成，辅导老师现场监督，并提出相关的建议意见。同学们一开始觉得很累，当看到绿油油的蔬菜，红彤彤的果实，心里油然而生一种成就感，觉得苦点累点也值了。

同学们种植的粮食作物有小麦、玉米、红薯等，经济作物有花生、大豆、向日葵等。种植的蔬菜有番茄、辣椒、丝瓜、萝卜、马铃薯等。通过种植，学生们认清了什么是韭菜、什么是麦苗，弄明白了花生、马铃薯不是结在树上，还是结在地底下等困惑。更重要的是让学生真正懂得了“锄禾日当午，汗滴禾下土。谁知盘中餐，粒粒皆辛苦”的内涵，乱扔馒头、饭菜的现象消失了，自觉回归到“勤为本，俭养德”的圣训中来。

第三节　营造发展氛围

和谐的氛围是一个集体、团队走向成功的关键，因为它引导着每一位老师、学生的前进方向，带来的影响是全面性的。良好的班级管理制度，是班级良好运行的有力保障。

孟繁信从全面传承儒家文化经典等校园文化着手，提高教职员工的工作激情，营造一个相互信任、相互理解、相互激励、相互关心的发展氛围，从而稳定了教师的工作情绪、激发了教师工作热情，形成了一个共同的工作价值观，进而产生合力，达到学校既定的工作目标。在实际工作中，孟繁信把工作重点放在抓班级上，他从三个方面入手，规范班级管理，营造和谐班级育人氛围。

树立目标和信心。目标是学校全体师生工作、学习的出发点和归宿，是调动班级所有师生工作、学习积极性的重要手段。它为师生工作、学习指明了方向，凝聚了力量。班主任在构建学生、班级目标体系中发挥主要作用：其一，指导学生建立目标体系。长期目标：将来步入社会成为什么样的有用人才。中期目标：通过一学年的努力，自己从“思想与品德”、“学习与纪律”、“体育与卫生”方面，要取得哪些进步。短期目标：在一学期、一个月、一星期时间内，自己在“思想与品德”、“学习与纪律”、“体育与卫生”方面，要完成哪些特定的、具体的任务，参与哪些特定的、具体的活动。其二，师生共建班级目标体系：分“一学年、一学期、一星期”三个时段，按照“思想与品德”、“学习与纪律”、“体育与卫生”三个维度提出不同的目标。

信心是激励班级所有师生工作、学习的精神力量，是师生克服困难、挖掘潜能的钥匙。为培养和树立学生的自信心，一学期举行一次“经典伴我成长”演讲比赛，坚持读好书、唱好歌，要求学生一学期读一本名人、伟人传记，课前唱激发激情和斗志的革命歌曲；每个学生做一个小锥形四面体，做为“座右铭”的载体放在桌前，上面有三部分内容：人生远大目标、最崇拜的人和最受鼓舞的话；在全班开展“手拉手、一帮一”活动。这些举措，使同学们的学习主动性明显增强，很多好习惯在校园里得到发扬。下面的小故事，让同学们彻底过了一把瘾，同时也觉得：劳动是一件美好的事情。

礼拜五下午，照例是全校性大扫除的日子。中午在校吃完饭后，初二（三）班的班主任刘老师，习惯性地踱着步来到班上，看着脏兮兮的走廊和教室，不禁皱起了眉头。得先把走廊擦干净，下午把桌子搬到走廊上，然后才能彻底打扫教室。正寻思着，一抬头看见班上几个在校用餐的男生正在走访上追逐打闹，刘老师灵机一动，微笑着问：“和老师一起把走廊擦干净，行吗？”听了老师温柔的命令，几个男生尽管不太情愿，还是拿起劳动工具，和老师一道干了起来。

在刘老师的带动下，大家先在地面上洒了些水，继而倒了点洗衣粉，便开始拿出板刷、清洁球之类的工具擦起来。虽说是水磨地面，却磨得极为粗糙，因此很难把嵌在凹缝里的污迹擦去。刘老师也半蹲着和孩子们边聊天边吃力地用铁丝球擦拭。

这时，一个同学叫起来：“老师您看，还是塑料刷子最管用，轻轻一擦，污迹去无踪。”“真的啊？”孩子们纷纷围上来，要拿手里的铁丝球跟他换。刘老师笑着说：“没想到工具也大有讲究，只有擦了才知道哪样工具最好使，这就叫劳动出真知。”那同学得到表扬，兴冲冲地，带着他的塑料刷子干得更起劲了。不用老师说，他专拣最脏的地方擦，看来他挺能干的。中午的太阳还挺猛的，老师和同学们脱去外衣，依旧边擦边拖。慢慢地，地面渐渐白了，亮了，露出了浅蓝、淡绿相杂的水磨花纹来。同学们长长吁了一口气，还感觉意犹未尽："老师，擦干净之后再用水冲一冲，不就更干净了吗！"不知是谁提议了一声，迅速有一名同学打来一盆水，倒在地面上。"哇塞,真的一尘不染！"同学们兴奋地欣赏着自己的劳动成果。

"快来看呀，多奇妙的景观！"教室里的几名女生惊叫起来，指着天花板让我们看。可不，洁白无暇的天花板竟成了一方池面，那漾着一圈圈涟漪,映着阳光发出迷离的光点,明晃晃地耀人眼。"为什么会这样呢？"惊奇的学生很快找到了答案，连声嚷着："是我们的走廊太干净了，刚才把水倒上去，太阳光透过玻璃把水折射到天花板上。"

一次偶然的劳动，改变了学生的畏惧劳动的想法，竟使劳动一下子充满乐趣，让一颗颗纯真、干燥的心一下湿润、诗意起来，同学们真正明白了：学习和劳动一样，是一件美好的事情！

制订制度和规范。"好的制度能使魔鬼变成天使，坏的制度能使天使变成魔鬼"。班级制度和规范是全班学生思想、行为的指南和评价的标准，对全班学生有巨大的约束作用，是班级稳定和发展的支柱。然而，一个好的制度和规范确定以后，首要发挥的是引领作用，其次发挥的是约束作用，最后才是评价标准作用。当前中小学在这方面存在的最大问题，就是不能很好的发挥制度与规范的引领作用，致使制度与规范没少定，却没有取得理想效果，因此，科学的制定和有效的实施班级制度与规范，是营造和谐班级育人氛围的前提和基础。

于家务中学《学生自习课标准化》要求学生做到六个"自己"：即自己计划学习、自己看书钻研、自己查阅资料、自己整理笔记、自己独立作业练习、自己总结知识规律。同时，注重关爱"后进生"，同学们共同进步，通过耐心细致的思想工作，使他们心中由"没弦"到"有弦"，再到绷紧这根"弦"。这样，逐渐培养学生的自制力。"自制"是一种最难得的美德。班级引导学生训练自我控制的能力，从六个方面进行：控制自己的时间、控制自己的思想、控制自己的言论、控制自己的行为、控制自己的情绪、控制自己接触的对象；培养学生的自我意识，使每个学生都能正确的认识自己、评价自己、战胜自己、完善自己。培养学生的反思能力，经常召开思想分析会，经验总结交流会，鼓励学生记日记等。

培养民主和科学意识。全国著名教育家魏书生，总结班级管理经验有两点：一是民主，一是科学。所谓民主，就是“有事大家商量”。所谓科学，就是要尊重教育教学管理规律和学生身心发展规律。民主和科学，既是一种思想又是一种方法，既是新课程理念所倡导的，又是被教育工作者实践所证明了的。班主任如何民主管理班级，于家务中学的做法是：观念民主。教师要有师生平等意识和服务意识。平等是民主的基础，有服务意识的民主才是真正的民主；决策民主。只有决策民主，才能接纳和听取所有学生提出的意见和建议；管理民主。只有管理民主，才能做到全员参与管理。

班主任要实现科学管理班级，第一，建立组织，组建团支部和班委会，设立常务班长、值周班长和值日班长；第二，制定建班方针。从思想上、品德上、学习上、纪律上等方面提出具体目标和要求，制定相应的制度和规范;第三，实施目标管理责任制。实行全员管理、全程管理，责任到人，落到实处，达到“人人有事做”“事事有人做”“人人有事管”“事事有人管”“时时有人管”“处处有人管”的境界。

如今，在于家务中学，班级就像个大家庭。每个班的学生团结一心，人人为班级，班级为人人，营造出了和谐的班级学习氛围。这种良好的氛围，凝聚了人心，约束了行为，激发了热情，提高了士气，促进了学生的身心健康发展。

第六章
以文化成，多辟渠道勤渗透

人生是一道美丽的风景线，每个人都是一道风景。真实的面对自己，做自己认为正确的事，不要太在意世俗的眼光和评价，活出自己的姿态来。

——孟繁信

第一节 创新教学模式

建校之初，于家务中学在全区综合考评中倒数第一，面对有点残酷的现实，孟繁信没有悲观失望，没有怨天尤人，也没有徘徊不前，他痛定思痛，决定从最低处做起，打一场面向全校的攻坚战。按照“立身以立学为先，立学以读书为本”的理念，孟繁信要求教师在教学工作中，始终坚守“有教无类”“因材施教”的孔子教育思想精髓，在先学后教、以学定教和开展自主探究、小组合作中相机渗透美德教育，启迪学生智慧。

孟繁信首先完善了各项管理制度，实施层级目标管理。由他主持，重新修订《于家务中学岗位设置管理工作实施方案》，依据科学合理、精

孟校长陪同市教委副主任付志锋一行在于家务中学调研

简效能、程序规范、统一管理的原则，将岗位细化为管理岗位、专业技术岗位和工勤技能岗位三个类别，公开个人工作量化积分细则，量化考核、公平竞聘、民主评议。以绩效为重，逐步建立起了适合各类人才特点的岗位管理制度，逐步实现了单位用人由身份管理向岗位管理的转变，调动起了全体教职工的积极性。紧接着制定出台了《于家务中学教职工考核细则》，将全校分为初一、初二、初三、行政后勤职员、干部五组。明晰责任，考核主管负责人为年级组长、行政后勤职员负责人为办公室主任和总务主任，干部负责人为校长。学校考核小组根据教委所给指标按一定比例分配给各组优秀名额。考核内容包括个人工作量化积分、工作表现分数、组内测评等，各环节分数公开透明，负责人只需将个人工作量化分、工作表现分、组内测评分加起来进行排序，然后，按照分配名额从高分到低分，推荐出本组优秀人员。通过正确评价教职工的德才表现和工作业绩，进一步完善了教职工激励约束机制，激发了教职工队伍的工作积极性，队伍建设得到进一步加强。自建校以来，于家务中学在孟繁信的主持下，修订、制订各项规章制度近百项，从各个环节规范了管理行为，实现了“制度管人，人管事”的目标。

孟繁信倡导因材施教，要求从初一至初三三个年级组，所有教师和学生，都依据自身现状，制订明确而切实的学习与做人近期和远景目标，然后在目标引领下，教师和学生共同努力，分步实现。

为提高课堂教学实效，孟繁信导入先进教学方法，遵循“先学后教，当堂训练”的教学模式，试行“5（5 分钟导入）、20（20 分钟新授讲授）、20（20 分钟检测训练）”时间模版，将课堂真正还给学生，培养学生自主学习的能力。以前，老师在教学中是“填鸭”式教学，对学生满堂灌，老师照本宣科，并没有考虑学生的自主性。“先学后教，当堂训练”是以学生为主体的教学模式，课堂是学校进行教育活动的重要场所，学校的教学任务主要通过课堂教学去完成，学生的在校时间 80% 在课堂里，学生在课堂里的生活是学生在学校中的主要生活。因此，学校课堂生活的质量关系着学生生活的质量和学校教育成效。

这种教学方法提倡自主、互动。课堂上，刚一上课，教师就把这一堂课应该掌握的知识，明确告诉学生们，同时提出三至五个问题让学生们看书后解决，接着让学生用二十分钟的时间看课本。在这个过程中，教师可能还要在黑板上出几个准备板演的练习。等学生看完书，或者先让学生进行板演，或者先解决学生提出的问题。上课提问是使学生集中注意力和学好知识的必用方法。在提问过程中，一个相同的问题可能要同时问四五个学生，有时一个问题通过几个学生像成语接龙一样共同完成。这对学生们认真读课本也有积极的促进作用。在提问时，提问的对象因题而异，对于学习差些的学生，提问一些比较简单的问题，让原来不爱学的学生通过自学，能完成这些任务，教师及时地进行鼓励和表扬，提高其学习的积极性。对于复杂的、容易出错的问题，叫成绩较好的同学回答，回答完毕后，再让其他同学评判正确与否。无论是什么学科，几乎都要讨论。有时学生通过看书，发现还有许多问题没有解决，那么就针对问题，先让同学们几个一组进行讨论，经过几种解题方法的比较后，再提问或到黑板上演练，这样会使许多同学的思路比老师还宽，有时还会补充老师没有想到的思路或方法。所以教师根据课本内容、班级或个人实际情况，有意识地设计或组织学生尽可能多的对实际问题讨论解决，而不是老师直接说了答案。在巩固练习方面，有讲前板演练习，讲后书面作业或者小考。这是培养学生把知识和应用联系起来的能力。这种课堂方式，避免出现以讲带练、以练代测。另一类练习是学生们在学了解题方法后，做课堂作业，进行当堂达标测试。这样通过引导学生认真学习、运用，使学生们积极地成为课堂的主人。

“先学后教，当堂训练”教学模式最主要的就是：学生是主体，在知识的学习中主要以学生自学、学生讲解为主。推行这种模式时，有的老师总认为自己不讲讲，学生不会，不自己讲讲，学生总结不全面，后来证明这种想法是错的。如果学生总结得深度不够或者不够全面，那是老师“引导”这个工作没有做好，就需要在“引导”的内容上下功夫。只要引导得当，学生可能比老师想得全面。这种教学模式贵在持之以恒。于家务中学的教师们尽管起初也遭遇了挫折，遇到了这样那样的难题，但是他们认准了目标，执着地追求、探索，最终取得了成功。通过正确地分析学习中的各个环节，并把已经成功的目标教学、创新教学应用到教学中去，使课堂教学水平有了一个新的质的飞跃。

同时，孟繁信积极倡导、着力构建智慧课堂文化，由“塑造知识人”转向“塑造智慧人”。他认为，有生命的课堂，充满灵性的课堂，才是高效有质量的课堂。常态的课堂已不能满足学生们的要求，如今学生们对课堂的追求不只是教学质量的提高，还包括学生生命情感的体验、创新意识、创新精神和创新能力的培养。让课堂充满生命的活力，让课堂充满灵性的体验，构建智慧课堂，提高生命质量，是课堂教育的必然方向。近年来于家务中学的教师们积极参与到构建智慧课堂的活动中，在课堂教学中始终树立“学生为中心”的理念，认识到课堂不仅是学知识的殿堂，更是人性养育的圣殿，它是学生成长的舞台、是学生发挥创造力和想象力的天空、是学生品味生活的梦想剧场。智慧课堂文化坚持课堂教学以人为本的观念，关注每一位学生的学习状态，促进每一位学生的发展，善于创设智慧情境，善于捕捉和促进生成；充分相信学生，为学生的自学创造条件和机会，为学生充分展示创造舞台，把学习的权力真正交还给学生。通过“读、议、讲、练、评、思”等教学微环节的研究与导学，鼓励学生自主求知，师生间平等对话，培养学生能思善辩和实践创新的能力，实现师生心灵的交流，情智的交融，使课堂成为提升教师和学生生命质量的文化场所，为学生的终身学习奠定基础。

这种课堂教学模式蕴含着巨大的生命活力，只有师生的生命活力在课堂教学中得到有效发挥，才能真正有助于师生的共同成长。课堂教学涌动着生命的活力，充满着人性的光辉，课堂上才有真正的生活。

引入新的教学模式后，孟繁信以课堂为突破口，在现代学习理论和现代课堂教学理论指导下，把追求师生的发展作为核心理念，把促进师生的智慧提升作为重要抓手，将新的教育教学理念融入其中，促进了教学行为的变革，促进了学生学习方式的改变。通过师生的对话、合作交流等学习活动，充分展示了师生在课堂教与学两个方面的灵活性，使教师教得生动、学生学得主动，取得了最优化的教学效果。

在孟繁信的带领下，于家务中学一年一大步，三年上一台阶，实现了突飞猛进的发展。一支团结向上、勇于创新、开拓进取、仁爱和谐的师生队伍逐渐形成，各项工作均取得了骄人的成绩。2010 年、2011 年连续两年，被乡党委授予“先进党支部”光荣称号，2011 年 6 月被区新城工作小组授予首批“创建学习型学校先进单位”荣誉称号。仅从 2009 年起至今共荣获区级先进单位的称号高达 32 项。2010 年、2011 年于家务中学初三毕业生中有 62 人被市区重点中学录取，147 人达到高中录取分数线，受到区教委的认可和家长的好评。2015 年中考中，105 名京籍考生，考入北京实验中学 1 人，清华附中 2 人，广渠门中学宏志班 4 人，潞河中学 2 人，运河中学 9 人，永乐店中学 19 人，达到高中录取线的学生比例近 80%，有 8 名教师的成绩三次超过区平均水平……

第二节　开设崇德课程

开设“崇德悟道做人”校本课程，是于家务中学对学生进行传统文化教育的主要途径。孟繁信主持成立校本教材编写组，创编了《〈弟子规〉易解及中华传统美德故事》《中华传统美德与现代做人教育》《〈三字经〉人物志》《于家务中学礼仪常规 50 例》等十本的“崇德悟道做人”系列读本，并制定了《学科实施意见》，将课程排入学校课表，由校领导或聘请专家讲授。

中国传统文化历史悠久，博大精神有无穷宝藏。《弟子规》是其中重要的一个。它是清代李毓秀编撰而成的一本字句儿童训蒙教材，是一部以学规形成的，对学子进行学习指导和品德修养教育的启蒙读物，集传统文化教育思想之精华，是圣贤学问的根基全篇讲解了如何孝敬父，对待兄弟、长辈，如何为人处事，如何读书求学的道理。

孟繁信自幼在父亲的指导下背《弟子规》，他认为人要有底子，最好的底子莫过于圣贤的智慧经验，这是人立身处世的基础。《弟子规》可以帮助人们更好地了解辉煌灿烂古代文明，继承和发扬中华优良的传统美德。人生一世，从小就应该树立一个正确的生活目标、正确的行动方向，然后朝着目标和方向成长。少成若天性，习惯成自然。教导儿童，启蒙养正，是一件非常伟大的工作。因为这不仅关系到一个人的一生，而且关系到社会的稳定与发展，关系到国家的繁荣乃至整个人类的命运前途。真正贤明的父母和老师，应该懂得在孩子幼小心性非常纯洁的时候，给予最好的教育。如果一味地纵容，宠爱或任其发展，是在害孩子。所以必须把握好这可塑性最强，记忆最好的年龄段，给他圣贤的经典，让他在幼小的成长阶段就培育出智慧德能，那么，他未来的人生定会是幸福的人生、造福社会的人生。

在学校推广《弟子规》，是孟繁信在道德建设的棋盘上走的重要的一步棋。在校委会上，孟繁信讲了推广《弟子规》的重要性，他说，人生有没有重来一次的机会？没有。人生需要智慧，需要谨慎的态度，去走好每一步。有人说，我摸索了几十年的社会经验，只不过是《弟子规》的两句话而已。如此说来这人还算幸运，摸索对了，有些人，稀里糊涂了一辈子，也没明白到底该怎样做人，所以古人说：朝闻道，夕死可矣。道，就是宇宙人生的真理。所以说，《弟子规》是我们处世的法宝，一定要珍惜。

孟繁信认为，在学校学习推广《弟子规》的好处多多，主要表现在七个方面：

一是让同学们不要再过“忙（心 * 亡）”“盲（目 * 亡）”“茫（迷 * 茫）”的人生，要赶快觉“悟（心 * 吾）”，找到人的本心（爱心），这是一切智

孟校长向通州区副区长李亚兰介绍“崇德悟道做人”校本教材

慧的源泉，也是一切快乐、幸福的根源。

二是帮助学生们管理好自己，力求做最好的自我。只要诵读和落实《弟子规》，定能帮助学生们树立正确的理想和价值观，培养仁慈善良的心性，增强明辨是非善恶美丑的能力。让学生知道自己应该做一个什么样的人，在日常生活中，应该怎样做，不应该怎样做，心中明明白白，从而改掉以前的坏习气，养成良好的生活习惯。

三是让学生学会与周围的人和谐友好相处，“凡是人，皆须爱”。学会爱父母，爱兄弟姐妹、爱老师、爱同学、爱朋友……，明白人生最重要的事情莫过于孝敬父母，友爱兄弟。由爱而生敬，由敬而生礼，在互助互爱中得到助力，获得幸福美满的人生。

四是培养学生的爱心，恭敬心，真诚心，让生命更有意义。人生的价值在于奉献而不在于索取。今天的人们能有平安幸福的生活，不知道需要多少人无私的付出。人活着，不能只顾自己，要用自己的身体和智慧回报亲人和众人，也就是要为人民造福，为人民服务。一个人在付出的时候，他的能力在提升，人缘在酝酿，福分在增长。而逃避付出的人，没有人缘，被人厌恶。真诚付出的人，才是有福之人。生活在感恩之中的人，才会感到自己人生的价值和意义，内心才能得到真正的欢乐和幸福。

五是提高学生的智慧和感受能力。《弟子规》中的一字一句都是古圣先贤们智慧的结晶，只要学生用真心、诚心去学习、去实践，就能感受到圣贤们对后世子孙们至诚至爱的存心，就能借助他们的智慧去做人、做事，从而少走许多人生的弯路，少留许多人生的遗憾和悲剧。让学生知道，不要有傲慢心，以为如今的人们比圣贤们强，许多地方，我们跟他们的智慧差得很远。

六是让学生们知道“规矩”的重要性。“规矩”就是人生的“规则”，不要只顾自私自利，而不去替别人着想，乃至损人损己，损公肥私；鼓励引导人们追求“真、善、美”，做一个有益于人民，有益于社会，国家乃至全人类的人。天下没有损人利己的事情，损害别人就是损害自己——因为损害别人就是给自己种下了怨恨和灾祸。人要想真正健康幸福，要

孟校长在钓鱼台国宾馆“共铸中华魂，同圆中国梦”新闻发布会上做主题发言

用爱、感恩、祥和的心态，代替所有怨恨、不满和愤怒的心态。心态一变，则生活就能改变。因此一个人只要能爱敬存心，助人为乐，就一定是一个有道德的人、守规矩的人，愈按规矩做事的人，愈自由、快乐、幸福，若不知不守规矩，则一起心动念，一言一行就会出错或者说是违规，就会时时处处碰壁，给别人带来烦恼，给自己也带来痛苦。

七是改善学校的人文环境和卫生环境。若学生都能爱敬存心，礼貌待人，助人为乐，那么定会生活在安定、欢乐、互助互爱之中；若学生都知道“半丝半缕，恒念物力维艰”，定能爱护公物，爱护一纸一笔、一草一木，学校的生活、学习环境一定会越来越美好，环境卫生定会不治而治。

孟繁信认为，教师在教学过程中，其实最大的收获者，也就是所谓的教学相长。尤其是体会《三字经》中的道理后，会深切向往敬仰圣人的大智大德，很多句子就会在不知不觉中落实在日常生活中。“己有能，勿自私，人有能，勿轻訾”。教师们在为学生们讲读《三字经》的过程中，同事之间沟通交流自己成功的经验，使大家都得到了更多更切实际的教法，互相受益，实现了共同提高。

一个家庭学习《弟子规》的小故事，可以佐证《三字经》在实际生活中的应用：

一位母亲有一双女儿，老大念小学二年级，老二只有五岁，两个孩子吵了架。妹妹哭的很伤心，过来跟妈妈说，姐姐凶她、骂她，所以她很难过，就哭了，请妈妈替她出气。妈妈很明理，就问小女儿说：“你到底犯了哪些错误，姐姐才会骂你？”小女儿就跟妈妈说：“我只不过拿了姐姐的玩具而已，姐姐不让我玩，还凶我、骂我！”

妈妈就跟她说：“好，我们来背《弟子规》第十八条‘用人物’。然后就让她接着背，这个小女儿说：“须明求。”妈妈又说：“接下来呢？”她就说：“倘不问。”妈妈接着说：“再接下来呢？”“即为偷。”当这句话讲完后，这个小女儿哭的声音更大了，边哭边说："妈妈我不愿意当小偷，我知道我错了，我不应该趁姐姐去上学的时候，偷偷地去拿她的玩具来玩，又没有把姐姐的玩具放好。"这时，母亲看到小女儿背到这里更为伤心，就安慰她说："你当然不是小偷，做错事情，'过能改，归于无'，你知道了你的错误，赶快去跟姐姐道歉，道歉之后，你以后不再犯，你就没有过错了。"所以，当这个五岁的女孩读到"用人物，须明求，倘不问，即为偷"时，她就晓得她的行为是错误的。

从这个小小的故事里，可以知道，学《三字经》，就要从孩童时期学习，不要认为孩子年纪小，不懂事，孩子对经文熟透以后，自然而然就明白其中的道理。

在现实生活中，有很多人没有读《弟子规》，但行事时，很多都是与《弟子规》不谋而合的。下面的故事可以说明：

有一个孩子，放学回到家里脸色怪怪的。因为小孩子比较单纯，做了坏事容易显现在脸上，这位母亲很有警觉性，就去翻了孩子的书包，结果发现里面有三个苹果，孩子解释说："我们几个同学路过卖水果的摊位，顺手拿了几个苹果。"这位母亲立刻带着孩子到水果店，恭恭敬敬给人家鞠了个躬，说："对不起，我的孩子拿了你的苹果，我跟你道歉，我没有把孩子教育好，要多少钱我马上付给你。"她的孩子站在一旁看着母亲的举动，孩子的惭愧之心马上被唤醒，从而终生记住这个教训。

可是有些孩子说谎话时脸不变色心不跳，为什么？是因为他们从小犯错时，父母没及时抓住时机遏制住，说谎话说习惯了，习惯成自然。

这位母亲虽然没有读"物虽小，勿私藏；苟私藏，亲心伤"的句子，但是她明白不论大东西小东西，孩子都不可以偷，不可以拿，不要什么东西都先想到留给自己，要培养他乐于助人的行为。

编书的过程，也是学习的过程，特别是在编纂《〈三字经〉人物志》时，校编委会成员一边学习，一边编书，收获颇丰。

孟繁信认为，古人很早就重视对儿童的启蒙教育。那种启蒙、养正、入圣的思想，一直贯穿于中国古代蒙学教育的始终。《三字经》自南宋末年诞生后，就成为中国传统蒙学的翘楚，是一部流传广泛、影响深远、家喻户晓、妇孺皆知、极具代表性的蒙学教材。虽然它有一定的历史和时代局限性，但是其内容却含纳了中国文化的精要，对现代教育有着极其深远的影响。《三字经》中列举了大量典故、故事，阐述了丰富深刻的人生哲理，有倡导尊敬师长、宽厚待人的；有颂扬勤劳节俭、清正廉洁的；有劝诫谨慎持身、悔过改错的；有爱国爱民、弘扬正气的；有激励立志勤学、发愤图强的。这些内容包含了学习生活的诸多方面，体现出了巨大的现代教育价值。

孟繁信自幼就背诵《三字经》，他对《三字经》有自己独到的见解。他认为，《三字经》开篇为"人之初，性本善"，然后说教和学的重要性。从性善论出发论述教与学的必要性和可能性，是孟子以来儒家传统的教育思想和逻辑。它在唯心主义的形式中，包含着大量有益的经验。《三字经》里有些话说得十分深刻，确实能打动人心，因而成了广泛传诵的格言，至今仍不失其教育意义。如：

养不教，父之过；教不严，师之惰。子不学，非所宜，幼不学，老何为？玉不琢，不成器；人不学，不知义。

《三字经》里说："苟不教，性乃迁，教之道，贵以专。"百年大计，教育为本，教育在现今已有举足轻重的地位。《三字经》重视教育，强调家庭教育、学校教育和社会教育的有机结合。

孟繁信对在学校推广《三字经》有着紧迫感和使命感，他认为《三字经》体现了"以德为先"的教育理念。"教之道，德为先"。《三字经》

尤其注重“德”在教育中的重要性。重视道德教育，重视人的道德修养，追求高尚的道德理想人格。子曰：“德之不修，学之不讲，闻义不能徙，不善不能改。”强调教育以“德”为先导的教育理念，在二十一世纪的今天仍然具有重大的教育意义。在当今，一个人的社会公德和职业道德如何，以及如何做人和做事，都已成为人的事业成败最重要的因素。如今学校的思想道德教育现状并不尽如人意。学校思想道德教育的形式化、应试化，造成学生思想道德素质大滑坡。特别在西方思潮侵蚀和经济全球化的冲击下，学生的世界观、人生观、价值观在走向异化。早恋与网恋日益加剧、超前消费和浪费现象严重，打架、偷盗、自杀、扔垃圾、撒谎等失德行为经常发生。享乐主义、拜金主义、行为主义和利己主义等不良思想的泛滥。这不得不让人们反思如今教育方式的正确性。

《三字经》强调家庭教育的重要性。人们常说，“起小看大，三岁知老”，良好的家庭教育对孩子的成长至关重要。《三字经》开篇就有“人之初，性本善。性相近，习相远。苟不教，性乃迁”等经典名句。父母是孩子的第一任老师，对孩子的成长负有不可推卸的责任和义务。《三字经》中孟母三迁和窦燕山教育五子的典故可见重视家庭教育，古已有之。对于现代的家庭来说，我们则更应该赋予家庭教育更多的内涵，要努力为孩子营造一个健康向上的家庭教育环境。这是古人对现代教育的一个很重要的贡献，应该予以借鉴学习。

《三字经》强调科学的教育方法。《三字经》提出“凡训蒙，必讲究，详训诂，名句读”，强调作为幼儿教师实施启蒙教育，必须要讲究方法、注重规律。儿童学习要应该从易到难，由浅入深。“为学者，必有初，小学终，至四书”，“孝经通，四书熟，如六经，始可读”，指出做学问、读书求学，必须打好基础。只有在学好了基础知识的《小学》以后，才能学习较为深入的《四书》。只有通晓《孝经》，熟知《四书》之后，才能开始学习更为深奥的《六经》。学习需要循序渐进，教育改革需要循序渐进。循序渐进的教学原则对于当今的学校教育，具有极强的启发和指导意义。

《三字经》强调素质教育的必然性。“礼乐射，御书数。古六艺，今不具”所说的就是礼法、音乐、射箭、驾车、书法和算数，这是古代读书人必须学习的六种技艺。在今天，随着社会的不断发展，文化科技的门类越来越多，对于学生来说，要成为德、智、体、美全面发展的人才，就更得掌握多种知识。简言之，古人尚且知道实施素质教育的重要性，对于我们现代人来说，就更应该建立健全更广泛、更科学的教育教学机制，对学生强化素质教育，促其全面发展，才能使之成为国家的有用之才。由于时代久远，作为蒙学教材的《三字经》中有许多理念，虽然已经无法适应现代的要求，但其内在巨大的文化教育价值还是值得我们借鉴和学习的。

编委会在编第二部分时，进行了有选择性的取舍，这一部分介绍儿童须知的封建伦理道德以及基本的数目和名物知识。这是根据孔子“弟子入则孝，出则弟，谨而信，泛爱众而亲仁，行有余力，则以学文”的要求（《三字经》作者将其概括为“首孝悌，次见闻”），对儿童进行德智两方面的启蒙教育。在德育方面，主要讲封建的“三纲”、“五常”、“九族”、“十义”，今日儿童教育自不可取。但是像“为人子，方少时，亲师友，司礼仪。香九龄，能温席；孝于亲，所当执。融四岁，能让梨；弟于长，宜先知”等话，今天仍有批判继承的意义。如果我们不拘泥于“温席”、“让梨”的具体情节，抛弃旧时礼仪的等级内容，而是吸收其中积极的意义，加强对儿童的礼貌和行为规范教育，以及亲爱他人的教育，也很有意义。在智育方面，这部分里介绍了一、十、百、千、万数目，及“三才”、“三光”、“四季”，“四方”，“五行”、“六谷”、“六畜”、“七情”、“八音”等各方面知识。内容虽然很杂，但能分门别类，以数字概括出某一方面的内容，便于儿童记忆背诵。而且内容浅近，文字通俗，切合儿童启蒙需要，适应初入学儿童智力发展水平。如：

一而十，十而百，百而千，千而万。三才者：天地人。三光者：日月星。

第三部分，提出蒙学教学内容和要求，介绍“四书”、“六经”、“五子”。这部分内容，其他的蒙学教材是没有的。它提出分阶段读书的目标和要求，起着动员儿童努力读书学习的作用。它介绍古代学者及其著作，对于普及文化典籍知识起了积极的作用。

第四部分，讲述历史，主要介绍历史上的朝代兴替和帝王世系。这部分内容约占《三字经》总篇幅的四分之一，而且随着时间的发展，新的刊本又几次补进了近现代内容。学习历史对于增强民族自信心和凝聚力，弘扬民族文化传统，起着十分重要的作用。虽然按照古代学校课程安排，读史是大学的任务，在蒙学阶段（小学），根据儿童接受能力，不要求学生去读史、汉、纲鉴等历史著作；但不是说蒙学时期就不要向儿童进行历史知识的教育了。相反，从《三字经》的内容看，儿童初入学就在对他们进行最基本的历史教育了。《三字经》也起过向社会上广大群众普及历史知识的作用。这一教育的经验和传统，很值得今天的教育工作者吸取。

最后的部分，讲了历史上一连串的奋发勤学、取得成就的人物故事，勉励儿童努力学习，做一个有为的人。虽然其指导思想是“学而优则仕”、“显亲扬名”、“光前裕后”一套封建主义的人生哲学；可是所讲的故事多是有启发性的，起着鼓舞儿童奋发向上的作用。如：

昔仲尼，师项橐。古圣贤，尚勤学。……披蒲编，削竹简，彼无书，且知勉。头悬梁，锥刺股，彼不教，自勤苦。如囊萤，如映雪，家虽贫，学不缀。如负薪，如挂角，身虽劳，犹苦卓。……犬守夜，鸡司晨，苟不学，曷为人。蚕吐丝，蜂酿蜜，人不学，不如物。幼而学，壮而行。

从以上五个部分的内容看，《三字经》既是蒙学里集中识字的课本，又担负了向儿童进行知识和思想教育的任务。从知识和思想教育来说，知识教学占的比重更大一些。思想教育内容方面，除了进行儒家一般的三纲五常、九族十义的宣传外，主要是进行勤勉读书、学习做人的教育，

孟校长在进行国学讲座

同识字和知识教育的任务结合紧密，适合初入蒙学儿童的特点。宋代理学盛行，南宋理宗以后，理学被奉为官方正统思想，朱熹被捧了出来。纵观《三字经》全书，无一语掺入理学性命天理，主敬灭欲的说教，显得比较亲切，这是难能可贵的。把识字教育同知识、思想教育结合在一起，是我国编写蒙学教材的好传统。《三字经》将三者揉合得更为紧密，比较切合儿童程度，胜过以前的《急就篇》和《千字文》。

孟繁信认为，从语言方面说，古代蒙书里，《千字文》《蒙求》等都是四言，《三字经》全用三言，更便于儿童朗读背诵，这可以说是一个创造。它继承了古代蒙学教材应用整齐韵语的传统，又有所突破和创造，是很不简单的。因为只用三言，又要表达出丰富的内容，很容易露出牵强硬凑的痕迹，或者写得艰深难读，或者贫乏呆板。《三字经》基本上避免了这些很可能产生的缺陷。

语言学家张志公先生说："拿文言的标准看，《三字经》的语言是相当通俗的，无论如何，比《千字文》通俗的多；除了个别的句子外，没有勉勉强强硬凑字数，硬押韵的毛病。从句法上来看，可以说得上是灵活丰富，包罗了文言里各种基本的句式，既有训练儿童语言能力的作用，又使全书的句子显得有变化，样式多，不枯燥。举例来说，有些是三个字成句的，……有些是六个字成句的，……也有些是十二字成句的，……从词语的组织来看，几种基本结构，如动宾、偏正、联合，都多次用到；基本的虚词,如‘之’‘乎’‘者’‘以’‘而’‘则’‘于’‘且’‘虽’‘既’‘苟’‘所’都反复出现。”

总之，无论就内容论，或就语言论，《三字经》都是十分高明的。它继承传统，又后来居上，成了我国古代蒙学教材中最有代表性的一种。因此,《三字经》一编写出来，很快就流行开来，从元明到清末民初，一直广泛流传，有各种注释本，有配以图画印刷精美的版本，还有供兄弟民族儿童使用的满汉对照本、蒙汉对照本。《三字经》的写法也被移植到其他领域,于是有各类《三字经》出版,如《时务三字经》《历史三字经》《地理三字经》、《医学三字经》等。

学校编委会在编书过程中，对《三字经》等教材也采取了辩证分析的态度，批判其时代的局限性，细心剥取其合理的内容，取其精华。全盘肯定或全盘否定的态度，都是错误的。比如:“若梁灏，八十二。对大廷，魁多士。”解释是宋朝有个梁灏，在八十二岁时才考中状元，在金殿上对皇帝提出的问题对答如流，所有参加考试的人都不如他。当时就有参与编书的教师质疑，古时候考试没有年龄限制吗？ 82 岁还参加殿试让人匪夷所思。经过查阅资料才知道，梁灏、梁固父子俩是中国历史上唯一一对“父子状元”，梁灏考中状元时年仅 23 岁。

“是父是子同作状头千载少，为卿为相流传历代一门多”。梁灏、梁固父子是郓州须城人（今山东省东平县州城镇），家乡人民以这一对“父子状元”为荣耀，后人为其修建了“父子状元”坊。据梁氏族谱记载：梁灏之祖，在周敬王时迁曲阜从学孔子，位列孔子七十二贤，晚年入郓为东原梁氏始祖，其后徙入东原（今东平）。到了宋代，是东原梁氏家族最为显赫之时，其族人居朝为官宦者颇多，当时就有着“梁半朝”之称，当时山东、河南一带流传的《满堂笏》戏剧中还有这样的唱词：“笏床多插梁家板，赤心尽报宋江山。”

《三字经》中，梁灏留下了华彩的一笔。“若梁灏，八十二。对大廷，魁多士”。这是大家所熟知的三字经里的句子，梁灏也因之而声名远播，流传历代，成为千百年来的励志典范。不过这一说法是误传。关于梁灏的生平事迹，在《宋史》中有专门的《梁灏传》，在《续资治通鉴》等正史中也都有相关记载。这两部正史，都言明梁灏考中状元时年仅23岁。

《宋史》记载，梁灏，字太素，公元963年生于郓州须城（今山东东平州城），出身官宦之家，其父文度早逝，由其叔父抚育成人。雍熙二年（985年），梁灏23岁考中状元。曾任翰林学士、宋都开封知府等职。其间，曾与杨励、朱台符、李若拙同掌科举事务。又与钱若水等人同修《太祖实录》及《起居注》。灏有吏才，每上朝进奏，词辩明敏，对答如流，且见地高远，倍受真宗赏识，时论称赞。景德元年（1004年），暴病卒于开封知府任上，年42岁。所著文集15卷。梁灏生有三子，固、述、适。长子梁固，状元及第；次子梁述，早卒；第三子梁适，曾任同中书门下平章事（宰相）。梁固，字仲坚，即生于梁灏及第之年，幼有大志，尚节操。曾著《汉春秋》，深得其父赏识。大中祥符元年（1008年），参加勤词学科考试，得中第一名（状元），与父亲梁灏共同演绎了“父子状元”的历史佳话。

编出教材以后，下一步的关键是怎样讲授。针对这一点，孟繁信有自己的对策，他将《弟子规》《三字经》枯燥艰涩的语言用浅显易懂的话语或小故事表达出来，使学生们不再觉得不好理解，而是妙趣横生。

比如讲到“朝早起，夜眠迟；老易至，惜此时”。意思是教育学生们珍惜时间，岁月不待人，不要空度时光。孟繁信讲了一个《八十公分人生》的故事：

从前，有一位父亲看到自己的孩子整天游手好闲，一天，父亲就拿了一根八十多公尺长的木棍对孩子说："儿子，人生就好像这根木棍一样，八十多公尺相当于八十年左右的时间，前二十年你在学习，这段时光你对家庭、对社会没有贡献，我们把它砍掉。""喀嚓"一声，把木棍的前二十公分砍掉了。接着又说："人到了六十多岁以后身体比较衰弱，也没有力气做事情，所以后面二十年也要去掉。""喀嚓"一声，把木棍后边的二十公分也砍掉了。父亲接着又说："剩下的有三分之一都在睡眠上用掉了，这三分之一也不能算。"说完就又砍掉了三分之一。

在这砍的过程中，儿子的内心每次听到"喀嚓"声都受到一次震撼。接着父亲又说："你每天要吃饭，还要其他杂七杂八的事情，所以应该再砍一段。"又砍了一段。这时孩子跟父亲说："爸爸，你别砍了，我明白了。"父亲接着说："你不明白，因为这一生你都不知道要生多少次病，躺在病床上，所以也要砍掉一些。"孩子这时"扑通"一声跪在了地上，说："爸爸，我真的明白了。"他的父亲拿着余下的木棍，对他说："你看人生只剩这么短的时间能够真正做有意义的事，孝敬父母，干好工作，奉献社会，既然都这么短了，你还拿来挥霍，那就太不应该啦！"孩子终于悔悟了，流下了忏悔的眼泪。

在讲到"扬人恶，即是恶；疾之甚，祸且作"时，孟繁信谈到了马加爵事件，同样让人沉思，警醒：

2004 年发生了大学生马家爵杀人案，他杀了四个同学，在教育界造成了很大的震撼，引起了社会各界很多的反思。有些人认为，这样的人赶快把它枪毙了；一些从事教育的人则认为不应该这样，他们感觉一个大学生还这么年轻，没有踏入社会，为什么会做出这样违背人性的事情？原因是，这些同学平常讥笑他、辱骂他，所以他的怨气慢慢积攒起来，等到忍受不了的时候，才会做出这种丧失人性的事情。马家爵没学过《弟子规》，假如他学过“言语忍，忿自泯”；“凡是人，皆须爱”；“兄道友，弟道恭，兄弟睦，孝在中”等圣贤的教诲，就不会出现这样的悲剧。

从另一个角度看，为什么这四个同学会惹来杀身之祸，也是没有学习《弟子规》“人有短，且莫揭，人有私，且莫说”；“扬人恶，即是恶”；“勿谄富，勿骄贫”，不要去瞧不起人，言语也不能过分刻薄，更不要无知地公然讲别人过失，对马家爵来讲很难受，而且也让他在集体当中越来越难生存。俗话说“狗急跳墙”，因而引来了杀身之祸。

第三节　推进儒学渗透

孟繁信着力将儒学渗透到各学科的课堂授课中，但如何有序融入，却是个值得思考的问题，因为这不是件一蹴而就的事情。在实际教学过程中，需要遵循一定的原则，讲究一定的方式方法。孟繁信一直坚持“五原则”。

一是潜移默化原则。不论是哪一学科，都有其自身的学科特点。在教学中，传统文化教育应以潜移默化为主，避免不合时宜的生拉硬扯。这样既从整体结构上肢解了正常课堂教学，也影响了所应达到的效果。二是持之以恒原则。俗话说：十年树木，百年树人。在实际教学中渗透传统文化教育也应持之以恒，切忌一曝十寒。三是情境创设原则。利用各种途径，创设能吸引受教育者感受传统文化教育的情境，把他们的学习与参与兴趣调动起来，达到耳濡目染、春风化雨的效果。四是适合学生身心发展原则。在教学中，以促进学生健康成长为目的，结合学生思想实际和知识的接受能力，点点滴滴，有机渗透，耳濡目染，适应学生身心发展，达到德育、智育双重教育目的。五是合作原则。教育是一个系统工程，任何学科的传统文化教育都不可能是单枪匹马。各学科的传统文化教育应相辅相成，形成合力，使传统文化教育无处不在，努力让学

孟繁信校长为书法兴趣小组的学生讲软笔书法艺术

生在学习的过程中，受到中华传统文化的感染，产生共鸣，体会到传统文化的价值所在，为今后的成长和发展奠定坚实的基础。

首先，是渗透在语文教学中。语文教学本身就是我国本土文化的传承，在现行的语文教材中，编者选取了不少负载着中国优秀传统文化的内容。孟繁信注重从发掘教材所蕴含的优秀传统文化入手，帮助学生找寻文化之根，使学生在学习语文知识的同时，受到传统文化的熏陶。在教学中主要有五个步骤：

认识汉字趣为先。汉字中蕴含着中华民族的价值观念、思维方式、审美情趣、历史渊源和风俗习惯等诸多文化因子。在识字教学中要渗透传统文化，从“认识汉字就是了解汉字文化”的高度来解读凝集在汉字上的文化信息，进而深入浅出地教给学生们。具体做法是按照汉字有形声、假借、会意等之分，引导学生看到“水”字时就想象流水潺潺，连绵不绝的景象；看到“忙”字时就联想到心亡，看到“武”字时就想到止戈。让学生体会象形、形声、会意等构字规律。 然后是让学生了解古人的造字过程。课堂上给学生讲一些关于汉字的小故事，会让学生不知不觉中走进优秀的传统文化。如：“家”字中的“豕”指的是“猪”，但是涵义不同，“猪”在今天代表又脏又笨，但古人在造“家”这个字时，上面的“宀”是房子，下面放的却是一只小“猪”。因为中国人从古代就喜欢猪，也喜欢养猪、吃猪肉，房子里养头猪说明这家是殷实之家，也反映了人们向往过上好日子的愿望。等学生识字多了，就引导学生找规律：如汉语中表示思想感情的汉字都从心旁（或心的变形）。如：想、忘、忠、恕、怨、愁、恼、悦……这是古人对客观事物认识的一种反映，先人认为心就是今天的大脑，这个器官是专管思考的，心是思维的器官。这样的学习，不但使学生对汉字产生兴趣，还会对古人的智慧由衷地佩服，进而感悟到汉字所蕴涵的丰厚的传统文化底蕴。

第二，一带一教学。阅读教学，一篇带一本。如学习《出师表》前，引导学生阅读《三国演义》，重点关注诸葛亮这一人物形象。通过细读描写诸葛亮的重点章节，了解诸葛亮的智谋，感受他的人格魅力。在每个学生都对文中主要人物诸葛亮的基本情况有了一定的了解之后，课堂的讨论探究就显现出参与的广度、深度和独特的角度。学生们积极发言，认为诸葛亮不贪权势。他位极人臣，却不追求个人权势，不弄权也不为权所奴役。他只靠俸禄为生，不以权势谋私利。《诫子书》中，他提出了严格的要求，“夫君子之行，静以修身，俭以养德，非淡泊无以明志，非宁静无以致远……”他以淡泊宁静的生活态度处世。他对后主说：“若臣死之日，不使内有余帛，外有赢财，以负陛下也。”他死时确实如其所言。他严于律己，街亭之役，马谡违节，造成败局，但他主动承担责任，自贬三次等。他几次发布鼓励将士直言极谏的文告，要求大家批评自己的过失和缺漏。他知人善任，以宽广的胸怀，纯正的心灵，选拔重用了一大批人才。他用人的标准是德才兼备。他不讲门第、资历，破格用人，大胆地授以要职，委以重任。何祗原为蜀郡太守杨洪手下的一个书佐小吏，杨洪亦是犍为郡太守李严之功曹小吏，何、杨都先后被诸葛亮擢为太守。因此事他被誉为“是以西士咸服诸葛亮能尽时人之器也。”他谦恭待人，若把诸葛亮同当时的名士孔融、祢衡等人相比，显然后者的声望不可同日而语，即使和才智过人的周瑜、鲁肃、司马懿相比也高上一筹。诸葛亮无私无畏，谦虚谨慎，深思熟虑，卓识远见，善于博采众长，融化于胆识之中。认识到这些后，再进一步拓展阅读，师生共同研读《三国演义》，还就《三国志》《诸葛亮传》等书籍进行比较阅读，归纳总结诸葛亮的历史形象、文学形象和民间形象。同时，还研究《三国演义》中的其他人物，分类整理《三国演义》中的故事、诗词、对联、歇后语等内容。

通过对典型课例的研讨，以及“一篇带一本”、三步走的阅读教学方式，使教材变得厚重，教学充满了张力，对提高学生学习语文、阅读经典名著的兴趣，拓宽学生的认知结构都有很大帮助。另外，还进行“连带式”阅读方式，如：一篇课文带一位作家的作品阅读，一组课文带一个主题的专题探究等。通过“连带式”阅读，激发学生学习和研究传统文化的热情。另外，在诗词教学中，一首带一类。古典诗词是中华民族传统文化的精华，有人甚至说古典诗词就是中国传统文化的活化石，其中蕴涵着丰富的文化 DNA。现行语文教材中，每一册都分主题、由浅入深地编入了古典诗词，如送别诗、思乡诗、爱国诗、描写春景的诗、蕴含深刻哲理的诗、描写童年生活的诗、咏梅诗词等。对于诗词教学，孟繁信提倡教师学一首带一类，这种大容量的信息呈现方式，和贯通古今的主题积累方式，使学生在不知不觉中积淀着丰厚的传统文化底蕴。

第三，课前查阅资料。比如讲《黄鹤楼送孟浩然之广陵》和《送元二使安西》，课前让学生猜一猜古今送别诗究竟有多少，《唐诗鉴赏辞典》中称之为“不计其数”，从先秦《诗经》到两汉乐府，从唐代诗歌到宋词元曲至明清诗文，离别之情唱之不尽。让学生广泛搜集送别诗，并和家人同学探讨一下送别诗产生的原因。搜集、查阅资料的过程，正是步入诗境的前奏。

第四，课上散点渗透。古代送别诗的四大意象：水、柳、酒、月，这两首诗就涉及到了三个，这三个意象就可以作为课堂上传统文化的渗透点。“孤帆远影碧空尽，唯见长江天际流”。江南三月，长江上一定是千帆竞渡，可是李白却“过尽千帆皆不见，一心只送孟浩然”。孤帆远影碧空尽，不尽的又是什么呢？是滚滚的长江水，是对孟浩然的无限思念。在理解了诗句后，老师再问学生，唐人写送别诗，往往寄情于水，你们知道的有哪些诗句呢？他们会很自然地想到李白的“请君试问东流水，别意与之谁短长？”刘长卿的“猿啼客散暮江头，人自伤心水自流”这样的离别名句。再如“客舍青青柳色新”中的“柳”字，“杨柳”自古以来便是依依不舍的离别象征，早在《诗经》中就有“昔我往矣，杨柳依依”的描写。汉代在长安的灞桥送行时，常须折“柳”相送，以表示想“留”住朋友，因此，有“春风知别苦，不遣柳条青”的诗句。以此为生发点，引领学生一起吟诵像“渡头杨柳青青，枝枝叶叶离情”这样的千古名句，以诗解诗，更好地感受了古人以景寄情，情景交融的写法。第三个渗透点是寄托着浓情的美酒，“酒逢知己千杯少”的酒是连心的酒；“为此春酒，以介眉寿”的酒是祝福的酒；“何以解忧，唯有杜康”的酒是浇愁的酒。那么，元二即将远去塞外荒漠，王维的这杯“劝君更尽一杯酒”的酒，又是一杯怎样的酒呢？结合诗境，展开讨论，师生共品这一杯杯伤感的、留恋的、壮行的、祝福的一言难尽的酒。三个意象的拓展让学生走进了古人的离别境界，也意识到了我们中华民族自古以来就是一个重情的民族。

第五，课后专题拓展。针对亲人之别、友人之别、情人之别，组织学生课后分类积累，专题探究。通过研究，学生会发现，别离诗虽展现的都是挚情，但境界各异，而这要根据双方的关系而定。情人之间的离别大多是斩不断理还乱的情丝。“多情却似总无情，唯觉樽前笑不成”这是情人强颜欢笑的送别；“执手相看泪眼，竟无语凝噎”这是情人缠绵悱恻的离别。亲人之间的赠别则是平淡之中见真情。如《诗经·邶风·燕燕》：作者送妹远嫁，虽然万般不舍，但更多的是反复的叮咛；再如《游子吟》中的“临行密密缝，意恐迟迟归”，亲子之情表现得委婉、含蓄。通过对比，学生还会发现，友人之间的赠别诗不像前两类诗那样沉湎于缠绵感伤的情绪中，它呈现的是一种宏阔的境界。如王勃的“海内存知已，天涯若比邻”，陆龟蒙的“丈夫非无泪，不洒离别间”，一改先前的小儿女态，抒写的是大丈夫的情怀。通过三种不同的别离，学生体会到了，同写离情，却是别样的境界，别样的情怀。

其次，是渗透在数学教学中，利用显性素材为载体，呈现传统文化。语文本身就承载着传承中国优秀传统文化的义务，结合起来非常容易。而数学就有些难度了，孟繁信认为，经过分析，任何事物都是有相互重合的部分的，数学是一门客观、精确的学科，蕴藏着极其丰富的思想性。关键问题是要找到传统文化与数学学科的结合点，把它其中蕴含的这些优秀的传统文化思想挖掘出来，并充分发挥传统文化以德育人的独特而强大的功能，引导学生在感受、感悟我国丰富的数学文化遗产的过程中，培养数学文化素养、数学学习心理品质素养，开发智能，同时产生对我国民族文化的尊重和热爱之情。

初中现行数学教材的例题、习题、注释中，有不少进行传统文化教育的、形象生动的图画和有说服力的数学材料。因此可以将数学教材，作为融知识传授、能力培养和思想品德教育为一体的综合性载体，深入挖掘其中的精神品质素养教育的因素，让学生感受其中的中华传统文化。有三个重点：

以图呈现数学之美。我国传统图案种类繁多，内容丰富，它既代表着中华民族的悠久历史，社会的发展进步，也是世界文明艺术宝库中的巨大财富。从那些变幻无穷，淳朴浑厚的传统图案中，我们可以看到各个时代的工艺水平和中华民族一脉相承的文化传统。比如课本上展示给学生们的有战国时期的铜镜、唐代花鸟纹锦、瓷器、剪纸图案、年画、脸谱等一些吉祥图案。在学习之前，可以让学生搜集有关图案的资料，了解每幅图案的出处，年代、以及代表的含义或者所蕴含的数学思想。学生们经过调查、上网、查阅书籍等方法，了解图案的来历和发展；了解祖国灿烂辉煌的文化，培养学生热爱祖国文化的情感，而且更为重要的是体会到了数学中的美。

以史突显民族精神。运用教材中反映我国历代数学家对数学研究作出巨大贡献的实例教育学生，如：我国古代数学家刘徽利用出入相补的原理计算平行四边形的面积，继而使学生们了解，《九章算术》在中国古代数学发展过程中占有非常重要的地位。它经过许多人整理而成，大约成书于东汉时期。全书共收集了 246 个数学问题并且提供其解法，主要内容包括分数四则和比例算法、各种面积和体积的计算、关于勾股测量的计算等。在代数方面，《九章算术》在世界数学史上最早提出负数概念及正负数加减法法则；现在中学讲授的线性方程组的解法和《九章算术》介绍的方法大体相同。注重实际应用是《九章算术》的一个显著特点。该书的一些知识还传播至印度和阿拉伯，甚至经过这些地区远至欧洲。教材中的很多内容为数学史料，介绍我国古代数学家对数学研究的突出贡献，如：祖冲之、祖暅父子着重进行数学思维和数学推理，在前人刘徽《九章算术注》的基础上前进了一步。其著作《缀术》取得了巨大成就，主要表现在圆周率精确到小数点后第六位，得到 $3.1415926<\pi<3.1415927$，并求得 π 的约率为 22/7，密率为 355/113，其中密率是分子分母在 1000 以内的最佳值；欧洲直到 16 世纪德国人鄂图和荷兰人安托尼兹才得出同样结果。祖暅在刘徽工作的基础上推导出球体体积公式，并提出二立体等高处截面积相等则二体体积相等（“幂势既同则积不容异”）定理；欧洲 17 世纪意大利数学家卡瓦列利才提出同一定理。还有，南宋时期杰出的数学家秦九韶，1247 年，他在《数书九章》中将“增乘开方法”加以推广，论述了高次方程的数值解法，并且例举 20 多个取材于实践的高次方程的解法（最高为十次方程）。16 世纪意大利人菲尔洛才提出三次方程的解法。 通过引导学生仔细阅读，增强他们的民族自豪感和自信心，从而让学生以他们为榜样，从小树立起为国家富强、为民族振兴而发奋读书、顽强拼搏、积极奉献的意识。

以隐性素材感受传统文化。在现行数学教材中，传统文化教育内容并不占明显的地位，认真钻研教材，充分发掘教材中潜在的传统文化教育因素，就能不失时机地潜移默化地进行传统文化教育，把传统文化教育贯穿于对知识的分析中。比如教材中有许多例题，通过引申、联想、对比，发掘其特殊的教育意义。在提到长江黄河时，让学生体会长江是我国第一长河，而黄河是我们的华夏儿女母亲河，我们是炎黄子孙，要爱护和保护他们。在讲方程式时，教材有提示："数学家李冶于 1248 年发表《测圆海镜》，该书是首部系统论述'天元术'（一元高次方程）的著作，在数学史上具有里程碑意义。"老师通过问学生对这个信息的想法，让他们体会到中国古代劳动人民的聪明才智，从而激发学生们的爱国情感。

第三，渗透在英语教学中。在英语教学中渗透传统文化时，孟繁信在多方调研、调查研究后，提出了在教学过程中要通过中西文化对比的方式，使学生了解中西方文化的异同，从而激发他们爱祖国、爱人民的热情。

语言是文化的载体，是文化表达和传播的工具，语言和文化密不可分。任何一门现存的自然语言都包含有丰富的文化内涵，人们的言语表现形式受其赖以生存的生活方式、价值观念、思维方式、宗教信仰、民族心理的性格的制约和影响。例如汉语中的"银河"在英语中是 the milky way，据说是来自希腊神话，是女神用力过猛，奶汁喷到天上，便成了牛奶路（the milky way），而在中国却流传着"牛郎织女七夕鹊桥相会"的美丽传说；再比如西方的情人节现在越来越得到中国青年人的青睐，实际上我们中国也有类似的传统节日，如七夕 (Chinese Valentine's Day)；又如，在我国尊敬老人是一种传统美德，表现在称谓上，称呼"老大爷"是一种尊重，对方觉得你很有礼貌，很有修养，但是在西方，如在其称呼前加上"old"则会使对方很不高兴，因为在英美等西方"老"被认为"没有用的"；英国的气候一年四季变化多端，所以人们长期养成见面就谈天气的习惯，而且他们不喜欢同生人谈个人私事，谈论天气就是一种很好的回避方式。

而中国人见面喜欢问："吃了吗？"而且喜欢谈论一些私事以显示彼此间的友好。以上这些，都是有着鲜明对比的文化和传统资源。教师利用类似资源引导学生进行中西方文化的对比，加深对文化差异的理解，增进学生对西方文化探究的兴趣，增进对中国文化的理解和热爱。

第四，渗透在美术教学中。于家务中学校本课程中，有一本《民间美术教育》，将传统文化教育融化于美术教学中，是孟繁信主持编写的。开篇就是孟繁信的寄语：

"天地以生气成之，书画以笔墨取之。笔墨之间，折剪之际，外师造化，中得心源，大道自然。莫把丹青等闲看，无声诗里诵千秋。"

自古以来，书画艺术就是中国的一种传统文化，也是人类智慧的结晶，在作品的欣赏过程中，使人们的心灵得到净化，从而提升审美和思想品质，还可以看到整个社会经济、文化、思想观念的发展和进步。孟繁信在《民间美术教育》中精选了富有特色的民间剪纸、民间风筝和中国结艺。

民间剪纸艺术是一种融物质文明和精神文明为一体，深深植根于我们民族土壤，广泛表现在民间信仰和生活习俗之中，鲜明地反映出我国民间广大民众最基本的心理特征和审美情趣、价值观念的民俗文化之一。是一种公众艺术，从客观上说，它是一种物承文化现象，不仅有它造型形式的传承，而且还有着它自身深层独有的特定内涵。从中国民间剪纸的纹饰寓意中，我们可以看到从中反映出来的中国民间图腾崇拜和宗教信仰的传承，以及当地民众的心理特征、生活追求和审美情趣。它是我们探寻本民族的民族渊源和原始文化的活证。

教材注重对学生情操的陶冶，从对折剪纸、二方连续剪纸、团花剪纸、单独剪纸、趣味剪纸（巧剪福寿喜）等，让学生们接触和感受到剪纸的趣味和魅力，认识到剪纸不仅赋予了原始艺术符号对美好生活的祈求和追求美的质朴情感，而且有着强烈的"生命繁荣旺盛"的审美理想。

这个审美理想来自民族的心灵深处，人们歌颂生命，赞美生的欢乐，追求着人生的幸福圆满、健康长寿，祈求家庭和睦多子、丰收安乐。在长期的文化积淀中，中国民间逐渐形成了一系列的艺术意象符号，如："凤穿牡丹"、"莲花多子"、"福寿双全"、"如意似锦"等花色纹样的剪纸，并将这些民间剪纸融入到各种民俗活动中，来满足广大民众精神心理上的需要，以扶持人类的生存，充实人类的生活。这些民间剪纸不仅有一定的形式，而且在不同的民俗中有一定的固定的含义。这些含义是在本民族长期文化的积淀中逐渐形成的，并得到民族大众的认可的意象符号，只有这些意象符号在人们头脑中稳定下来后，它才富有一定的感情价值。比如在过年时，你在门窗处贴上"鸳鸯双喜"、"云朵到福"等剪纸，人们就会感到不对劲，甚至会生气，这是因为"鸳鸯双喜"表示的是结婚，它希望小两口夫妻和睦恩爱；而"云朵到福"却是表示人死圆满，福到寿到的意思，过年叫人看见会很生气。过年时在门窗上贴上用红纸剪的"吉祥如意"、"五谷丰登"、"富贵平安"、"五福临门"等纹饰的剪纸，人们一定会感到红红火火，得到一种精神上的喜悦和欣慰。这种喜悦和欣慰正体现了民间剪纸这一粗糙稚拙的大众艺术所拥有的伟大与不凡。

风筝是中国人发明的，距今已有2000余年的历史，属我国传统的民间工艺品。最初的风筝相传是墨子是用木头做的，叫"木鸢"；后来改用纸做，叫"纸鸢"。在纸鸢上装上竹哨，风吹竹哨，便会发出像古筝一样的声音，很好听，因此就有了"风筝"的称呼。

传统中国风筝的技艺概括起来只有四个字：扎、糊、绘、放。简称"四艺"。简单地理解这"四艺"即扎架子，糊纸面，绘花彩，放风筝。但实际上这四字的内涵要广泛得多，几乎包含了全部传统中国风筝的技艺内容。如"扎"包括：选、劈、弯、削、接；"糊"包括：选、裁、糊、边、校；"绘"包括：色、底、描、染、修；"放"包括：风、线、放、调、收。中国风筝以细竹扎成骨架，再糊以纸或绢制作而成，制作过程要求相当严格，"扎"即要达到对称，使风筝左右两侧的受风面积相当；"糊"即要保证整体平整，干净利落；“绘”即要做到远眺清楚，近看要形象逼真；“放”即要依据风力调整提线角度。风筝的种类主要分为“硬翅”和“软翅”两类，硬翅风筝翅膀坚硬，吃风大，飞得高。软翅风筝柔软，飞不高，但飞得远。在样式上，除传统的禽、兽、虫、鱼外，近代还发展出了人物风筝等许多新样式。

教材从理论与实践相结合的角度，从内容浩瀚的风筝历史、发展、功能等知识中，精选了风筝的起源、制作、放飞等主要知识点，让学生了解风筝的基本理论知识，提高理论水平；掌握几类风筝的制作技巧，提高学生的动手动脑能力；掌握风筝的放飞技巧，提高操作能力、应变能力和调节能力；让学生了解风筝比赛规则和比赛技巧，为参加风筝比赛做准备。宗旨就是让学生们面对如此宝贵的财富，潜移默化受教育，认识到自身有责任、有义务去继承每一个艺术财富，弘扬民间艺术，培养爱国热情。

中国结艺，它身上所显示的情致和智慧正是中华古老文明中的一个侧面。它最早起源于古代的结绳记事，推展至汉朝的礼仪记事，再演变

北京现代音乐学院来访，孟校长做儒学渗透于教学各环节工作报告

为今日的装饰手艺。中国结属于结饰的一种，具有优美的造型和丰富的色彩，从清朝开始真正成为流传于民间的艺术。它是中华民族的宝贵遗产，从某种意义上说它体现了中华民族的精神内涵。人们用它来美化生活，传递美好祝福。

《易. 系辞下》云:“上古结绳而治,后世圣人易之以书契。”其结绳方法，据古书记载为:“事大,大结其绳;事小,小结其绳，之多少,随物众寡”(《易九家言》),即根据事件的性质、规模或所涉数量的不同结系出不同的绳结。

“结”在漫长的演变过程中,被多愁善感的人们赋予了各种情感寄托。宋朝著名词人张先写过“心似双丝网，中有千千结”，形容失恋后的女孩家思念故人、心事纠结的状态。在古典文学中，“结”一直象征着青年男女的缠绵情思，人类的情感有多么丰富多彩，“结”就有多么千变万化。在汉语中，许多具有向心性聚体的要事几乎都用“结”字作喻，如：结义、结社、结拜、结盟、团结等。并且对于男女之间的婚姻大事，也均以“结”表达，如:结亲、结发、结婚、结合、结姻等。结是事物的开始，有始就有终，于是便有了“结果”、“结局”、“结束”。“同心结”自古以来便为男女间表示海誓山盟的爱情信物，比如有诗云“绣带合欢结，锦衣连理文”，结饰已被民间公认为是定情之物。而“结发夫妻”也源于古人洞房花烛之夜，男女双方各取一撮长发相结以誓爱情永恒。有诗云“交丝结龙凤，镂彩结云霞，一寸同心缕，百年长命花”就是生动的描写。

人类的历史有多长，结艺的传统就有多长。所以，千万别小看这么一根丝绳，它的变化很多。结艺是用绾、结、穿、绕、缠、编、抽等多种工艺技法循环有序地变化出来的，它最大的特点就是每一个结从头到尾都是用一根丝绳完成的，而且成品的造型是上下左右对称的。

在结艺的两大类——吉祥结和服饰结中，吉祥结古时候常用在庙宇的帐幔和僧人的袈裟上，因人们认为它能避邪消灾、逢凶化吉而命名；服饰结多用于人们的穿着上，如手链、腰带等。人们根据基本结的形、意命名，并用其他表示吉祥图案的饰物搭配组合，来编织各种各样的结艺饰品。一般地说，用来结艺的丝绳有一米长、四至六毫米粗。

孟繁信决定把中国结艺作为校本课程时，充分考虑到了可行性和目的性。学习中国结艺有三个作用，首先是通过中国结的历史价值、艺术价值和文化底蕴，能陶冶学生的情操，提高学生的审美能力和艺术修养，提高学生的认知水平。其次是通过中国结艺的编织技法培养学生动手动脑和创作能力，从而开发学生的智力。第三是通过教育培养学生们的爱国主义情感和民族自豪感，更好地传承蕴涵了中华民族特有的文化精髓的“中国结艺”，因为它不仅是美的形式和巧的结构展示，更是一种自然灵性与人文精神的表露。

第四节　品味经典书香

读书，关乎一个民族的命运；读书，是成本最低的奢侈行为。孟繁信认为，读书是最便宜的事情，不花钱就可以将先人的智慧据为己有，但如今大多数人偏偏不占这个便宜，在世俗中争名夺利，冷落了书籍，令人痛心。

根据中国新闻出版研究院《第十次全国国民阅读调查》,2012 年，中国 18 岁至 70 周岁的国民其图书阅读率为 54.9%。也就是说，在中国有四成多的人很少阅读。从数量上看，2012 年，中国人均纸质图书的阅读量为 4.39 本。而来自联合国教科文组织的统计显示，北欧国家国民每年读书 24 本左右，几乎是中国的 6 倍。美国人年均阅读 7 本书，韩国人 11 本，日本、法国国民每年读书数量在 8.4 本左右，新加坡 5 本，泰国 5 本。

2014 年，我国成年人人均阅读纸质图书 4.56 本，与 2013 年的 4.77 本相比，略有减少；数字化阅读方式的接触率为 58.1%，较 2013 年上升了 8 个百分点；日均手机阅读时长首次超过半小时。再看种类，美国整个图书市场销售的图书，40% 是虚构类的小说。法国、德国、英国的情况也同样，35% 到 38% 是都小说类。中国的畅销书大部分都是食谱、养生指南、教辅、育儿手册、惊悚及言情小说。

孟繁信认为，不论从河图洛书到子曰诗云，还是从四大名著到鲁迅、郭沫若、茅盾，中国人的阅读史既是一部社会变迁史，也是中国人的精神思想发育史。因此要读书，就要读好书，读经典。他从《论语》中精心挑选了 60 条语录，制作了《书〈论语〉经典，做厚德君子》硬笔书法字帖，让同学们利用语文课的前五分钟读、诵、讲《论语》的经典。几年下来，学生的文化、人格素养都有了质的提高。

读经典有助于提升学生的文化素养。人的生命是有限的，熟读经典之作，可以帮助我们了解世界，较轻便地汲取到人生的经验，并为自己所用。中华传统文化经典教育之所以有这样的功能，是因为诵读经典实际上是把最好的东西教给了学生。经典之所以为经典，就是因为它是经受不住了不同时代的野蛮打击而留存下来的，是真正的拿来即用的东西。这些经典之作有和谐的音韵，优美的意境，是真正中国特色的文化，有助于提升孩子的情感品质。这些经典之作更包含了道德的、伦理的、民族的大学问，如国学所蕴涵的“仁、义、礼、智、信”，能让人以健康的心态来适应社会变迁中的不确定因素，儒家文化中“修身、齐家、治国、平天下”的大气与豪迈更是弥足珍贵的精神遗产。以此来指导学生的生活，涵养他们的文化气质，帮助他们走向成功。正如南怀瑾先生所说：“童年记诵的东西肯定会忘记很多，但如同每天的饮食会变成营养，它会成为一个人生命的一部分。”

读经典有助于学生的人生发展。诵读经典重要的是拓展学生生命的境界。孔子说：“不患无位，患所以立。”不怕你没有取得一定的位置，重要的是你拿什么去自立。一个自立的人，是一个具有独立意义的生命。人的一生是一个不断超越的过程，知识是自立必不可少的基础，德行是将个人汇入群体的关键，是超越世俗欲望的重要途径。孔子说：“君子上达，小人下达。”人应当自觉地提升人生境界，牢记“己所不欲，勿施于人”

孟校长在于家务中学读书月启动仪式上讲话

和“己欲立而立人，己欲达而达人”，认真做好自己，在不断的感悟中自觉地提升生命境界。

读经典有助于塑造学生的健全人格。塑造健全人格是初中教育的重中之重，《大学》中的八条目讲：格物、致知、诚意、正心、修身、齐家、治国、平天下，是做人的准则。孔子认为理想的人格是坚韧不拔、乐观进取，合于社会准则，有利于与他人和谐、与社会和谐。墨子讲“利天下为志”，康有为讲“博爱平等，文明进化”，孙中山讲“天下为公，互相服务”，这些言论都是一脉相承的，激励了一代又一代人为了中华民族努力进取，奋发图强。

读经典有助于提高学生的综合素质。阅读经典著作可以让青少年学生养成良好的阅读习惯，为将来博览群书打下基础。在课余时间阅读古今中外的优秀经典著作，能使青少年学生养成自学的能力。通过阅读经典著作，既扩大了学生的知识面，开阔了眼界，又能养成从小热爱学习的良好习惯。

于家务中学每年还要举办一届“传美德、诵经典、润心灵”校园艺术节，其中包括国学情景剧汇演、“民族杯”诵读比赛、“经典伴我成长”作文竞赛、“书圣人说”硬笔书法比赛、书香班级评比等项目。通过艺术节的开展，同学们读书的习惯在校园里蔚然成风，校园长凳上、公园小亭里时常都看到捧书阅读的学生。

不仅让学生养成读书的好习惯，对教师也是如此。孟繁信每次召开校务会都是先组织学习，每学期开始，他根据学校的情况拟定一个主题，围绕这个主题校班子成员轮流发表自己的观点，最后，由孟繁信点评，分析主题发言的优劣、在搜集资料上有没有下功夫、主题是不是鲜明等。通过点评，统一了思想，促进了班子成员读书的积极性。校委会推而广之，党员会、教师会甚至总务会也都把学习列为开会的一项雷打不动的内容。总务会学习主要是针对总务工作现状，就“服务于人、增收节支、增强自身素质”等方面学先进经验，讨论更有效的工作方法。

孟繁信认为，一个团队的读书能力和读书兴趣决定着这个团队的层次和水平。一个民族对书的态度，对书的热爱程度，也是对民族命运的一种写照。在最困难的时候，俄罗斯人在寒风中冻得瑟瑟发抖，饥肠辘辘，他们在排队买面包时，还拿着报纸、刊物和书在看。广而论之，读书关系到一个民族和家族的命运。现在的时代是一个学者泛滥，而缺乏思想家的时代，缺乏能经受住实际生活考验的真正文人。不爱书，不读书，不喜欢书，拒绝书的人，层次肯定是低的，素质也可想而知。所以，拒绝书就是拒绝美好的东西。一个民族对文化产品的需求，在一定程度上也是这个民族整体素质的标志。一本好图书可以改变一个人的命运，可以改变一个家族的命运。

中央十套《讲述》栏目里播放了江苏省张家港市高位截瘫的年轻人高峰的创业故事，高峰在20岁左右的时候因为一场严重的车祸而失去了正常行动的能力。这之后很长一段时间，他都选择消极地逃避现实，直到几年后的一天，他突然选择了坐在轮椅上走街串巷地去推销琉璃瓦，并在短短几年时间占据了当地该行业的三分之二的市场。节目播出时，节目主持人现场询问高峰，是什么让他从悲观绝望的境地中走出来了的？高峰的回答让很多人意外，拯救高峰的是一本叫做《羊皮卷》（世界上最伟大的推销员）的普通励志类书籍。

高峰说在出车祸以前，他一直是一个好动、爱玩的人，对读书并没有什么兴趣。但是因为那场车祸，让他对人生产生了绝望，几度想自杀结束自己年轻的生命。自杀未遂后，把自己锁在屋里，内心极度空虚，而且自卑，感觉自己的天空阴云密布，没有一丝阳光。直到有一天，一本叫《羊皮卷》的书闯入了他的视线，他无意中拿起后，就再也不肯放下了。书中所蕴含的哲理深深震撼了高峰，他突然明白了：幸福和成功最终要靠自己去实现。一个人要去做什么，决定权在他自己，成败的结果

于家务中学学生参加全国诵读大赛——《春江花月夜》

可以说是他个人的奋斗造成的。他可以选择愉快、乐观、向上的积极心态，或者相反。显然前者导致成功和幸福，后者则导致失败。要成功必须有足够的时间、精力的投入。如果思想上松弛，或者不想投入，那么，成功之梦必然成为泡影，因此，希望成功的人们一定要有导致成功的思想方法。在走向成功的征途中必有坎坷，你应当向你的弱点向你的意志挑战，不能战胜自己的缺点怎么能成功呢？

就这样，高峰怀揣着梦想，不断超越自我，取得了成功。

一本书还能改变一个企业和家族的命运：

日本有一个家喻户晓的人物，叫松下幸之助，他是日本松下电器的创始人，被人们称为“经营之神”。然而，创业之初，他也历经波折，那时电器行业产品单一，竞争白热化，许多公司不断压低价格以求抛售商品。年轻的松下也忍不住了，心想：“事到如今，只有和他们拼了！才不会输给同业。”

虽然这么做了，但他感觉不是一个好方法。晚上，躺在床上，翻来覆去睡不着，就顺手拿起一本书来，是孔子的《论语故事》，里面的一段话，引起了松下的注意，说是孔子和门生对话时，最喜欢赞美颜回的德行。一向自认为最勇敢的子路，听了孔子的话，就问：“如果老师带领军队去打仗，会带谁同行呢？”子路这句话是暗示老师：颜回体弱多病，根本毫无用处，要带就带我这个最有勇气的人去！孔子马上回答：“只知道赤手空拳和老虎搏斗，徒手渡河，这种逞匹夫之勇的人，我绝对不可能和他共同行动。无论做什么事，都必须经过周详的计划，缜密的思考后，才能付诸实施。”子路听后，虽然不好受，却也找不到反驳的理由。

文章最后说，孔子不是否定勇，他说过“仁者必有勇”，这种“勇”一定要以正义为本，蛮横鲁莽，逞血气之勇，不能叫“勇”！松下猛然感悟，自己和同行拼价格、拼血本，不就是孔子说的逞匹夫之勇吗？！他认真分析、思考后，决定放弃和其他公司竞争以及低价抛售货品的办法，在“仁”字上做文章，他把仁字理解为质量、诚信、服务等。果然不久，顾客都转而信任松下先生，正是这些忠实的顾客，为松下公司日后的飞速发展奠定了良好基础。时至今日，松下幸之助对孔子和子路的对话记忆犹新，他多次说：“没有那本书那个故事，也许就没有松下公司的今天。”

黑格尔所说：“一个民族有一些关注天空的人，他们才有希望；只是关心脚下的事情，那是没有未来的。”学校培养人才，就是要让学生养成良好的习惯，既关注天空又着眼脚下，学圣贤思想，立鸿鹄之志，为祖国繁荣昌盛，为实现自我价值不懈努力。

第五节 面向圣人诉说

每星期一早上 7 点，于家务中学的全体师生都会排着整齐的队列到操场上集合，参加升国旗仪式，升旗结束后，在国旗下举办演讲活动，活动以弘扬传统文化为主题，叫“国旗下，我对圣人说……”

“国旗下，我对圣人说……”是孟繁信将圣贤学说内化于心的一项重要举措。国旗是一个国家的标志，是国家及其民族精神的象征。人们在举行各种活动时，常常举行升旗仪式，以表示对国旗的热爱和尊重。升国旗是一件庄严肃穆的大事，它承载了许多的教育功能，学校的升旗仪式更是对学生进行爱国主义教育的传统平台。在雄壮震憾的国歌声中，在迎风飘扬的五星红旗下，学生们能够感受到历史的陶冶、国家的荣誉、作为一名中国人的自豪。

以前，学校在升国旗结束后是一个简短的晨会，学校往往会向学生强调一些纪律、宣读一些违纪学生的处理决定，或者是领导、主任的训话。在无形之中，就会让学生有这样一种条件反射式的情感体验：升国旗是一件让人沉重的事情，每次升国旗就会有一些同学受到处分。久而久之，有的学生对升国旗就有一种畏惧心理，甚至是耻辱的感觉。这就大大消弱了升旗仪式的爱国主义教育效果，甚至会适得其反，形成负面的心理效应。

确定“传承儒学文化”办学理念之后，孟繁信打算改革升旗仪式，把训话改为“在国旗下，我对圣人说……”与圣人面对面，由教师谈个人感受，抒发心得，进行有教育意义的宣讲。对宣讲内容，孟繁信特别强调，要多运用生动的德育故事、生活案例等事例，贴近学生，少用枯燥的说教言辞，要言简意赅、引人入胜，以便和学生们的心灵发生碰撞，走进学生内心世界。活动开展起来后，全校师生学儒家经典的劲头更足了。每一次宣讲，都成了很有趣味性的传统文化教育课，教师讲得生动，学生听得入迷，收到了良好的教育效果。

几年坚持下来，“国旗下，我对圣人说……”的演讲稿已是洋洋大观，成为学校传承儒家学说的一份珍贵资料，目前正在整理的校本课程其中就有一本《国旗下，我对圣人说》，该书共分修身正心篇、浩然正气篇、

孟校长陪同北京市文明办巡视员尹学龙等领导参观校园文化

仁者之爱篇、爱国情怀篇、北京精神篇、绿叶对根的情意篇、中国梦篇、中国儒家圣贤谱篇、孔子眼里的圣贤篇、凝魂聚气国本培元伟大工程篇、迈开春天的脚步篇、战歌嘹亮篇十二个系列，近二百篇文章。仔细翻阅里面的文章，虽不能说字字珠玑，但学校师生们“承继圣贤之思，笃学儒家经典，砥砺厚德之志，践行儒雅人生”的精神可见一斑。

由于篇幅所限，不可能把每一系列的文章都附在这里品读，只能撷取其中的一部分，从中可以看到师生们对圣贤学说的思悟。《国旗下，我对圣人说》中很多文章都是由一个小故事引发出作者需要阐述的主题，读来顺理成章，发人深省。

镜头一：

2010年春节刚过，学生们还陶醉在过年的氛围中，上课精力不集中，学习状态涣散，老师们发现这一现象后，利用星期一“国旗下，我对圣人说”宣讲活动进行一次思想整顿。这天早晨，天蒙蒙亮，西北风呼呼地刮着，同学们列队站在操场上。一位老师健步走到国旗下，开始了他的宣讲：

首先让我代表学校，祝大家虎年学习进步，工作顺利，身体健康，学校各项工作蒸蒸日上取得优异成绩！

我今天讲的题目是《修身正心》，先给大家分享一个小故事：

我国南宋有一个大儒名叫朱熹。他小时候很调皮，父亲让他写一个桃花的“桃”字。他想现在正是桃花盛开的季节，还不如到桃园去看看桃花呢。回家后，一着急把“桃”字写成了“挑”字。就变成了“挑花潭水深千尺，不及汪伦送我情”。父亲回家一检查，什么也没多说，只是很严肃地说了一句话。这句话对大家一定很有启发。什么话呢？这就是：“心正则字正，心不正则字不正。”

这句话告诉我们，一个人的心端正了，那么他的字自然就端正了。如果心不正，就一定会把字写错。朱熹非常羞愧，赶紧把“桃”字写了一千遍，交给父亲，请父亲原谅。由此可见古人对写字多么看重。一个人的字写得如何是和这个人的修养品德密切相关的。

翻开 2000 多年前的《大学》一书，一行名言赫然入目：欲明德于天下者，先治其国。欲治其国者，先齐其家。欲齐其家者，先修其身。欲修其身者，先正其心。

虎年伊始，同学们要从年味中走出来，轻装上阵，因为今年的学习任务很繁重，要完成各项工作任务，一切必须从“正心”开始，用“心”去做。

我们应该具有无限忠心，尽己报国之责，忠于职守，精忠报校；应该具有仁爱之心，它是生生不息之策，自爱他爱，让爱充满校园；应该具有诚恳之心，它是求实务实之品，做人做事，处处遵循；应该具有坚强信心，它是立身兴亡之基，“自信人生三百年”，立于不败之地；应该具有勃勃雄心，它是改革发展之根，把握大局，促进学校发展；应该相互关心，它是人生快乐之源，团结合作，铸造团队之魂；应该具有清白良心，它是人际关系之规，广结善缘，温柔可人；应该处处虚心，它是人生进步之导，拜师求助，虚怀若谷；应该事事细心，它是精雕细刻之术，织锦绣，绘蓝图，成就大业；应该具有耐心，它是忍辱负重之金，甘愿忍耐，孜孜不倦。这“十心”可以打造自己对国、对校、对家、对己的责任心。这“十心”是修身正心的根本，它是人生的第二个太阳，照耀每一个人奋力前行。

让我们全校师生员工心心相印，去创造“苟日新，日日新，又日新”的新天地吧！

镜头二：

马上就到母亲节了，孟繁信在各个班级组织了一次孝心问卷调查，问卷中有一部分题目是调查学生在家里与父母的关系如何、怎么对待父母。比如，每天上学放学主动与父母打招呼吗？进父母的房间有敲门吗？你有好吃的东西会主动给父母吃吗？你知道父母的生日和兴趣爱好吗？

父母生病时，你关心和照顾过父母吗？等等。

结果半数以上同学选择了否定的答案。对调查结果，孟繁信很忧心，认为必须要进一步加强孝道教育，培养孩子的孝心。因此，他把将在下周一举行的“国旗下，我对圣人说”宣讲活动主题定格在“孝”字上，结合学校开展的“四个一”行孝活动，即为父母讲一个孝道故事、为父母端一杯茶、为父母做一次家务、为父母洗一次脚，启发学生美德从小事做起，规范行为习惯从孝敬父母做起。于是，宣讲老师的演讲里，便有了以下内容：

今天我讲的题目是《孝心敬父母》。

2010年2月21日，我国19岁的周洋在夺得1500m短道速滑金牌后说：“拿了金牌，会改变很多事，它能让我的父母生活得更好……”这句朴实获奖感言，真牛。她的话是人话，代表了“90后”的心声，使人们看到了“90后”的真情，看到了中国的希望。周洋获奖后，长春市朝阳区奖励她家一套94 m^2的住房，彩票中心拨给她家一套铺面房，特聘周洋为代言人。国家会奖励周洋几百万元。周洋获奖后，确实能让自己脚有残疾的父母生活得更好。

周洋知道，普天之下，古往今来，人人都是父母所养。父母对于儿女，本能地有一种无与伦比的慈爱。为了儿女父母甘愿受尽千辛万苦，乃至自己的生命。

诗经上说：父母生我，养我，出入抱我，一切照顾我，长大后又教育我，父母对我的恩德无以言表。

儿女对于父母牵肠挂肚的爱，儿女对于父母的依恋情、感恩情就是孝。孝是儿女对父母与生俱来的美好情感。

“孝”字最早见于殷墟出土的甲骨文，由上面一个“老”字和下面一个“子”字组成。《说文解字》说：孝即“善事父母者。从老者，从子承老也。”孝字的构成形象地描绘出上面的老人呵护下面的子女，下面的子女承奉着上面的老人。父慈子孝，十分和谐。两千五百多年前的孔子说：“夫孝，德之本也。”他告诉人们，孝是一切人伦道理的根本，孝应该像天上的日月星辰有规律地运行；也应该像大地江河永不枯竭。对于老人不仅要物质上供养，而且要人格上尊敬，使他们精神愉快，父母有不对的地方，耐心地给予指正。

这些周洋做到了。我们同学都是“90后”，只要我们按照校训“厚德砺志，笃学致远”去做，我们也会有光明的前程，“让父母生活得更好”。我们也一定会像周洋姐姐那样，做一个中华大孝子。

孝是小家之爱，忠是“大家”之爱；孝是忠的基础，忠是孝的升华。周洋得了金牌，不但为父母尽了孝，也为国家尽了忠，成为中国人学习的冰雪奥运英雄。只要我们按照“校长寄语”去做，我们也一定会像周洋姐姐那样，做一个中华大英雄！

老师们，同学们，让咱们同心同德，加油，加油吧！

感恩主题班会课上学生感动落泪

镜头三：

暑假结束了，虽然学校三令五申，严禁学生去水库洗澡，因为每年都有鲜活的生命被无情的水库吞噬，但仍有很多同学置若罔闻，依然偷偷去水库洗澡，不顾溺水的危险。据报纸报道，河南某地一中学的6名初二学生周某、殷某、陶某某、陶某、马某、许某，相约到水库洗澡。洗澡期间，其中一人突然落入深坑发生溺水，其余5人营救时又发生不幸，最终导致周某、殷某和陶某某三人溺亡。宣讲老师把活动主题定为“珍爱生命”，在宣讲中呼吁学生一定要珍爱自己的生命，对生命负责。

尊敬的老师、亲爱的同学们：

今天我讲话的题目是：《珍爱生命》。

翻开《论语·乡党》，有这样一行字赫然入目：厩焚。子退朝，曰：“伤人乎？”不问马。

这句话的大意是孔子家的马棚失火了。孔子退朝回来，问道：“伤人了吗？”并不问马的损失情况。

孔子家里马棚失火了，关心人而不关心马，反映了孔子对待意外灾祸的态度，即重人轻物，同时也反映出对人的生命珍视和关爱。

最近三年，我国自然灾害频发：汶川8.0大地震，玉树7.1地震，舟曲百年未遇泥石流，造成了重大人员伤亡和财产损失。灾后党中央国务院十分关切，胡总书记、温总理亲临灾区，指挥救人抢险，受到世界称赞。2008年5月19日至21日，2010年11月21日，2010年8月15日为全国哀悼日，全国和驻外使领馆致哀，停止公共娱乐活动，全国人民默哀三分钟。这些活动为逝者祈福让逝者安息；也是为生者助力圣者坚强，让灾区人民挺住加油；也是让全国人民团结奋斗，体现了中国人民悼念逝者的人文关怀；也体现了中国人民顽强不屈的大无畏精神和英雄气概。

2010年2月，孟校长寄语全校师生，衷心希望全校师生“珍爱生命，注重健康和顺和谐，收获平安。孟校长的寄语、孔子的人文关怀，是和党中央的科学发展观是一脉相承的，是坚决贯彻“以人为本”，在学校的具体体现，有很强的针对性和可操作性。孟校长的寄语就是衷心希望于家务中学坚持“以师生为本”，其中最为关键的是要珍爱每一位师生的生命，注重每一位师生的健康，使每一位师生的家庭和和美美，顺顺利利，使整个学校平平安安地度过每一天。

老师们，同学们：新的学期开始了，我们学校面临新的机遇和新的挑战，任务十分艰巨又十分光荣。

我们通州区要建设成为北京世界城市的示范城，建设成为“人文北京，科技北京。绿色北京”的窗口城，享誉世界的现代化国际新城。于家务中学的发展建设要和通州的发展建设相适应，也就是说要适应通州的新使命，新定位和新发展。学校及时提出要建设一流学校的宏伟目标，要求每一位师生要刻苦学习，努力工作，向党和人民交出一份满意的答卷。在于家务中学奠定人生的基础，准备健健康康地工作 50 年，幸福生活一辈子。

老师们，同学们：我们要牢记奥斯特洛夫斯基的名言：“人最宝贵的

孟校长在于家务中学安全工作会议上作报告

东西是生命，生命属于人只有一次。一个人的生命应当这样度过：当他回首往事的时候，他不会因虚度年华而悔恨，也不会因碌碌无为而羞耻；这样在临死的时候，他才能够说：‘我整个的生命和全部精力都已献给世界上最壮丽的事业——为人类的解放而斗争！’”

镜头四：

青少年时代是人生最美丽的时光，这段时光里，学生们神采飞扬、朝气蓬勃，充满青春的活力与激情。但有一些学生，缺乏应有的朝气和活力，究其原因，是缺乏远大理想、奋斗目标。针对这种现象，宣讲老师将宣讲主题定在“鼓舞和激励学生奋进”上，举出许多平凡质朴但很激励人的事例，使学生听起来豪情满怀，激发了朝着目标努力奋斗的精气神。

朝气

尊敬的老师、亲爱的同学们：

今天我讲话的题目是《朝气》。

朝气就是精神振作，力求进取的气概。跟“暮气”相对。以“朝”字的组成上分析，它是由“十个太阳”和“十个月亮”组成，象征着光明，象征着胜利。

在《论语·里仁》篇里，孔子说“朝闻道，夕死可矣。”这句名言告诉人们“早晨懂得了仁的真谛，晚上死去也可以了”。孔子恪守“仁道”，发出了“苟有用我者，期月而已可也，三年有战”的铿锵誓言。他循着这条仁道，一生朝气蓬勃，克服千难万险，终于成为伟大的思想家，教育家和儒家学派的创始人。时间跨越了两千五百多年，仍被一位美国的汉学家誉为“东方的太阳”。儒家的光辉思想放射着灿烂的光辉。

中国共产党就像光辉的太阳，照到哪里哪里亮堂堂。中国共产党经历了90年的风风雨雨，创造了中国特色社会主义的辉煌。我介绍两位共产党员的事迹，见证他们精神振奋，力求进取，朝气蓬勃的力量。

第一个人名叫申纪兰，她是一个平凡的农村妇女，然而却有着不平凡的阅历，更作了不平凡的贡献。她1929年出生在山西平顺，现年82岁。她带领西沟村妇女在寸草不长的荒山乱滩上造田种地，把荒凉的西沟变成了一方宝地。1953年被评为劳动模范。1954年当选第一届全国人民代表大会的代表。从第一届到第十一届，经过了57年，她是中国唯一连任的代表，就是在国际上也极为罕见。

申纪兰在天安门城楼同毛泽东握过手，到周恩来家做过客，江泽民称赞她是“国宝”，胡锦涛、朱镕基都亲自登门拜访，一个普通的农村妇女有此殊荣，申纪兰是新中国第一人！

她没有学历，不是高官，但她立场坚定，心系群众，廉洁奉公，开拓进取，一生朝气蓬勃。虽然她年事已高，仍站在历史的最前沿。她说：“我要留在农村，做一个好公民，能栽一棵树总比不栽强。”

第二个人是位老红军，今年整百岁，名字叫刘应启。

刘应启出生在河南商城县。他19岁当红军，22岁入党。前半生参加大小战斗150多次，三过草地收容战士300多人。

刘应启54岁离休，至今已有46个年头。他离而不休，做了100多场报告，所以至少有100万，800多个单位都留下了他的光辉足迹。

他现住在扬州市，是一位“希望工程”的捐款人。16年来，捐款40多万元，资助特困学生200多人。他一生没有存款，一次又一次给老家商城扶贫帮困。有一次自费3万元买了草木和种子，亲自雇车送到乡亲手里。

平时，他肩带“执勤”标志，在马路边当起“义务交警”，迎送学生，保证交通安全。

百岁红军刘应启一生都在长征，他的精神深深地印在人们的心中。

中国共产党内有数以千万计个申纪兰、刘应启式的党员，从她建党那一天起，中国共产党就是一个充满朝气的伟大的党。

镜头五：

七一前夕，学校组织了一次爱国主义调查问卷，学生们大都认为，爱国主义精神仍然是当代青少年学生们应该具有的优良品德之一，但有一些学生对爱国主义的精神内涵和具体行为不清楚。从调查中可以看出，加强对中学生爱国主义的教育仍然具有现实性、紧迫性和艰巨性。因此，孟繁信就把宣讲活动的主题定为“爱国主义教育”。这一天风和日丽，全校师生意气风发地站在操场上，鲜艳的五星红旗在雄壮的国歌声中，冉冉升起。学生们心中民族自豪感油然而生，这时，一位老师浑厚的男中音在校园中回荡：

尊敬的老师，亲爱的同学们：

今天我讲话的题目是《热爱伟大的社会主义中国》。

中国，伟大的中国，是太阳升起的地方。我与你，与13亿华夏儿女，炎黄子孙，有着血缘关系的广袤土地，及我们之间的血肉联系，5000年来，自强不息，厚德载物，自立于世界民族之林。

祖国是什么？她是岁月与年轮，是悠久绵长的光阴；是洒满热血与热泪的史卷；她是母亲，用甘甜的乳汁培育亿万忠诚儿女和她编织的摇篮。

勿用华丽词藻，也不用抬高孔子，他作为儒学的创始人，创立了一个“祖述尧舜，宪章文武，宗师仲尼，以六艺为法”的儒家学派。在治国大道上奉行以天下为重、以民为众的天下为公的道德最高境界。

孔子55岁开始周游列国，行程数千里，历经艰难险阻，四处碰壁，仍然“发愤忘食，乐以忘忧，不知老之将至云尔”。他坚持授业不停，做到了穷且益坚，老当益壮，成为宣扬仁义礼乐的光荣使者。到了68岁，他的弟子冉有在鲁国干出了成绩，赢得了季康子的赏识。在冉有的建议下，鲁国派出特使才将孔子从卫国迎回，最后演完了孔子周游列国14年的悲壮的一幕。

孔子回到鲁国首都虽然受到尊敬，但也没有受到重用。老人家“删诗书、订礼乐、赞易、修春秋，授徒”。做完了这些工作以后，他已经精疲力尽了，7 天后，离开了他自己不愿离开的世界，终年 73 岁。

在孔子的影响下，爱国诗人屈原放歌“带长剑兮挟秦弓，首身离兮心不惩”；民族英雄岳飞豪言“待从头收拾旧山河”；爱国将领文天祥慨叹“零丁洋里叹零丁”；民族英雄林则徐召唤“苟利国家生死以，岂因祸福避趋之……”。

精忠报国，薪火相传。1899 年 2 月，梁启超发表了《爱国论》，成为近代阐发爱国的第一人。

扭转乾坤的孙中山告诫青年，“做人最大的事情是什么呢？就是要知道怎样爱国”。

伟大领袖毛泽东奋笔疾书，“江山如此多娇，引无数英雄竞折腰”，“数风流人物，还有今朝”。

1949 年 10 月 1 日，中华人民共和国成立啦！新中国有如旭日东升，

孟校长在党的群众路线教育实践活动启动大会上讲话

以自己的灿烂光辉普照大地，从此中国人民掌握了自己国家的命运。尤其是改革开放以后，中国人民在社会主义的康庄大道上越走越宽广。

今天的祖国，是改革开放的象征，改革开放是祖国的灵魂。我们已经取得了巨大的成就，但同发达国家相比还有很大的差距。我们中国仍然处于社会主义初级阶段，仍然属于发展中国家，国家属性还是比较落后。这就是中国的基本国情。认识到这一点是非常重要的。

让我们于家务中学全体师生带着自豪的微笑，以美轮美奂的风姿站在五星红旗下，牢记邓小平爷爷感人肺腑的话语："我是中国人民的儿子，我深情地爱着我的祖国和人民……中国的未来是属于中国人民的。"发扬爱国主义精神，提高民族自尊心和自信心，自力更生，奋发图强，用勤劳智慧的双手去创造社会主义祖国更加美好的明天。

镜头六：

2015 年 9 月 3 日，是抗战胜利 70 周年纪念日，也是历史上极具纪念意义的重要时刻。在天安门广场，进行了气势磅礴的阅兵仪式。孟繁信在于家务中学组织全体师生从电视上收看了直播。只见屏幕中，北京天气十分晴朗，湛蓝的天空映衬着几缕白云，阳光撒满大地，令人神清气爽。十点三十七分，阅兵分列式正式开始。陆、海、空三军的 44 个方阵踢着整齐的正步，缓缓走过天安门城楼。看到这些，全体师生心情都很激动，感到无比自豪，深切感受到，人民子弟兵是国家的保障，人民的守护神，是抵抗侵略者的一把利剑！中国的军事实力的提高，必将促进国家的发展、民族的繁荣。

在周一的"面向国旗，我对圣人说"宣讲活动中，主讲老师把主题与阅兵式结合了起来。同学们都听得很认真。尽管当时天气很热，没有一丝风，很多学生的汗水沿着脸颊淌下来了，但依然笔直地站在那里，聆听老师的讲话。

正义必胜！和平必胜！人民必胜！

老师们、同学们：

早上好！刚刚过去的9月3日，是中国人民抗日战争和世界反法西斯战争胜利70周年纪念日。这是正义战胜邪恶、光明战胜黑暗、进步战胜反动的伟大胜利，是中国人民和全世界一切爱好和平的国家和人民的盛大节日。

列宁曾说过这样一句话：忘记过去就等于背叛。

我们每一个炎黄子孙都应该清楚的记得一百多年前的甲午战争使中华民族蒙受了空前的奇耻大辱，使中华民族在半殖民地半封建社会的深渊里越陷越深；三十多年后，九一八事变打破了沈阳城的宁静；七七事变的战火硝烟弥漫在卢沟桥畔。曾经创造了五千年灿烂文明的东方大国失去了原有的尊严，整个中华民族处于亡国灭种的危急关头，每一个有良知的中国人都会从心底发出一声怒吼：起来！用我们的血肉筑成我们新的长城！

中国共产党挺身而出！它义无反顾地扛起了抗日民族战争大旗，指出了平津危急！华北危急！中华民族危急！只有实行全民族抗战才是我们的出路！

热血青年站出来了！他们激愤地奔走在大江南北：以华北之大，却放不下一张平静的书桌了！他们高呼慷慨激昂的抗日口号，以共纾国难的大无畏气概，站到了时代的前列，使全民族抗日救亡的风暴，迅速席卷了中华大地！

爱国官兵站出来了！他们高呼停止内战，一致抗日。从马占山到冯玉祥，从张学良到杨虎城，从东北义勇军的抗日烽火，到西安事变爆发，最终促成了抗日民族统一战线！

全民族抗战开始了！从平型关大捷到台儿庄战役；从东北抗日联军到长城喜峰口愤怒的大刀，让无数日本侵略者得到了应有的下场！正是由于中华民族的团结一心，正是由于中华民族有数不清的杨靖宇、左权、张自忠，中国人民才最终迎来了抗日战争的胜利，洗刷了近代以来的民族耻辱！这场战争已经过去整整 60 年了，但是，我们怎能忘记南京大屠杀中被毫无人性的侵略者残杀的 30 多万同胞！怎能忘记在整个抗日战争期间中国付出的 3100 万鲜活的生命！怎能忘记日军在侵华的半个多世纪里给中华民族带来的深重灾难和精神创伤！

今天，我们虽然生长在和平年代，但我们要牢记历史，牢记五星红旗是先烈们用鲜血染红的，牢记落后就要挨打的生存法则。

此时此刻，我们更要“铭记历史、缅怀先烈、珍爱和平、开创未来”。中国梦引领强军梦，强军梦铸就英雄情。我校取得的成绩只能说明过去，开创美好未来，更要铭记历史。所以本学期的国旗下讲话确定的主题是“战歌嘹亮”，师生共同唱响捍卫民族尊严的最强音。不仅如此，我们还应承担起历史责任，从自身做起，从小事做起，从规范自身的言行做起，将这份爱国情感落实到行动中。要认真学习，成长为栋梁之才，将来报效祖国！

“诗言志，歌永言”。在 14 年的烽火硝烟中，鲜血写就铿锵战歌，战歌激发不屈呐喊，呐喊凝聚民族魂魄，终成滚滚精神之歌。天地英雄气，千秋尚凛然，胸怀家国，铭记责任，求索真知，砥砺品行，把青春融入祖国山河，用奋斗实现人生理想，去创造于家务中学更加辉煌的明天，去书写每一位师生灿烂的光华！

最后，我愿与大家共勉一句催人奋进的话：天行健，君子以自强不息。

镜头七：

2012 年 11 月 29 日上午，习近平总书记率新一届中央领导集体来到中国国家博物馆参观“复兴之路”基本陈列。习近平总书记在讲话中说：“何为中国梦？我以为，实现中华民族的伟大复兴，就是中华民族近代最伟大的中国梦。因为这个梦想，凝聚和寄托了几代中国人的这样一种夙愿，它体现了中华民族和中国人民的整体利益，它是每一个中华儿女的共同

孟校长带领老师们参观中国梦文化馆

期盼。”此后，在第十二届全国人民代表大会第一次会议上的讲话中，习近平总书记进一步阐述了“实现中国梦必须走中国道路，必须弘扬中国精神，必须凝聚中国力量。中国梦归根到底是人民的梦，必须紧紧依靠人民来实现”。

梦想承载希望和未来。国家富强、民族振兴、人民幸福的中国梦，一经提出就成为时代的最强音，汇聚起了中华儿女变革中国、富强中国的磅礴力量。对于家务中学的师生们来说，中国梦也是学校的梦，是每一个师生的梦。在孟繁信的带动下，于家务中学全体师生紧密团结，教学相长，共同提高，为实现梦想而奋斗。有许多同学积极参加“国旗下，我对圣人说”宣讲活动，站在国旗下，庄严地向圣人诉说自己的梦。

我的军人梦

尊敬的老师，亲爱的同学们：

我是初三（3）班的学生李凌波，我讲话的题目是《我的军人梦》。

我们学校是以儒学为教育理念的。在日常生活中，有老师的正确引导，我深刻理解了“厚德励志笃宇致远”的含义。决心在学习的道路上走得更远，就要学会做人才能成材；只有有梦，才有正确的前进方向。

梦想是一种追求，是人生动力的源泉。

我的梦是做一名中国人民解放军战士，为保卫祖国，保卫世界和平作出自己的贡献。

从小我是听着“学习雷锋好榜样，忠于革命忠于党”的歌声茁壮成长的。我的爷爷奶奶总给我讲雷锋的故事，说他只经历了 22 个花季，可他的事迹却在军内外产生了巨大的影响。今天，雷锋精神已成为时代的文明标志。所以，我最想成为像雷锋叔叔一样的军人，一名庄严、神圣，时刻保卫祖和人民的军人，用自己的忠诚和奉献去换来国家的安宁与和平。

于是，我开始从小事做起，为老师和同学服务。我是班委委员，主动帮助学习基础落弱的同学讲解难题，树立他们的自信心，激发他们学习兴趣。我也经常和班长一起商量如何形成班级良好班风，为班主任老师分担工作压力。

每年寒暑假期间，我都组织同学去敬老院看望老人，为他们清扫庭院擦窗托地，整理卧室，还用我们的手牵起老人苍老的手，为他们剪指甲。“老爷爷，您的身体真硬朗，您一定天天锻炼吧！”同学们三三两两围坐在老人的身旁，和他们唠着家常，送上丝丝暖意，带去社会对老人们的关爱，更重要的是让他们感到有人在关心他们，爱护他们，亲身体会到社会的温暖。

我凭着积极努力不服输的性格，去行动去感动老人们，带领着同学们一起为班级做奉献，为社会做奉献，为实现我的军人梦积累正能量。

我们初三年级的同学很快就面临中考，中考是我追梦途中的第一道关卡，我就好像汪洋大海里的一只小船，只有与海浪搏击，才能到达成功的彼岸。我坚信自己的军人梦，我会踏踏实实地搞好复习考试，力争取得好成绩去追逐我的美丽军人梦！

祖国的明天，我的明天，都会更加美好！

实现中国梦，要靠踏实劳动

尊敬的老师，亲爱的同学们：

我是周洋，初三（2）班学生。我认为实现伟大的中国梦，要靠每一个中国人的踏踏实实的劳动。

劳动是财富的源泉，也是幸福的源泉。人世间的美好梦想，只有通过诚实劳动才能破解；生命里的一切辉煌，只有通过诚实劳动才能铸就。

从“最美教师”张丽莉，用柔弱的身躯谱写一曲英勇奉献的大爱之歌；“最美司机”吴斌，用76秒的坚守诠释责任；再到“最美路人”周冲，托举失足女童义举感动网友……他们都用自己的行动来验证劳动最光荣，有的甚至献出了年轻而宝贵的生命！他们都是我最敬佩的人。而最让我感动的是“90后”的水泥女孩。

搬砖、和泥、提泥，19岁女孩孙爱花为了圆自己的大学梦，暑假里靠在建筑工地打工筹集学费。

孙爱花是个苦孩子，她生在农村，长在农村。年仅3岁时，母亲便患精神病走失，5岁时父亲触电身亡。从此，她与爷爷奶奶相依为命，生活源泉全靠3亩地和政府的低保。她生活虽然很苦。去年高考以525分被湖北民族学院中医专业录取。

为了筹集学费，从7月下旬开始，她以单薄的身影出现在工地上。烈日下，她在工地上搬砖、和泥、推车，像男人一样劳动。年迈的爷爷奶奶看着孙女受苦受累，心疼得老泪横流。但争气的爱花却说：“苦点儿算什么，我要用自己的双手打拼未来的生活！”

就这样，孙爱花计划着挣够四五千元，先解决第一学期学费。到校后，再申请勤工俭学，打零工挣下一个学期的。无论如何，要凭自己的双手，把5年大学费用挣够。

全国首家中小学中国梦文化馆 2015 年 3 月在于家务中学开馆

从这件事中，我认识到：作为 90 后，我应当像孙爱花那样，在思想上要乐观进取，迎难而上，善于攻克难题，力争中考取得好成绩。通过自己的踏踏的劳动，去创造更加美好的新生活。

第七章
以文化人，润物无声育春蕾

我们的每一个明天，都是今天的成就；我们的每一个今天，都是为了明天更美好。无论今天是幸福还是痛苦，都要坚定地走过。未来在召唤，理想也在那等你。

——孟繁信

第一节　聚焦“特种生”

特种生又叫“问题学生”或“差生”，是指班级中在某些方面（如：智力、成绩、思想品德等）落后于全班同学发展水平的学生。后进生虽不多，但能量却不小，对班风、学风甚至校风都具有较大的“破坏性”，常常在一定程度上影响教育教学工作的正常运转，影响教学质量的提高。在前苏联著名的教育家苏霍姆林斯基眼里，后进生其实是比较特别的孩子，他曾说过：“从我手里经过的学生成千上万，奇怪的是，给我留下深刻印象的并不是那些无可挑剔的模范生，而是别具特点、与众不同的孩子。”在教育工作中，后进生是一个“与众不同”的特殊群体，教育者必须正确认识他们，将浓浓的师爱洒向他们，让这些迟开的“花朵”沐浴阳光雨露，

2013 年 12 月，孟校长带领来访的 27 中校长王时参观校园文化

健康成长。

孟繁信认为，后进生的转化在日常的教育教学工作中是一个重点，也是一个难点。采取怎样的方法和技巧去做好转化工作，是教育工作者需要长期探索和研究的课题。要注重激发后进生的自信心，自信心是人性的顶峰，激发学生的自信心是“教育工作的头一条金科玉律”。他形象地指出，对待学生的自信心，“要小心地像对待一朵玫瑰花上颤动欲坠的露珠”。后进生普遍存在自信心严重不足和自卑的心理状况，培养后进生的自信心是转化后进生至关重要的一步。教师只要善于捕捉他们身上的“闪光点”，表现出欣赏的态度，积极肯定的评价，能大大提高他们的自信，使他们认为自己是一个有能力的人，是一个“我能行”的人，从而增强学习积极性，把精力集中在学习上。

在孟繁信的领导下，于家务中学采取了一些行之有效的措施，润物无声，终于用真情和耐心，催开了迟开的花朵。

事例一

赵嘉豪，是一位初二的男生，身材较瘦弱，脸色有些苍白，在班里他坐在第一排，上课时总是默默地看着老师，从不举手回答问题，但也不和周围的同学说悄悄话。下课后，也是时常一个人坐在位置上发呆，偶尔会和同学们一起玩一会。他的眼中似乎总是流露出淡淡的哀愁。在所有老师的眼中，他是一位非常乖巧的学生，从来没有违反纪律的行为，对于老师布置的作业,从来都是会准时上交的。他的学习成绩虽然不太好，但他却很用心，很努力地学习。升上初二后，各任课老师对学习都抓得很紧，加大作业量，作业的难度也高了很多，小赵逐渐跟不上老师的学习进度了。在初二上学期期中考试后，赵嘉豪出现了经常性的请假行为，而且每次请假都集中在星期一那天。每次请假，他都是以手机短信的方式通知班主任，当班主任询问请假原因时，赵嘉豪就说自己身体不舒服。后来，班主任张老师通过其父母才了解到嘉豪在家的情况。

嘉豪父母说，最近嘉豪情绪极不稳定，每天从学校补完课回家，还要做很多作业。有几次父母去他房间看其写作业时，都发现他在偷偷地抹眼泪。问其原因，开始不肯诉说。多番追问后，嘉豪才告诉父母，觉得上课很辛苦，辛苦点没啥可是成绩又跟不上，每次上课就搞得他很紧张、很害怕。放学老师总是留他补课，他很不想补课，但又不敢拒绝老师。赵嘉豪说他不想再上学了，想退学，他说，如果再这样读下去，他就要疯了，没法活了，这样做人很痛苦，很没意思。

了解情况后，张老师就将情况反应给了心理辅导老师，一起研究方案，最后找出导致的原因：

学习压力过大。赵嘉豪一直以来都是学习成绩较差而性格倔强的学生，以前没出现过逃学这种情况，上初二后才出现的。显然，初二学习压力过大是导致他逃学的重要原因。上初二后，因为面临中考，学业课程的加重，知识难度的增大，教师要求的提高及作业量的增加等等这些方面无疑都是导致赵嘉豪学习压力过大的重要诱因。

家庭教养方式的影响。在和赵嘉豪的父母详谈后，发现其父母都是没大有主见的人，据他们反映嘉豪自小也是没主见的，不管遇到什么需要做决定和选择的事，他都说没意见，随便或者不知道，从而让父母来为他做决定。但是赵嘉豪并不是没有主见的人，只是他不会将自己内心的想法表达出来，而是希望别人能猜中他的想法，当别人的做法和他内心的想法不一致时，他表面会答应，但内心会不高兴。这就导致了当老师要求嘉豪课后留校补习时，他内心非常不愿意，但也答应老师，从而加重内心的压力，对学习更加厌倦。

家庭榜样示范影响。父母的性格和处事方式对嘉豪的性格形成有重要的影响作用。而家庭中的另一重要人物，嘉豪的哥哥，对嘉豪的学习观更有深刻的影响。嘉豪在学习上，会无形中以哥哥为榜样。嘉豪的哥哥正在职业高中，是住校生，每到周末才回家。每到周末时，嘉豪都发现哥哥的作业几乎是零，回到家里总是不停地玩电脑。对比自己的沉重作业负担，赵嘉豪很羡慕哥哥的“轻松生活”。同时，在内心也产生了强烈的不公平感和不满，从而对学习更为厌倦。

学习兴趣的缺失。在辅导过程中，发现赵嘉豪对学习存在一些不合理的想法。一方面非常想自己在学习上有所进步，同时，他却不愿意付出过多的努力。用他自己的话语就是“希望不用那么认真听，就能学会”。这种矛盾的心理折磨着他，表现在一方面他对学习觉得很厌烦，坐在教室里听课觉得很辛苦，上课不停地走神，玩手指。但另一方面，他又很渴望自己的成绩可以有所进步，当成绩不理想时，他又会责怪自己。从根本原因上来说，赵嘉豪对学习没有兴趣，但迫于外界的压力，与渴望得到表扬和鼓励，所以无奈继续学习。

综上所述，种种原因的综合影响下，促使他不能合理地发泄自己内心的压力，内心积聚了巨大的压力，就会通过逃学而表现出来，从而减轻压力。他这种周期性的逃学行为，正是因为每次通过逃学减轻了内心的压力后，经过一段时间的压力积聚，又再次要通过逃学来减轻压力。

找出了原因，对症下药，对赵嘉豪进行了个体辅导。首先是运用同理心，构建信任关系。第一次赵嘉豪并不愿意来见辅导老师，和一般同学一样，显得有些抗拒。但由于他的本性，不反抗班主任的意见，于是无奈之下来见辅导老师。他有些拘谨地坐在沙发的角落，双脚并拢，双手紧扣。为了缓和他的紧张心理，辅导老师先和他说了一些无关的话题，之后再和他说了心理辅导的保密原则，构建我们之间的一种信任关系。在关系建立后，谈话就变得容易多了。虽然他不会主动地说自己的想法和问题，但我们的交流还是可以继续进行的，每次我提出一个问题或意见时，他也会详细地回答我的想法。从他个人的描述中，我发现赵嘉豪的厌学情绪特别强烈，任何科目对他来说都不具吸引力，所以坐在教室里中规中矩地听课，对他来说就是一种折磨。他表示，他甚至希望以后都不来上学了。

其次动之以情，晓之以理，转变不合理的思维方式。在辅导中，赵嘉豪提到希望上课不认真听课，也能掌握知识。他很希望在学习上有所成就，但是又不想付出太多的努力。针对他这种不合理的思维，辅导老师和他详细地讨论分析。通过列举很多的事例，让他明白到知识就像是浩瀚的海洋，简单的知识只可以满足日常生活的运用，但想要从事高科技的事业，就需要很深奥的知识，随着学习的进行，知识的难度必定会越来越难。人为了要掌握知识，提高自身的素质，也必须付出更多的努力才可以。很多名人都是通过非常刻苦的学习才有后来的成就。从而在思想上改变他这种不合理的观念。

第三是注重发掘学习中的乐趣。赵嘉豪之所以认为坐在教室听课是一件很辛苦的事，最重要的原因是由于他对学习的知识和科目没有兴趣。每天都面对枯燥无味的课堂时，他心里自然会觉得烦躁。所以，辅导老师向嘉豪提出建议，让小赵他细心发掘课堂学习中的乐趣，慢慢欣赏课堂中感兴趣的地方，从而培养提高学习乐趣。

第四要学会表达自己的想法。造成赵嘉豪学习压力过大的另一个原因是他不会表达自己内心的真实想法。当他劳累了一天，积压了一天的不满情绪后，任课老师还将他课后留堂补习，到六点多后，回家再要完成一堆的作业。可以说，赵嘉豪一天并没有释放自己压力的情绪和放松的时候。又不敢将自己内心的想法表达出来，更不敢拒绝老师的要求，从而加重自身的压力感。所以，辅导老师建议赵嘉豪要表达自己内心的想法，当老师询问意见时，要大胆地勇于说不。

然后辅导老师又给对班主任和任课老师提出了建议，要他们善于发掘赵嘉豪的优点，抓住契机及时表扬。多创设能给赵嘉豪展现自我价值的机会，让他在活动中提高自信，找到自我的价值，从而提起对学习的兴趣和信心。

多关注课堂表现，尽量减轻学业负担。赵嘉豪属于那种较内向和胆小的学生，在课堂上几乎不会主动地举手回答问题。而且，在课堂上经常走神。作为老师，在课堂上应多关注他的表现，在练习巡堂时，教师可以多辅导一下他，私下询问他知识掌握如何，有没有不懂的知识等等，让他感觉到老师对他的关心和帮助。当一个学生感觉到教师的真心关怀后，喜欢这个老师，自然就会喜欢这门课。同时，学业负担是造成赵嘉豪压力的最大一个来源。建议教师们尽量采用分层作业，布置一些简单容易的作业，一方面减轻小赵的学业负担，另一方面可以提高小赵的学习信心。

辅导老师也对赵嘉豪父母的提出了建议，赵嘉豪的性格和想法很大程度上是家庭原因造成的，因此，改变家庭的思维模式和教养方式对他的转变作用很大。

要善于营造温馨、民主的家庭氛围。一个良好的家庭氛围，有助于培养孩子良好的个性。父母应每天抽空和孩子说说话，让孩子说说自己在学校发生的故事，包括开心与不开心的事情，这样既促进了亲子之间的情感交流，同时也为学生提供了一种发泄情绪的良好途径，通过向父母倾诉，从而宣泄一些在学校积累的不良情绪。赵嘉豪的父母也说，现在他们每天会让孩子有时间和机会出去运动，如打篮球和骑自行车，周末也会一家人出去游玩、散步。晚上睡觉前，妈妈都会陪儿子说说话。

创设机会，鼓励孩子勇于表达自己的想法。赵嘉豪平时很少将自己内心的想法表达出来，表面上什么都说“好”和“无所谓”，其实他自己内心是有自己的想法，只是碍于各种因素，而不愿意表达出来，从而让长辈们都无法了解他的真实想法。所以建议平时应多点锻炼他将自己的内心选择口头表达出来。例如，先提供两个选择，一定要赵嘉豪自己挑选一个。逐步过渡到让他将自己的选择表达出来，而不是每一样事情都要别人为他做选择。

耐心细致地辅导，再加上老师家长的通力合作，赵嘉豪进步很快，以前那个羞涩、少言寡语的嘉豪不见了，取而代之的是一个阳光、活跃的男孩。他的成绩也取得了大的提升，升学考试名次在全年级提高了59个名次。

事例二

初一四班的班主任尹老师，我们是在操场上认识的。当时他正在指导学生们踢足球，谈到对学生的管理，他有自己独特的见解：万变不离其宗，就一个字——爱！

他指着不远处正在带着足球跑的男生说，那小家伙名字叫凯，特别爱调皮捣蛋，影响全班的纪律，害得班级扣了好几分，许多任课老师也经常向尹老师告状。教育了他好几次，可他什么话也不跟你说，也不跟其他同学交流。父母也埋怨他在家里总是打打闹闹，批评一下就静下来，平时从不跟人交流，只是独自流泪。

有一天，凯拿来作业让尹老师批改，他发现凯有一道题做得挺不错，扬起手想摸摸他的头夸奖几句，没想到他把头一扭，躲开了，老师的手落了空。老师下意识地一怔：他在躲我？他怕我？他以为我要打他？尹老师不自然地缩回手，笑了笑说："你这个问题答得非常出色，把本子拿回去吧。"他接过本子的一刹那，尹老师从他的眼神里读出了某种惶惑不安，而不像其他学生受到表扬时那样，充满兴奋和喜悦的表情。

从那以后，这个画面一直停留在尹老师的脑海里，困扰着他，他常常想起凯，想起他偏头的动作，想起他惶惑不安的眼神。尹老师自我反省：作为班主任，自己喜欢凯吗？有像爱班上其他学生那样爱他吗？他反思后，不得不承认，自己在不知不觉中因为他的不守纪律以及怪异的性格而逐渐讨厌他，放弃了对他的关心。

而这种忽略，已经在他的内心世界留下一道伤痕。接下来的日子，尹老师改变以往的行为，每每走进教室，都不忘摸摸凯的头，向他问好；当看到他的进步不忘及时给予夸奖鼓励他；当看到他上课时高高举起的小手，就尽量让他发言；课间也时常找他聊聊天，把握他的思想动向。

有一天，班里有一个孩子病了，"哇哇"地吐了一地，熏得其他同学都捂着鼻子躲得远远地，这时，凯却跑到我面前，红着脸说："尹老师，让我来吧！"说完，跑到食堂拿来灰，捧起笤帚扫了起来。

尹老师一下子怔住了！凯变了，他从心里感到高兴，因为这是凯第一次在全班同学面前这么主动说话，这么主动为别人做事。

转眼一个学期过去了，凯有了许多明显的变化。他不再孤僻，有事能跟老师说，有困难能开口请别人帮助，自己有了好东西也能跟别人分享，所以，他的好伙伴越来越多了。虽然现在他身上仍然还有很多缺点，但从本质上说，他是真正变了。

尹老师感慨地说："德国教育家赫尔巴特说过：'在所有的东西中间，人最需要的乃是人。'教师要爱每一个学生，即使是最"差"的孩子，也应该给予其最大的、最多的爱心。而像凯这样的孩子，更需要老师从心底去爱，去沟通，真心诚意地去关心。"

是啊！初中阶段的学生正处在行为习惯的形成期，这犹如荷叶上脆弱的露珠，不是更需要园丁们细心的呵护和爱吗？当学生回答不出问题的时候，是微笑着鼓励还是狠狠地批评？当学生犯了错误的时候，是心

天使助老服务队队员到敬老院为老人铲雪

平气和的交流还是劈头盖脸的打骂，抑或是请来家长一起“教训”？当学生的心灵受到伤害的时候，是用爱心抚慰他脆弱的心灵还是高谈阔论讲一番大道理？面对这些问题，不禁让我想起一句广告词：“曾经沧海桑田，只有爱是唯一。”的确，只有“爱”是唯一！

事例三

在于家务中学的档案橱里，有一本厚厚的档案，里面全部是关于“后进生”的管理资料，由背景介绍、问题探究、转化措施、转化成果、案例感悟等五部分组成，详细记录了对后进生成功的转化过程。在对后进生管理中，教师注重发掘学生的优点，勤于表扬，同时，针对其存在的缺点，对症下药，点燃他们的自信，促其朝着适合自己的方向阔步前进。

下面是一位后进生成功转化的资料：

一、背景简介

初三二班学生王灿东，从言行举止来看，上课沉默寡言，似睡非睡，而课后却异常活跃，所以刚接班时该生就引起了我的注意。

经过一段时间的观察和接触，我了解到该生非常聪明，但不爱动脑筋，厌倦学习，还不服从老师和班干部管理。英语课上当面顶撞老师；这一系列的事件让我认识到：这是一名差生，确切的说，还是一名“高能”差生。

二、问题思考

作为一名学生，发生了上述一系列的事件，作为该班的数学老师，我经过仔细的调查之后，认真剖析和反思了其中的原因。

该生之所以存在道德品行上的问题，与以下几方面因素是分不开的。

1. 与家庭环境有关

该生出生于富裕家庭，从小就因为父母工作繁忙、而没有给予应有的时间和精力来管教，尤其是他父亲，很少回家，平时根本就没有时间询问他生活、学习上的情况，任其发展。可以说，缺乏良好的家庭教养，是他品行不好的根源。

2. 与学校教育有关

由于从小无人管教，品行较为顽劣。进入小学和初中阶段，经常违反班级纪律，欺负其他同学，遭到老师和同学一致的排斥和漠视，最终导致他“破罐子破摔”。

3. 与社会环境有关

家中无人管教、学校又无人关心，最终使他把目光转向社会。由于缺乏足够的是非观念，这更加助长了他的顽劣性。

综上三个方面原因，最终导致他蜕变成一个品行不好、不思学习的问题学生。

针对该生的问题，该如何办呢？应该说这是一项复杂、艰巨的任务。经过一番深思熟虑后，我采取了相应的措施来积极的转化这名差生。

三、转化措施

1. 给予该生更多一些的关爱

我相信：爱是可以创造奇迹的，爱的力量是伟大的。对于这样一名学生，作为老师，不应该歧视他、漠视他；相反地，更应该在学习和生活中给予更多的爱、更多的支持、更多的关注。这种爱是一名教师对于学生发自内心的爱，真诚的爱。这需要老师付出百倍耐心和细心，用爱的方式在学习和生活中给予严格的要求。对此我多次找他谈心、沟通。我之所以这样做，就是让他说说自己的心里话，如对家庭的看法、学校班级的看法。让他从心底意识到：学校、老师是关爱、关心他的。

2. 挖掘闪光点

虽然该生在品行方面问题多多，但万事万物都具有两面性的。该生喜爱电脑，而且有较强的思维能力。因此，我课后经常与他交流有关电脑知识，上课遇到估计他能完成的题目尽量让他完成，每当他回答正确尽量表扬鼓励他，以增强他的自信心，从而不断引导他积极向上，勇于进取。

3. 依靠集体的力量

俗话说：“人多力量大。”作为这样一名学生，应该让周围的同学来帮助、支持他。为此，我将他当学习小组组长。我这样做，一方面是依靠班集体来督促他，另一方面培养他的责任感和自律性，让他意识到作为班干部，一言一行都是受老师和同学关注的。通过此途径，更好地来纠正他思想和行为的偏颇。

4. 家访

家庭教育和学校教育是相辅相成的、互相促进的。为了能够争取家长的支持和配合，我进行了多次家访。针对该学生存在的不足之处，我和其家长进行彻底的沟通，并针对这些问题，具体、明确地提出了一些要求，共同制定了一套“差转优”的方案。

四、转化成果

功夫不负有心人，经过我的一番努力，该学生虽然还存在着一定的问题，但与以前相比较，进步可以说是显著的。比如衣着方面，不像以前那样过于随便了，也遵守纪律了，上课不讲话、开小差、不迟到、不早退、按时完成作业；特别是在言行举止方面，较之以前可以说有了翻天覆地的变化。数学成绩也进步很快，也变得喜欢和老师交流了。

五、案例感悟

俗话说：“十年树木，百年树人。”“冰冻三尺非一日之寒。”作为科任教师，如何转化差生，这是一项极为重要也极为艰巨的工作。这需要教师付出极大的爱心、耐心和信心。

我在转化这名差生的过程中，感受颇深：

从宏观角度来说，作为一名教师；一个人类灵魂的工程师，在对待每一个学生的过程中，都要付出真诚的爱。“要爱每一个学生”，无论是优生、或是差生，都应该得到应有的关爱和关心，不能因为成绩或是品行的问题而歧视、漠视学生，相反的，对于那些问题学生应该付出更多的关爱，支持他们、鼓励他们、转化他们，增强他们的责任感和培养他们的自信心。

从微观角度来说，在具体的差生转化工作中，要学会利用灵活多样的教育方式，对症下药；要联合各种教育力量和资源，共同的努力。我在转化这名学生时，针对他自身的优点，挖掘他的闪光点，并给予大力的支持和鼓励。同时，又利用班集体和家长的力量共同努力，共同的探索，最终使这名学生，无论从学习成绩，还是行为举止上都有了一个比较大的转变。我想这就是教育的力量吧！

作为一名教师，在转化差生的工作中，我始终抱着一个“路漫漫其修远兮，吾将上下而求索”的态度，在未来的教育生涯中，我将愿意付出更多的爱心、耐心和信心。

孟繁信认为，转变“特种生”并非一朝一夕就能实现的目标。对“后进生”更要讲究爱的情感、爱的行为和爱的艺术。爱学生，就必须善于走进学生的情感世界，就必须把自己当作学生的朋友，去感爱他们的喜怒哀乐。有时一个关爱的眼神，一句信任的鼓励，都能赢得问题学生的爱戴和信赖，会使他们的潜能发挥出来。不可否认，作为教育工作者，面对孩子都是真诚的，但面对工作的繁琐、重复、忙碌，面对学生的调皮、捣蛋，有时也会说出过于犀利的言词：“这么简单的问题都不会！”“为什么总是犯这么低级的错误！”这样的言词会让孩子更加自卑，所以，一定要杜绝说出这样的话来。

上帝都允许孩子犯错误，小孩子正是在犯错误中明白道理、体验生活，并由此走向成熟的。老师的严格不是一种苛求，一种容不得学生犯任何错误的苛求。一个孩子，在充满斥责和挑剔的环境里生活，他只会学会粗野；相反，在一个充满宽容的环境里成长，他能学会关爱。所以，面对孩子们的错误，应该用爱来包容，循循善诱，谆谆教导。有句话说：要做孩子的法官，先要当孩子的律师。只有站在孩子的立场思考问题，得到他们的信任与爱戴，才能成为引领孩子们的“法官”。否则，一个不懂得爱、不懂得关心的人又怎能得到信任与爱戴？得不到信任，教书育人、传授知识更无从谈起。

孟繁信常说，如果说教育是一座辉煌的建筑物，那么爱就是连接其间的桥梁。教必须以人为本，只有达到了心灵上真正的沟通，才算是真正的教育。你爱孩子，孩子就会爱你，只有爱孩子的人，才能教育孩子。

第二节　故事改变认知

初中阶段是为人生奠基的一个重要阶段，好的习惯、性格、思维方式等会在这个时期逐渐定性。所以，孟繁信提出了“用故事改变认知，让每一位学生都成长”的口号，通过讲故事的形式，让每一位学子在崇德悟道中健康成长。

教师们通过旁征博引，以童话故事或身边一些真实感人的小故事吸引学生的兴趣，引导他们，改变他们。

有一位学生生性好动，上课时手里经常拿着东西玩，思想不能集中，回家作业经常不做。成绩越来越差，最后干脆不学了，有了退学的念头。班级的老师知道情况后，经过多方打听，知道他在校外参加了跆拳道培训，并且非常喜欢。老师决定从这个方面入手，让他重拾信心，继续读书。恰巧当时学校要召开运动会，老师向孟繁信汇报情况后，决定在运动会开幕式上加一个项目：跆拳道表演，那位学生通过充分准备，表演取得了成功，获得了师生们的称赞。趁热打铁，老师跟他讲，每个人都是独一无二的，自天地万物被创造以来，没有一个人和你是一样的。就像这个世界上，没有两片相同的叶子，你的头脑、心灵、耳朵、眼睛、头发、双手等都是与众不同的。言谈举止和你完全一样的人以前没有，现在没有，以后也不会有。每个人都有自己的优点，都有自己的长处，关键是你怎样正确地看待自己。但是，无论怎样，都不应该放弃学习。有这样一个短剧，剧中智者和自卑者进行对话，其中有一句台词至今被奉为经典。智者对自卑者说："站起来吧！你是独一无二的，没有了你，你的亲人会寝食不安，你的朋友会伤心难过。"既然我们每一个人的生命都是独一无二的，那么我们就应该珍惜朝阳般的岁月，做一个热爱生活的人，做一个热爱学习的人，不要辜负了自己的大好时光。在该学习的时候没有学习，浪费了青春，会后悔终生，所以，一定要珍惜学习时间。

这位老师为鼓励他增强自己的自信心，还说，一位心理学家曾经说过这样一句话：你一定比你想象的还要好，但是许多人却不这样认为。很多杰出人物在年纪很小的时候，就胸怀大志，无论遭受任何磨难，仍相信自己是最好的。你也要有这样的信心，有这种不被别人打倒的自信心。你坚持的信念有多么强烈，你的自信就有多强烈，你成功的机会就有多大。"人生天地间，各自有禀赋"。每个人有每个人的特点，不要拿自己之短去比他人之长，要学会扬长避短。既不能妄自菲薄，更不要狂妄自大。只要我们在现有的条件下，做到最好的自己，相信自己是世界上独一无二的，就是本质意义上的成功。要认真学习，因为生命的美丽源自不断地学习、成长，不要介意别人说什么，因为你是独一无二的。希望从现在开始，你就为自己人生的独一无二画出一幅杰作来吧。

最后，这位学生听取了老师的意见，重新返回课堂，但由于基础太差，2010 年中考时只考上了技校。然而，他记住了老师说过的"每一个人都是独一无二的"，到技校后刻苦学习技术，在一次全市技能大赛中获得第一名，赢得了去德国进修的机会。

有一位学生成绩起伏很大，有时在班级的上游，有时在下游。老师通过观察发现，老师盯得紧了，他就好好学，老师一放松，他就捣蛋不好好学，成绩马上下滑。在一次班会上，老师讲了这样一个故事：

从前，一个小男孩喜欢跟自己的爸爸比试谁跑得更快，结果每次都以失败告终，但是小男孩对这个游戏乐此不疲。一天小男孩和父亲在雪地里散步，小男孩又向爸爸提出比试请求。爸爸答应了他的请求，但是提出一个要求："孩子，今天我们换一换比试的内容，今天我们不比谁跑得快，我们比试谁走得直，看见前面那棵大树了吗？我们把那儿作为终点，谁的脚印直，就算谁赢。"

小男孩非常高兴得答应了，他心想：每次比试谁跑得快，我赢不了，但这次只要我专心致志地走，走直了，肯定会赢的。

爸爸很快就走到了那棵大树下，而小男孩却走得非常认真，他盯着自己的脚，不让自己踏错一步。当他好不容易走到大树下的时候，他非常高兴，因为他觉得这次自己一定会赢。

当他迫不及待地转过身来，看自己走的脚印时，他简直不能相信自己的眼睛：他走出的脚印弯弯曲曲，而爸爸走出的却非常直。

望着孩子疑惑不解的小脸，爸爸对他说："孩子，知道你的脚印为什么不直吗？那是因为你一直看着你的脚下。"小男孩不能爸爸说完，就迫不及待地问："那为什么您走得那么快，那么直呢？"

讲到这里，老师突然停住，问："请同学们思考一下，为什么爸爸走得那么直呢？"然后让那位学生回答，那位学生思考了片刻后说："应该是爸爸没有低头，一直看着前方的大树吧。"老师夸奖他说得很对，又接着说："是啊，是因为爸爸一直盯着大树，因为那才是他的目标。"

由此引申开来，老师教育学生们说，在生活和学习中，不论我们做任何事情，心中都要有目标。只有这样，才能找准方向，少走弯路。学习是为自己学的，不能老师管得严了，就给老师好好学，老师不管了，就不学了。其实学习是为了你自己，一定要明确目标，找准目标也就找到了成功的起点，找到了奋斗的方向，自己的潜能才能得到充分发挥。那位学生感悟了，后来成绩稳步提高，2010 年以优异的成绩考入高中。

还有一位学生，品学兼优，成绩在全级名列前茅，但她凡事追求完美，使得自己整天压力太大，如果持续如此，时间久了就会承受不住，可能会精神衰弱。班主任老师了解情况后，经常找她聊天，一次，给她讲了这样一个童话故事：

有一个圆，被人劈去了一部分，它感到非常自卑。它要找回一个完美的自己，为此它到处去寻找属于自己的那块碎片。因为它认为自己不是完整地，所以，努力地寻找。在寻找的时候，它滚动得很缓慢。一路上，它与鲜花共舞，和昆虫聊天，充分享受到了生活的乐趣。它找到了很多碎片，可惜都不是自己身上掉下来的那块，但他并不气馁，继续寻找着……终于有一天，它如愿以偿地找到了那块碎片，并且使自己重新成为了一个完整的圆。然而，它发现自己滚动得太快了，以至于错过了花开的季节，忽略了昆虫的呢喃，体会不到生活的乐趣。后来它终于意识到了这一点，于是毅然丢掉了那块自己千辛万苦才找到的碎片。

然后，老师开导她说，世界上本来就没有完美无缺的人与事。人一旦走向绝对，就会进入误区。因为完美没有极限，也没有标准，所以是永远无法企及的。完美是一种负荷。追求完美就等于给精神拷上枷锁、压上包袱，这样你会感觉不到同学之间的快乐和真实。作为一名学生，应该看到自己的优点，不必苛求完美，更不要带着假面具生活。只要清醒地认识自我，完全地掌握自我，快乐学习，快乐生活，就一定会实现自己的理想。

这位学生终于明白了，脸上绽放出朝阳般的笑容，后来的学习轻松多了。

有位同学，成绩上游，待人热情，却有一个毛病，就是喜欢吹牛。于是，班级的老师决定教育教育他，有一天，课外活动时间，把他叫到自己的办公室，和他探讨骄傲与谦虚的问题，他说谦虚是一种传统美德这种说法早过时了，应该把骄傲当做一种美德。

老师给他讲了关于孔子的一个故事：

孔子周游列国时，在去晋国的路上，遇见一个七岁的孩子拦路，要他回答两个问题才能让路。孔子欣然应允了。第一题是："鹅的叫声为什么大？"孔子回答说："鹅的脖子长，所以叫声大。"孩子又问："青蛙的脖子很短，为什么叫声也很大呢？"孔子无言以对。于是，他惭愧地对他的学生说："我不如这个孩子，他都可以做我的老师啊。"

老师在讲了这个故事后说，由此可见，即使圣人也有不了解的知识，但他仍会保持谦虚的心态，把自己放在最低的位置。在现实生活中，也没有人喜欢夸夸其谈、自以为什么都懂的人。然后她又讲了自己邻居的一个故事：

邻居小伟大学刚毕业，热情开朗，活泼外向，想找一份与人交往的工作，以发挥其特长。很快，他得到消息，一家五星级宾馆正在招聘前台工作人员。他信心满满，前去应聘。主持面试的经理接待了他，他对小伟富有感染力的热情非常满意。

经理开门见山地问他："我们宾馆经常接待外宾，所有前台人员必须会说四国语言，这一指标你能达到吗？""我大学学的是外语，精通法语、德语、日语和阿拉伯语。我的外语成绩相当优秀，有时我提的问题，教授们都支支吾吾答不上来。"小伟回答说。事实上，小伟的外语成绩并不突出，他为了获得经理的信赖，自己标榜自己。很显然，他低估了经理的智商。

听了小伟的回答，经理笑了一下，但很显然不是赏识的笑容。接着他又问道："一个合格的前台人员，需要多方面的知识和能力，你……"经理的话还没有说完，小伟就抢先说："我想我是不成问题的。我的接受能力和反应能力在我所认识的人中是最快的，做前台绝对会很出色。"

听完他的回答，经理站了起来，严肃地说："对你今天的表现，我感到很遗憾，你没有实事求是地说明你的能力。年轻人，在你想夸夸其谈时，一定要给自己一个警告。每夸夸其谈一次，诚实和谦逊都要被减去 10 分。”

讲完这个故事后，老师告诉他，不论你有多大的成绩，都不要骄傲自满，骄傲会阻碍一个人自我发展、不断进步的步伐。只有保持谦虚的心态才能在现在的基础上更上一层楼，取得最后的胜利。后来，那个孩子站起来，给老师深深地鞠了一躬，说：“吹牛真的是一件很不好的事，现在我明白了，谢谢老师。”从此，这位同学真改掉了吹牛的毛病，变得谦逊好学起来。

初三有一位学生，学习非常认真、刻苦，但成绩一直在中游徘徊。这段时间学生心情有点急躁，老师了解情况后，就找出清代著名思想家章学诚的故事来开导他。

章学诚是清代著名的史学家、思想家。他从小很笨，常挨老师的板子。

纪念孔子诞辰活动上学生向老师敬拜师贴

同学们都笑话他，可他说：“记性差不要紧，我要笨鸟先飞。”一篇文章别人读几遍就读熟了，他要读几十遍甚至上百遍。凡是弄不明白的地方，他就抄下来问老师，或去查工具书。当他读到了《中庸》中的“人一能之，己百之，人十能之，己千之，果能此道矣，虽愚必明，虽柔必强”时，有了感悟：当别人的聪明智慧比我们好很多的时候，可能他一次就学会了，但是我们如果用一百次的功夫来反复训练，自己也可以达到，也可以像他人一样；如果人家用十次功夫就学会了，就能达到，我们差一点，没有关系，就不要怕困难，我们用一千次，说不定就可以成功。章学诚突然豁然开朗，他说：“我终于明白了，我的学问为什么不好？就是我功夫没用到。”功夫不负有心人，章学诚的学问大有长进，终于成为一代学术大师。他的《文史通义》等著作，流传后世，影响至今。

听了老师的故事，这名学生明白了“勤能补拙是良训，一份辛苦一分才”的道理，他终于放松了心情，学习效率大增，成绩也扶摇直上，毕业时以优异的成绩考入了广渠门中学宏志班。

有一位女生，小时候因为淘气，眼角受了伤，留下了一块疤痕。在班里，她性格有些自卑，举手投足时，总是不自然地用刘海来掩盖那块疤。老师当时看在眼里，决定帮她走出阴影。有一次，把这名学生带到了自己的办公室，让她听著名歌唱家凯丝·达莉的歌，并给她讲了一个故事：

从前，有一个平凡的女孩，她梦想着日后要成为一名歌唱家。但她长相不好，嘴巴很大，并且还长着龅牙。有一次，她在新泽西州的一家夜总会公开演唱时，一直试图把上嘴唇拉下来盖住她的牙齿。因为，她想尽量多展现自己的美，可是没想到，最后，她却因此出尽了洋相。

偏偏在此时，有一位男士反而觉得她很有天分，于是对她说道：“坦白地讲，我一直在看你的演唱，我了解你一直想刻意掩饰你的龅牙，可是你以为你的牙齿长得很难看吗？”听到这里，女孩子觉得无地自容，那位男士继续发表自己的见解："难道说长了龅牙就罪大恶极了吗？你干脆大胆地张开你的嘴，即使观众看到了也没关系，你会受到观众喜欢的！再说，那些你想掩饰的牙齿，没准还会给你带来好运呢。"

于是，这个女孩接受了这位男士的忠告，不再去考虑自己的龅牙。从那以后，她只要想到她的观众，就会立即将大嘴巴张开，唱的热情而激昂，最终她成为了电影界和广播界的当红歌星。

此人不是别人，正是你正在听的歌唱家凯丝·达莉，后来，有很多的演员一直在模仿她。

老师告诉她，身体上有伤疤不可怕，怕的是心灵上有伤疤。不要总是关注于自己的伤疤，要抬起头，关注更多值得关注的事情，活出自己的本色来，那才是最主要的。如果看不到自己的价值，活在自我封闭的环境中，就会渐渐地迷失自己。要知道我们每一个人都是独一无二的，每个人都有自己的特色，只要我们彰显出自己的特色，一定能活出一个独特而顽强的自我。

那女孩很聪明，理解了老师的良苦用心，答应慢慢改变自己。后来，她终于走出了自卑的沼泽，开始活泼起来，成为了一名阳光女孩。

有一个学生，是"富二代"，很自大，张嘴闭嘴他老爸怎么样怎么样。同学们很看不惯，老师也看在了眼里。有一次上作文课，老师让学生按照资料作文，这个资料是她专门找到的一个寓言故事：

小蜗牛问妈妈说："为什么我们从一生下来，就要背负着这个又硬又重的壳呢？"蜗牛妈妈说："因为我们的身体没有骨骼的支撑，只能爬，可是又爬不快，所以需要这个壳的保护。"小蜗牛听了妈妈的回答，又问："毛毛虫姐姐没有骨头，也爬不快，那为什么不用背这又硬又重的壳呢？"蜗牛妈妈回答："因为毛毛虫姐姐能变成蝴蝶，天空会保护它啊。"小蜗牛又问："蚯蚓弟弟既没有骨头，又爬不快，也不会变蝴蝶，它为什么不背这又硬又重的壳呢？”蜗牛妈妈说：“因为蚯蚓弟弟会钻土，大地会保护它啊！”

小蜗牛听完，哭了起来：“我们好可怜，天空不保护我们，大地也不保护我们。”蜗牛妈妈安慰它说：“所以我们有壳啊！我们不靠天，也不靠地，我们靠自己。”

对这个故事，老师进行了解读：纵观中外，取得成功的人都明白这样一个道理，凡事要靠自己，而不是依靠别人。父母也有不在身边的时候，兄弟姐妹也有帮不上忙的时候，所以，能够帮上你的永远是你自己。只有自己能改变自己的命运，才能拯救自己的灵魂。

接着，老师让学生们讨论这个问题，希望这个学生能通过讨论有所启发，能够改变自己，但是效果不大。于是，老师又找了一个故事讲给他听，是大仲马与小仲马父子的故事：

有一天，大仲马得知他的儿子小仲马寄出的稿子总是被退稿，便对小仲马说：“如果你能在寄稿时，随稿给编辑先生们附上一封短信，或者只写一句话，说‘我是大仲马的儿子’，或许情况会好些。”小仲马听了大仲马的建议，立即回绝了他：“不，我不想坐在您的肩膀上摘苹果，那样摘来的苹果没味道。”年轻的小仲马不但拒绝以父亲的盛名做自己事业的敲门砖，而且不露声色地给自己取了十几个其他姓氏的笔名，以避免那些编辑先生们把他和大名鼎鼎的父亲联系起来。

面对冷酷无情的一张张退稿笺，小仲马没有沮丧，仍在不露声色地坚持创作自己的作品。他的作品《茶花女》寄出后，终于以其绝妙的构思和精彩的文笔震撼了一位资深编辑。这位知名编辑曾和大仲马有着多年的书信来往。他看到寄稿人的地址同大作家大仲马的丝毫不差，怀疑是大仲马另取的笔名。但作品的风格却和大仲马的迥然不同。带着这种兴奋和疑问，他迫不及待地乘车造访大仲马。令他大吃一惊的是，《茶花女》

这部作品，作者竟是大仲马名不经传的年轻儿子小仲马。“您为何不在稿子上签您的真实姓名呢？”老编辑疑惑地问小仲马。小仲马说：“我只想靠我自己，我只想让作品拥有真实的高度。”

老编辑对小仲马的做法赞叹不已。小仲马的《茶花女》是根据自己的爱情经历写出来的，出版后，法国文坛书评家一致认为这部作品的价值大大超越了大仲马的代表作《基督山恩仇记》，小仲马终于依靠自己的力量获得了成功。

老师讲完故事后，这个学生若有所悟：“我知道了，不论做什么事要依靠自己。”但是他接着又问：“老师，如果小仲马写上自己是大仲马的儿子，会成功得更快，有什么不好吗？”老师开导他，说：“依赖有时候是一种束缚，如果小仲马写上自己是大仲马的儿子，会永远活在大仲马的阴影之下。只有自己独立思考，做有主见的人，依靠自己的力量打拼出一片天空，那才是真正属于自己的。”这次，他听进心里去了。后来，他改变了许多，不再炫富，能够沉下心来和同学们在一起了，学习也认真了。

俗语云：“天雨虽大不润无根之草，佛门虽广不度无缘之人。”任何事情都不是万能的，包括教育。但是教育的本质到底是什么呢？每个人的理解不同，答案就不同。在孟繁信心里，教育应该是促进人类生命个体健康成长，实现生命个体由自然人向社会人的高度转化。教育应该是踏踏实实做事，是对生命的涵养。教育不是升学的工具，不是谋取职位的阶梯，而是丰富自我、提升自我、让学子们不断完善的载体。

第三节　弘孝道暖心灵

如今的父母对孩子疼爱有加，可孩子的孝心却一天天消失。考试的重压之下，家长紧盯着学习成绩，只要学习好，其他的都不重要。而在家里，父母和爷爷奶奶对孩子疼爱有加，也常常忽视了培养孩子的孝心。“大人帮孩子背着书包上学，到了教室还要把桌椅擦干净，才让‘小太阳’落座；学生到了上学的年龄，还饭来张口要父母喂”，许多家长在家教方面存在“爱而不当、养而无边”的误区，等到孩子长大了，形成了以自我为中心的性格，养成了自以为是、为所欲为的恶习后，才抱怨孩子不服管教、不懂得孝顺父母。

这是孝道教育的缺失。

家，是人一生中重要的物质和心灵居所，孝，是为人之本，是中华美德的原点。孟繁信认为，学习先哲思想，承继传统文化，必须要加强孝道教育，使孝道在学生心中落地生根，并最终落实到一言一行上。

他将传承传统文化细化为具体行动，教导学生“先爱妈后爱家，关爱集体就是爱国家”。从身边的点滴小事做起，培养宏大的爱家、爱国情怀。在他的带领下，于家务中学从做人教育的起点——孝亲感恩入手，让同学们明白孝的重要意义，明白该怎样做，不该怎样做，以培养他们的“德”。

学校立足实际，制订了《于家务中学学生礼仪规矩》，从常规礼仪、校园礼仪、家庭礼仪、社会礼仪、涉外礼仪五个方面让中华礼仪在学校落地，在学生心里生根。同时，推出了孝言行动（即“进门忙问候”、“出门打招呼”、“睡前道晚安”、“分别说再见”“谢谢爸爸妈妈”等）、礼让孝举行动（看电视让频道、就餐让座位、吃菜让佳肴等）、“四个一”行孝行动（为父母讲一个孝道故事、为父母端一杯茶、为父母做一次家务、为父母洗一次脚），启发学生美德从小事做起，规范行为习惯从孝敬父母做起；以班级为单位，召开“当孝子，做好孩子”主题班会；组织学生在母亲节、父亲节、教师节给家长或师长写“感恩信”等，从“孝行”抓品行，以“孝心”培养责任心。

学校将孝道文化教育融合到多门学科中，以课堂情景教学为阵地，加强教育。利用班队活动课等形式进行，增进对孝道知识的了解；组织学生观看《永远的丰碑》《感动中国的十大人物》等感恩影片，传唱《我的好妈妈》《感恩的心》等感恩歌曲，使学生懂得感恩，感恩父母、感恩社会、感恩国家。

翻开老师的教案，里面清楚地编写着若干个怎么办。如：父母吵架时怎么办？父母忙时怎么办？父母不在家时怎么办？等等,把孝道具体化。不仅要做敬老事，还要说敬老话。在家里对父母要说什么话，在社会上见到长辈要说什么话，使学生在潜移默化中，形成尊老敬老的观念。

孝心行动收到了良好效果。家长们都很受感动，反映自己的孩子懂事了、长大了。学校及时给予表彰，按照制定的《于家务中学行孝评估方案》，定期开展“孝敬之星”评选活动，目前已有 40 余名学生光荣地当选孝道标兵，他（她）们是:张静杰、刘泽皓、马圆梦、张雅智、张金雪、刘云、赵阳、何丙昆、孙鑫雨、杨楠、李子丰、周丽丽，常永顺、邢祥天、贺羽琦、张雅智、闫可心、刘云、赵阳、李佳鑫、冉子康、赵琪、陈明、步鑫淑、张春泽、庞源源、王雪琳、陈思雨、张钰昊雪、马哲梦、张畅、孔庆旭、李莹、高杰豪、朱怀志、何语诗、李贺、王岩、贺羽琦、吴雪原。

从学生们的作文中，可以看到他们在孝心行动中的情感历程：

今天是三八妇女节。老师布置了一项特殊的作业，让我们为母亲做件事情，我还没完成呢！可是做什么事呢？我突然想起学校提倡的“四个一”活动，终于拿定主意，今晚就帮妈妈洗回脚吧！

我写完作业，就等着妈妈下班回来。然后，又匆匆忙忙的吃过晚饭，趁妈妈收拾桌子的时候，我急忙跑进厨房烧起水来。妈妈见了，便过来帮忙，我没有同意，也没有说干什么用。因为今天我要独自完成这份作业，不能掺一点假。妈妈莫名其妙地看了我一眼，没在意，便自己顾着收拾桌子去了。

我的水也烧好了，就端到卧室里等妈妈，一会儿，妈妈推门进来了，我赶忙让她坐到沙发上，并端出事先准备好的一盆热水。“女儿，你这是干什么呀？”妈妈疑惑的问。“给您洗脚啊！”我兴高采烈的回答。妈妈很意外，但我管不了那么多，不容分说帮他脱掉鞋袜，按着她的双脚。可谁知，妈妈的脚尖刚一触到水便"嗖"地一下缩了回去。我满腹疑问，想也许是水太热了，便用指尖去试。果然真烫！唉……可能是过于心急了，怎么就忽略了水温呢？我忙对妈妈说："对不起妈妈，我再给您添点凉水。"妈妈点了点头，我赶紧去水龙下接凉水，这回我可长记性了，用手试试水。嗯！水温正好，我重新把妈妈地脚放在水盆里，像妈妈以前给我洗脚的样子，从脚指尖开始洗，一直洗过脚心，脚后跟，脚脖子，再回来洗脚背，然后打上香皂，搓出了丰富的泡沫。

等我洗妈妈的另一只脚时，突然发现妈妈脚底板上还有一个"鸡眼"，我知道"鸡眼"每走一步脚都会痛，妈妈为了这个家日夜不停地操劳着，从没喊苦喊累，我的泪禁不住流下来……

妈妈看着我，也没有说话，只是望着我微笑点头，点得满眼泪花……

还有一个故事，是发生在于家务中学初二（三）班的一件真实的事：

学生放学回家，要完成一个作业，就是要给妈妈或爸爸洗一次脚，因为明天就有德育课，需要检查的。吃过饭后，他就急忙烧好水，妈妈在忙着，就说："你给我洗过了一次了，今天给你爸爸洗吧！"

一开始，爸爸不让洗，感觉有点难为情：我还没到洗不了脚的年纪！最后，听到是老师布置的作业，勉强答应了他的恳求。

他帮爸爸把袜子脱下来，把脚伸进洗脚盆里。先让爸爸把脚放在水里泡了一会儿。爸爸那双冷冰冰的脚渐渐变得暖和起来了。接着，他开始洗爸爸的脚腕，帮爸爸搓脚背。他洗得很小心，生怕爸爸不舒服。爸爸慈祥的看着他，若有所思。等洗完脚，爸爸激动地说："孩子，你真懂事！回屋睡觉吧……"说完，他就出去了，直到很晚才回来。

第二天，他问妈妈，爸爸昨晚去干什么了？妈妈笑呵呵地说："昨晚，你爸爸去给你爷爷洗脚去了，一开始你爷爷死活不肯，最后说是学校布置的作业，你给你爸爸洗，你爸给你爷爷洗，完不成作业是要罚站的，你爷爷才同意了。洗完脚你爸和你爷爷见面就好抬杠的毛病也一块洗走了……”

2013年1月中旬的一天，学校刚进行完期终考试，正紧锣密鼓地安排着阅卷和放寒假事宜。大约10点钟左右，校门口来了一位老人，穿一件半新不旧的呢子大衣，头戴一藏蓝色棉帽子，腋下揣着一卷纸。老人来到门口就往里走，门卫急忙拦住他：“大爷，您找谁啊？”

“我找你们校长！”

“您提前和我们校长约好了吗？”门卫小心翼翼地问。

“我又不认识你们校长，怎么约啊？你们学校我也是问着找过来的！”老人有点不耐烦了。

“对不起，大爷！学校是封闭式管理，您不能进去！”门卫解释说。

“那可不行！今天我必须见到你们的校长，我找他有事。”老人家说完，就依着大门坐了下来，接着从怀里掏出一支烟，慢慢地抽起来。

门卫看老人没有走的意思，也慌了手脚，把电话打到了校长室。孟校长正在开会，说：“人家来找我，肯定有事！抓紧让老人进来！”略一思索，又说：“这样吧，你和老人说，我正在开会，先让老人到传达室喝点热水，暖和暖和身子！”

开完会后，孟繁信急忙下楼来到传达室，透过玻璃看到一位老人正和门卫谈的起劲。推门进去，门卫连忙站起来说：“这就是我们的孟校长！”

那老人缓缓站起身，看着孟校长，上前拉着他的手：“可算找到你了！”说着，把一叠红纸打开——是用红纸写的表扬信，大约有七八张红纸吧，写的是一个内容：

表扬信

敬爱的校领导：

我是于家务乡北辛村的一名普通老百姓，今年83岁了。这几年来，承蒙于家务中学孩子们的照顾，老汉心存感激。特别是前两天，那几个天使助老服务队的孩子又来了，打扫完卫生后，问我还有什么需要干的？老汉我多嘴啊！快过年了，该扫扫屋子了。几个孩子二话没说，绑了笤苧就干了起来。他们也没干过这活啊，一个个呛得咳嗽，脸上脏的像小花猫，我留他们吃饭，他们收拾干净，连脸都没洗就走了。老汉我过意不去，必须要过来把表扬信亲手教给校长，给他们表彰奖励！

2013年1月19日

这封表扬信，老爷子写了半晚上，写完一张不满意，就再写一张，总共写了有十来张。今早起来，琢磨着让学校多贴几张宣传他们的事迹，就挑着好的拿来了七八张。

孟校长紧握着老人的手："老人家您太客气了，这都是孩子们应该干的！您大老远来了，走！去办公室喝杯水，中午去食堂吃了饭再走。"

"不麻烦了，知道你们工作忙，老汉就不叨扰了！校长知道这件事，好好表扬表扬他们就行了。"老人家说着就往外走，不论孟校长怎么挽留，老人执意要走。只得把老人家送到校门口拐角处，挥挥手，看着老人渐行渐远。

天使助老服务队的雏形是建校初期的团员志愿者服务队。

2008年9月，学校重组开学了，本来要在渠头中学上初一的付慧琳同学却一直未到校。后经老师和同学们多方打听，才知道付慧琳同学得了白血病。消息很快传到了孟繁信校长这里，他了解到付慧琳的父亲是出租车司机，母亲没有正式职业，现在伺候女儿，什么活也干不了，家境十分拮据。孟繁信马上召开了领导班子会，通报了付慧琳同学的情况，会议一致通过了发动全体师生为付慧琳捐款的决议。经过层层发动，两

孟校长将包含全校师生爱心的捐款亲手教到付慧琳同学父亲的手中

天时间捐款一万二千余元，孟校长亲自把钱交到付慧琳父亲的手中。一个大老爷们在困难面前没有流泪，面对重病的女儿，他也是顽强的坚持着，而面对全校师生的暖暖深情，却再也忍不住泪水，他拉着孟校长的手，抽泣不已，说不出话来。孟繁信拍拍他的肩膀，鼓励他坚强面对，好好生活。

回来后，孟繁信安排校团委书记樊清梅组织部分团员成立一个志愿者服务队，抽时间去医院看望付慧琳同学，以减轻她的精神压力，鼓励她战胜病魔。无奈，几个月后，无情地病魔还是夺去了付慧琳年轻的生命。而这只志愿者服务队却保存了下来，经历了这许多，同学们突然长大了，懂事了。

看到了同学们的成长，孟繁信心里很欣慰。当时学校刚定位要传承儒家经典文化，孝顺敬老是儒家文化的起点，于是，孟繁信将团员志愿者服务队和于家务福泰敬老院结成对子，定期到敬老院打扫卫生，为老人整理床铺、陪老人聊天等，活动开展得有条不紊，受到老人们的称赞。

一个学期后，福泰敬老院院长带着老人代表专门来学校赠送锦旗，以褒奖志愿者服务队的同学们。

得到了社会的认可，同学们更坚定了信心，也从帮助别人的过程中感受到了那种来自心灵深处的愉悦。孟繁信校长适时将志愿者服务队改为天使助老服务队，志愿者由团员扩大到全体同学，人数也由最早的十余人迅速增加到八十余人。服务对象从以前的单一敬老院扩展到社区、公共场所服务，每逢节假日或假期，在于家务车站、文化广场等地方，您都会看到身穿于家务中学校服的学生的身影，他们擦拭展板、座椅、健身器材等。下雪了，他们会主动走出家门，帮助叔叔阿姨们清理积雪，确保工作的正常运行。

如今，学校的天使助老服务队已经辐射到全乡的二十三个行政村，服务对象主要是村里的五保户、困难户等。配合学校弘扬传统文化的主旨思想，“敬老助老，服务社会”已经成为于家务中学德育的重要一部

“天使助老服务队”成员在敬老院看望老人

分。每逢寒暑假，都布置一份德育作业，要求所有学生在学孝道、做好事、讲奉献、爱劳动、会尊重等方面完成一份作业，并用文字叙述过程或用图片展示。开学后，学校在宣传栏集中展示、评比，选出主体鲜明、立意高远、教育性强的作业予以表彰奖励，弘扬了正气，传播了正能量，于家务中学比奉献、学优秀、争一流的良好风气蔚然成风。

“老吾老以及人之老，幼吾幼以及人之幼”，“老吾老幼吾幼”是人之常情，能真情对待“人之老人之幼”，那便是一种境界了。于家务中学八年的文化传承，八年的做人教育，让学生们从茫然无知到心灵发生变化：颗颗孝心呈给父母长辈，颗颗善心送给孤寡老人，缕缕爱心献给病重同学等，都深刻地说明了这一点。

孟繁信一直认为，教育所承载的责任，知识传授只是其中的一部分，我们更应该强调的是教会学生如何做人？如何点燃其成为文明之人的火焰？使之人生更完善。

第八章
以德润身，师生家长炼家风

世界不会因你而改变。想要什么样的人生，就要努力成为什么样的人。与其去仰望星空，不如脚踏实地，朝着自己既定的目标前行。请相信，你也是一道风景。

——孟繁信

第一节　家校建桥梁

2010 年 8 月一个周末的下午，孟繁信和往常一样在办公室里忙碌着，校门卫送来一摞报纸杂志，他顺手接过，无意间瞅见一个题目，引起了他的注意：《父母的表现对孩子意味着什么？》，后面是一个硕大的问号。文中说：

有一位女士，一次跟她的先生吵架，吵得很凶，没有注意到五岁的儿子在身旁。后来两个人吵得很凶的时候，突然听到儿子在一旁拍手大叫："爸爸加油！妈妈加油！"夫妻俩正打得起劲、吵得很凶，突然看到儿子的这一幕，吓了一跳，赶快停止。从此夫妻不再打架，即使有口角也一定不在儿子面前进行。

孩子很小不能明辨是非，在家里学习的对象就是父母。所以身为父母在家里要特别留心观察小孩，在相互交谈时，是不是言语很粗暴？是不是讲话会伤人？从小我们就要告诫孩子，做父母的更要以身作则，"忍一时风平浪静，退一步海阔天空"。

另外，人与人相处时，我们自己讲话时也要特别注意，语气是不是很和蔼，有没有大声喧哗，别人可能会误以为你在骂他，你在凶他，很多误会也会因此而产生。产生以后，大家内心都不愉快，有时就会愤怒，所以，我们一定要注意语言的修养。

做父母的不仅要注意自己的修养，更要懂得做人一定要孝顺父母。学习圣贤的教育，第一要立志；第二要力行。我们应该知道"道"的含义：右边的"首"代表首先，左边的"之"代表力行，即有道德的人首先要力行，这才是道。所以我们做父母的力行最重要的是以身作则。因为父母是孩子的第一任老师，你做到自己有修养了，孩子就会有修养；你做到孝顺，孩子一定也会像虞舜一样孝顺你。

看完文章，孟繁信陷入深深地思考中，当今社会需要构建和谐的学校教育和家庭教育，更需要建构学校教育和家庭教育之间的和谐。随着全面推进由应试教育向素质教育转变的教育改革大潮，各级各类学校推进素质教育涉及千家万户。千家万户的家庭教育观念的转变，并不像我们想像的那样轻松。学校教育和家庭教育的观念，学校和家长的关系或多或少会出现一些不和谐音符。怎样建构学校和家长之间的和谐关系，产生合力，谋求 1+1>2 的教育整体功能和效益呢？以前他在柴厂屯中学时开办过家长学校，也取得了一定的效果，但感觉力度不是很大，没有将社会、家庭、学校、自然等诸多要素全部兼容。慢慢地，一个想法渐渐浮出来，逐渐明晰，那就是：配合儒学文化传播，面向全乡 23 个自然村以及学生家长，成立教育理事会，叫响“亲子共学，文明同行”口号。

经过多方筹备，2010 年 10 月，由 23 个自然村村支书和部分区乡人大代表、教育专家、家长代表组成的校外教育理事会正式成立。为了让这些村支书、家长引起足够的重视，孟繁信提前和教育专家沟通好，让专家强调家长对孩子教育的重要意义。教育专家心领神会，就做了一个小演讲：一个好爸爸胜过十个老师，专家幽默地说，我说的好爸爸不是李刚，也不是所谓的高官、大款，而是现实中的你、我、他。我们都知道，父母是孩子的一面镜子，这是要求父母率先垂范，起到表率作用。不仅如此，父母还要会教育孩子，什么叫会呢？我给大家举几个例子：

著名画家达·芬奇大家都知道吧，他的父亲彼特罗是一位令人称道的好父亲，他培养孩子的信条就是：给孩子最大的自由，让孩子发展自己的兴趣。6 岁那年，达·芬奇上学了，在学校里学了很多知识，除了对绘画感兴趣外，别的功课都很糟糕。一天，他上课不专心听讲，还给老师画了一幅速写。老师发现后，就把情况告诉了彼特罗，分析说这孩子除了会画画，别的实在找不到有什么优点。回家后，父亲不仅没有生气，看过他的速写后，决定培养他在绘画这方面的才华。

正是因为父亲如此开明，达·芬奇才能全身心投入到自己喜爱的绘画中。16 岁那年，父亲把达·芬奇带到画家维罗奇奥那里学画画。在维罗奇奥的指导下，达·芬奇刻苦学习，掌握了很多绘画技巧，终于成为一代大画家。

还有一个叫莫扎特的大音乐家，他的父亲不惜放弃工作，来培养自己的孩子。莫扎特 3 岁时，父亲就发现他经常静静地坐在一边，饶有兴趣地看姐姐练琴，于是就开始对他进行启蒙教育。在父亲的指导下，莫扎特 5 岁就开始创作短曲，6 岁时创作钢琴协奏曲。后来，为了更好地培养他，父亲毅然放弃了在宫廷里当乐师，待遇颇为丰厚的工作，将全部精力用在小莫扎特身上。可以说，没有父亲那份执着的精神、严格的要求和深厚的关爱，是无法造就世界音乐史上莫扎特这样一位大师的。

大家应该都知道著名童话家安徒生吧，就是写《皇帝新装》的那个丹麦人。他的父亲是一个一贫如洗的鞋匠，是他和老师锲而不舍的努力，才培养出世界级的大作家。

安徒生出生在富恩岛上一个叫奥塞登的小城镇上，那里有不少贵族和地主，而安徒生的父亲只是个穷鞋匠，母亲是个洗衣妇。贵族地主们怕降低了自己的身份，从不让自己的孩子和安徒生一起玩。安徒生的父亲对此非常气愤，但一点也没有在孩子面前表露，反而十分轻松地对安徒生说："孩子，别人不跟你玩，爸爸来陪你玩吧！"

在老师的帮助下，父亲把安徒生简陋的房间布置得像一个小展览馆，墙上挂了许多风景油画和做装饰用的瓷器，橱窗柜上摆了一些玩具，书架上放满了书籍和歌谱。父亲经常给安徒生讲《一千零一夜》等古代阿拉伯故事，有时则给他念一段丹麦喜剧作家荷尔堡的剧本，或者英国莎士比亚的戏剧本。为了丰富安徒生的精神世界，父亲还鼓励安徒生到街头去看埋头工作的手艺人、弯腰曲背的老乞丐、坐着马车横冲直撞的贵族等人的生活。这些经历为安徒生以后写出《卖火柴的小女孩》《丑小鸭》等经典童话故事奠定了良好基础。

末了，教育专家意味深长地说，现在较为普遍的问题是，一些做父亲的往往忽视甚至放弃自己的教育责任，以工作忙等理由推卸责任，致使孩子所受的父性教育严重不足。这样的孩子容易形成所谓的“偏阴性格”，即脆弱、胆小、多愁善感、依赖性强、独立性差。所以，父亲应“亲临”教育第一线，这样才有利于培养孩子健康人格和自主能力，使孩子更好地适应现实世界和未来社会。在这里，我想郑重提醒所有的父亲：孩子的成长、成才的培养，父亲绝不能走开。

场上响起了热烈地掌声，所有参会者都在审视自己，做的到底够不够？该如何发挥自己的作用，让孩子健康成长、成才！

教育理事会利用双休日和节假日，共同研究学习和探讨素质教育的理论；请一些教育专家、学者作报告；收集家长心中的诸多疑惑的问题，进行归纳梳理，针对收集的问题，校长和教师有计划、按步骤地进行讲解学习，内容大到育人思想、育人方法和育人态度，小到怎样督促和辅导孩子的学习、怎样管理孩子的日常行为，从而构建学校与家长之间的桥梁，达成共识，共同促进孩子的进步。通过几年来的试行，运转良好，家长对学校教育教学质量满意率为 100%，目前已形成学生家长和学生互相学习、互相评价，家长和学校互相探讨、共同研究的良好局面。家长们从关注学生的分数到关注学生的能力、行为、习惯，实现了良好的转变。学校从应试教育向素质教育全面推进，实现了和谐、健康、快速发展。

校外教育理事会不定期举行家长座谈会，促进家校和谐。为了更好地让学校和家长全面了解孩子们在校园里的学习和生活，一改过去会议型、报告型的家长会，而是有的放矢，拓宽渠道，丰富家长会的形式，召开部分学生家长座谈会、班级家长座谈会、问题学生家长座谈会等，组织家长到校参观、听课、查看作业，听取班主任关于孩子学习情况的介绍，

孟校长在校外教育理事会上发言

让家长彻底了解学校的育人环境、育人目标和育人宗旨，以及学校的教育内容、教育方法和教育活动，然后，家长和班主任、任课教师、生活教师坐在一起讨论，认真剖析每个孩子的优点和缺点，寻求共识，携手促进孩子健康成长。另外，让家长深刻认识到不同的家庭教育环境对孩子的影响，深切感到家庭教育的影响力，改变家长认为的“在孩子上学阶段一切教育责任都归学校，家长没有任何责任与义务”的错误观念，避免出现学生在家一个样、在校一个样的不和谐因素，使学校教育真正和家庭教育和谐起来，让孩子每时每刻都处于一种和谐的教育环境之中。

校外理事会建立了家校联系手册。一改过去每学期一张成绩通知书或一张鉴定表的终结性评价，把学校情况介绍、各项规章制度、学生守则、学生日常行为规范、各项素质评价、作息时间表;班主任、任课教师、管理人员、主任、校长的电话号码；学生在校表现情况、生活情况统一编印，制作成家校联系手册;班主任、任课教师每周填写学生的表现情况、生活情况及评价寄语，每月让学生带回家一次，让家长认真查阅。在手册上，有学生在家中的表现情况填写表以及对学校的建议和意见栏，供家长反馈学生在家情况，以及对学校的建议意见。联系手册经家长填写后，由学生带给班主任。班主任整理家长的建议和意见，反馈到教务处。在校务会上，针对家长们提出的问题及对学校的意见、建议，制定解决落实措施。合理化建议和意见一旦被采纳，学校给予表扬及奖励。这样，拉近了学校和家长的距离，增强了家校之间的感情交流，使家庭教育和学校教育快速地融和、更好地沟通。每学期学校都要评选文明家庭、文明家长，发挥激励作用，促进家长和孩子共同进步。通过这个互动的平台，不但没有给教师和家长造成多余负担，而且减少了学校和家庭的一些隔阂，形成一种教育合力。校外理事会成立以来，成果显著，2012 年 1 月，被教育部授予“关心下一代工作示范校”。 2011 年 6 月、2011 年 10 月，于家务中学两次代表北京市参加海峡两岸暨港澳台地区教育学术交流，并做专题发言，受到学生家长及社会的一致好评。

第二节　老师炼家风

学校的儒学教育如火如荼的开展起来以后，渐渐地形成了制度化。广大师生从中得到了益处，自觉形成了以德为魂、以礼行事、以爱为源、先做人后做事的良好习惯，成效初显，但孟繁信并没有沾沾自喜，因为他深深地懂得，学校是文化传承的主体，是主阵地，不仅要培育厚德文明学子，还要引领地区文明风气。孟繁信把目光瞄向了被人们渐渐遗忘的家风、家规、家训上。因为弘扬儒家文化，绕不过家风家训。

家风的传承，承载着一个民族的思想延续，承载着一个民族的文明教育。在我国，人们喜欢以家训的方式传承家风，或者说，家训是国人期望家风长久流传的最主要表达方式。《朱子家训》:“黎明即起，洒扫庭除，要内外整洁。一粥一饭，当思来处不易。半丝半缕，恒念物力维艰。”家风家规家训的内容涉及生活的方方面面，包含着诚信、友善、勤俭、孝敬等诸多内容，在这些方面规范人们的行为操守，教导着人们的处世之道，这与儒家学说的“仁、义、礼、智、信”是相契合的。

家风教育伴随文明产生，中华文明上下五千年，现在有文字记载的家风教育大概是西周初年周文王（姬昌）、周公（姬旦）的家训。在《尚书》中，可以读到周公告诫侄子周成王（姬诵）的一篇诰辞。文中，周公告诫成王不要贪图安逸享乐，不要荒废政事，要安定民心。“知稼穑之艰难”，这样的家风教育至今还在延续着。

在《说苑·反质》中，记载着这样一个故事，春秋时期齐国的晏婴病重时写下家训，藏于柱中，要妻子等儿子长大后拿给他看。这份家训嘱咐儿子布帛不可用尽，用尽了就无法再做衣服；牛马不可将其力气用尽，用尽了就无法再使用牛马耕田驾车；任事者不可对其过分苛刻，否则就无人帮你做事了。由此看来，“成由勤俭败由奢”的家风教育早在两千多年前就有了。“夫君子之行，静以修身，俭以养德。非淡泊无以明志，非宁静无以致远。夫学须静也，才须学也。非学无以广才，非志无以成学。淫漫则不能励精，险躁则不能治性。年与时驰，意与岁去，遂成枯落，多不接世。悲守穷庐，将复何及？”这是诸葛亮《诫子书》中的名句。在诸葛亮的思想观念里，人要注重加强道德修养，要不断学习，要清心寡欲，要静思反省，要不急不躁。他把自己这些思想和行动指南以家训的形式传递给他的儿子，希望这能成为诸葛家风。可能连诸葛亮自己都没想到，他的这些教诲成了一代又一代人的家训家风，影响至今。

颜之推教子“威严而有慈”。北齐颜之推的《颜氏家训》被称为“篇篇药石，言言龟鉴”的家训专书，是我国封建社会流传最广、影响最深的家训之一。“凡庶纵不能尔，当及婴稚，识人颜色，知人喜怒，便加教诲，使为则为。”也就是说，在教育孩子问题上，他要求家人在婴儿能识得别人的脸色、懂得别人的喜怒时，就对其加以教诲。颜之推还说：“父母威严而有慈，则子女畏慎而生孝矣。”意思是父母既威严又慈爱，子女就会敬畏、谨慎，从而产生孝心了。“人之爱子，罕亦能均，自由及今，此弊多矣。贤俊者自可赏爱，顽鲁者亦当矜怜。有偏宠者，虽欲以厚之，更所以祸之。”大意是，对于子女，父母不能偏爱，不应厚此薄彼。颜之推身历三朝，对世事沧桑、人情世故体会很深，因此在《颜氏家训》中，他教育其后人要“少欲而足”、“无多言，无多事”、“虑祸养生”等。这些家训既有封建社会的局限性，也有其积极的一面。

《颜氏家训》后，家训著作渐多，差不多每个朝代都有一些代表性家训产生。如唐代李世民的《帝范》，宋若莘的《女论语》，李恕的《戒子拾遗》；宋代司马光的《训俭示康》，陆游的《放翁家训》，袁采的《袁氏世范》，陆九韶的《居家正本制用篇》；明代姚舜牧的《药言》，杨继盛的《杨忠愍公遗笔》，何伦的《何氏家规》，孙奇逢的《孝友堂家规》；清代爱新觉罗·玄烨的《庭训格言》，朱柏庐的《朱子家训》，张英的《聪训斋语》，汪辉祖的《双节堂庸训》，郑燮的《家书十六通》，曾国藩的《教子书》，甘树椿的《甘氏家训》，邹歧山的《启后留言》等。这些家训，影响深远，对中华文化思想的传承有着重要意义。

司马光的《训俭示康》也是被历代人们称道的家训，这是写给他的儿子司马康的家训。司马光的家训别具一格，首先说明自己是怎样的人：“吾本寒家，世以清白相承。吾性不喜华靡，自为乳儿，长者加以金银华美之服，辄羞赧弃去之。二十忝科名，闻喜宴独不戴花。同年曰：‘君赐

孟校长召开班子会专题研究“家风家规家训”工作

不可违也。’乃簪一花。平生衣取蔽寒，食取充腹；亦不敢服垢弊以矫俗干名，但顺吾性而已。众人皆以奢靡为荣，吾心独以俭素为美。人皆嗤吾固陋，吾不以为病。”大致意思是说，他本来出身贫寒，一代一代都继承着清白的家风相。他生性不喜欢豪华奢侈。他一向穿衣只求抵御寒冷，吃饭只求饱肚子，也不敢故意穿肮脏破烂的衣服以表示与一般人不同，以此取得人们的赞扬。许多人都把奢侈浪费看作光荣，他却把节俭朴素看作美德。

实际上，这就是司马家的家风。司马光的父亲司马池曾任州县官和天章阁待制，为人廉洁，做官一辈子，却家无余财。这样的家风影响了司马光，司马光也是“以清白相承”，并认为“侈，恶之大也”。在《训俭示康》中，他举出历代许多“成由勤俭败由奢”的例子，教育他的儿子司马康“汝非徒身当服行，当以训汝子孙，使知前辈之风俗云”，要求他的儿子把勤俭持家的家风传给下一代。

说到近代家训，绕不开曾国藩，有人说曾国藩的家书在家训方面超过《颜氏家训》。曾家是望族，曾国藩的祖父曾留下了八字家训：“猪、蔬、鱼、书、早、扫、考、宝。”读书、种菜、养鱼、喂猪，为居家之事；起早、打扫洁净、诚修祭祀、善待亲族邻里，是治家之法。道光年间，曾国藩做了京官，其父亲在给他的家书中写了三戒，即“节欲、节劳、节饮食”。曾国藩做官的几十年里，无论带兵打仗，还是治理国家，有两件事必做：一是每天读书，二是坚持写家信。他的家信体现了他对家风的要求。他在家信中说：“家败离不得个奢字，人败离不得个逸字，讨人嫌离不得个骄字。”

他教育家人要勤快：“勤字功夫，第一贵早起，第二贵有恒。”他要亲属坚持读书：“诸弟每人自立课程，必须有日日不断之功，虽行船走路，俱须带在身边。予除此三事外，他课程不必能有成，而此三事者，将终身以之。”也教育家人放下架子去劳动：“子侄除读书外，教之扫屋、抹桌凳、收粪、锄草，是极好之事，切不可以为有损架子而不为也。”他还要家人勤劳节俭："勤俭自持，习劳习苦，可以处乐，可以处约。"

我们国家被称为礼仪之邦，讲忠孝仁义礼智信廉，讲勤俭持家，重视家庭伦理，就是这样的一代代家训，传承和发展了中华民族的文化。

孟繁信深知现在年轻的教师对家规家训比较陌生。因此，在一次教师会上，孟繁信布置了一项作业，让每位老师查阅资料了解家风、家规、家训，并写出自己的心得体会，下一次教师会轮流发言。本来，他的意思是让老师们了解一下家风家规家训的重要性，为以后立家规家训打基础。没想到，老师们对家风家规家训的理解，超出了他的期待。在教师会上，老师们踊跃发言，有理有据，可见都是下了大功夫的。

他们有的谈起了《钱氏家训》。《钱氏家训》共 635 字，从个人、家庭、社会、国家等千个层面提出一系列治家思想，包括了为人处世箴言、待人接物准则、读书学习之法、娶妻嫁女原则、勤俭治家经验以及亲朋好友相处之道等多方面的内容。杭州钱镠研究会会长钱法成先生认为，《钱氏家训》更多强调的是社会义务和责任，而不仅仅是宗亲关系。《钱氏家训》是钱家先祖钱镠留给后代子孙的传世箴言。钱镠生于公元 852 年，卒于 932 年，享年 80 岁。杭州临安人，五代时期吴越国的创立者，自称吴越国王。他在位 41 年，在政治上贯彻"民本思想"，礼贤下士，奖励垦荒，发展农桑，兴修水利，使得吴越富庶甲于东南，为江浙地区的开发作出了一定的贡献。晚年的钱镠酷爱读书，将其一生的处世经验，撰写浓缩于这篇《钱氏家训》。一千多年来，在《钱氏家训》的熏陶下，形成了钱氏家族的家风，在这家风熏陶下，人才辈出。值得称赞的是，自宋代以来，特别是明清两朝，钱家涌现出了众多的政治家、文学家、艺术家以及著名学者，如画家钱选、钱谷，诗人钱谦益，文字训话家钱大昕等。到了当代，钱家更是人才辈出。"三钱"，我国杰出科学家钱学森、钱伟长、钱三强；著名外交家钱其琛；政治家钱正英；国字大师钱穆；语言大师钱玄同；2008 诺贝尔化学奖得主钱永健（美国华裔），还有清代轻嘉学派代表人物钱大昕，文学家钱基博、钱仲龙父子……他们都出自于同一家族——"吴越钱氏”。这个家族名人辈出，成为一道风景。钱穆和钱伟长是叔侄关系，钱三强的父亲是钱玄同，钱学森的堂侄是钱永健，钱学森的儿子叫钱永刚，他是解放军总装备部的高级工程师。钱永刚认为“吴越钱氏”之所以能够涌现出这么多杰出人才，很大程度上得益于一部祖传《钱氏家训》的教诲。

有的谈起了朱镕基的家世家风。朱镕基自2013年以来，共捐善款2398万元。这些钱是他退休后出书所得的版税。在朱镕基湖南长沙棠坡的祖屋，挂有一张族谱，最上面的名字是朱原善，是朱元璋的第十三代孙。朱原善的长子朱昌琳家承儒业，但屡试不第，在本县当了教书先生。后来，他到当地富绅家当了账房先生。之后，成为一位深懂经商之道的商人。朱昌琳的儿子、侄子或因父辈恩荫，或因科举，相继入仕为官，都留下清正廉洁的好名声。

朱昌琳的弟弟朱昌藩，生有3个儿子，小儿子朱访绪就是朱镕基的祖父。朱访绪有6个儿子，最小的儿子朱宽澍就是朱镕基的父亲。但朱镕基还没出生，父亲就去世了，9岁多时母亲也离他而去。朱镕基先后由三伯父、五伯父收养，直至成人。1941年2月，朱镕基考入湖南师大附中，在毕业考试中，11门功课有7门是100分，平均96.27分，名列第一，当时的校长曹孟其颇感惊奇，破例将其存入学校档案。为了减轻五伯父的经济压力，他考入免收学费的国立八中。在八中，他的科成绩都在98分以上。1947年，朱镕基考入清华大学电机系，在众多湖南籍学生中，他的考分最高，进校后，连年获得奖学金。大学毕业后，朱镕基被分配到东北工业部，以后一直在国家计委、经委等部门工作，1987年担任上海市委副书记、市长、市委书记，直到国务院总理。朱镕基为人坦率正直，以清正廉洁、克己奉公著称。朱镕基的堂兄说：“镕基今天的性格是祖传的。”事实再一次证明，一个家族得美名不易，得恶名却很容易。清正廉洁、克己奉公的好家风值得一代又一代后人珍视。

有的从郑义门173人为官没有一人贪腐谈起。郑义门，又称“江南第一家”。位于浙江省金华市浦江县郑宅镇，占地5000平方米，明朝皇帝朱元璋亲赐“江南第一家”牌匾，是我国古代家族文化的重要遗址。郑氏家族在这里合族同居历史340余年，以孝义治家闻名于世。长达168条的传世家规《郑氏规范》，被誉为中国传统家规的重要里程碑。历史上，一个家族累世同层被朝廷旌表，可称“义门”。历朝表彰的“义门”中，一般五世至七世就难能可贵了。而郑义门众人生活的热闹情景，却延续了15世，340余年。北宋年间，一位名叫郑琦的老人，自感不久于人世，召集子孙们来到郑家祠堂，并立下遗嘱：“吾子孙有不孝不悌，不共则聚食者，大实殛罚之”。就是这一句临终前的嘱咐，成为郑家家训，开启了郑氏家族15世的故事。支撑“郑义门”的精神支柱，就是名叫《郑氏规范》的家规。他将儒家的“孝义”理念，如数字公式般转化成操作性极强的行为规范。历经几代人创制、修行、增删，最终定格为168条，涉及家政管理，子孙教育、冠婚表祭、生活学习、为人处世等方方面面，堪称世上最齐全的家庭管理规范。他甚至将大家庭的管理成员分成18种职务，由26人组成，形成一个网络式的多层结构。在郑义门的好家风、好家训和好家规的熏陶下，从宋、元到明、清，郑义门约有173人为官，尤其是明代，出任者达47人，官位最高位居礼部尚书。令人惊叹的是，郑氏子孙中，没有一人因贪腐被罢官的。

有一位老师从自己家的中堂字画变化说起，以自己的亲身感受，感悟家风的传承。小时候听爷爷讲，他家的中堂字画很有讲究，过几年就更换一次内容，其内容必要体现家风的传承。十年浩劫过后，父亲又让堂兄书写中堂对联。上联是：“荆树有花兄弟乐”，下联是“书田无税马孙耕”。意思是让兄弟团结友爱，孝悌和睦，才能兴家立世；子孙后代读书明理，勤奋好学，在无税的学堂里默默耕耘。这幅中堂对联，曾激励子辈们几十年。兄弟姐妹无论是在农村还是在企业；无论是身处顺境还是逆境，都把读书作为人生的必修课，为自己的心灵找到了宁静和快乐。从曾祖父、祖父的楷书墨迹到堂兄的国画书法，都体现了“德善贤孝，勤敬耕读”

的良好家风。本世纪初,他们家中堂对联又换了新内容。上联是“得山水情,其人多寿”;下联是“晓诗书趣,有子出贤”。意思是,人只有情于山水,与大自然融合,天人合一,才算是仁者、智者、寿者,多福多寿;子孙只有从读书中获取知识,得到乐趣,用圣贤的思想调养心性,砥砺品格,才能聪慧贤达,齐家报国。父亲已届耄耋,但每天依然坚持写文言日志,老人家戴着老花镜再拿着放大镜也要读书看报。父亲的榜样作用像春雨润物,潜移默化地影响着后辈祖孙,激励鞭策他们勤勉学习,践行孝悌,齐家报国。

经过对历代名人望族家族史的学习,全体教师都已对家风、家训的重要性有了很深的了解。接下来,一切都顺理成章,自然而然。孟繁信开始让老师们立自己的家风、家训、家规。

当今社会,大家族已不复存在,家庭规模也变为三口或四口,有的还为二口之家。家庭是社会的最小单元,也是社会的细胞。“细胞”虽然小,家风必须在。家风,作为中华优秀传统文化和风尚的传承、延续,是价值取向的与时俱进,是一代又一代人健康成长的有效保证,也是推动社会文明进步的正能量。把体现优秀传统文化的家风和当代创新意识结合起来,便是家风的时代意义所在。孟繁信强调,体现社会主义核心价值观个人层面的爱国、敬业、诚信、友善,是新时期家风必须具有的。只要把个人层面的核心价值观看作是当代家风认知的定盘星,当作是家风践行的铺路石,以人格打底内化于心,用道德作范外化于行,家风就会由小促大、以家类国。

立家风、家训,先从校班子成员做起,孟繁信第一时间把自己的家风、家训、家规公布出来,接着,其他校领导、中层干部、一线老师都将自己的家风、家训、家规公布了出来。家风、家训这种优秀的传统文化,在这个偏僻的学校里悄悄地扎根、发芽了。

孟繁信

家风：孝亲向善 勤谨尚义

家训：修仁善本心，养浩然正气

家规：1. 孝为先：涵养身心，快乐有为遂亲愿；听从教诲，敬而不违守孝道；时常陪伴，及时行孝报亲恩。2. 信为本：表里如一，事无不可对人言；言出必行，事无所不能成。3. 德养福：仁义礼智，心之四端；忠孝节恕，做人四法；修身立命，勤勉向学；俯不怍人，仰不愧天。4. 善养运：善待万物，无论高下；日行一善，不拘大小；助人为乐，善做善成。

杨玉慧

家风：孝道 勤敬 和善

家训：吃亏是福，行善是乐，做尚德之人。

家规：1. 百善孝当先。孝顺双方父母，要以心开始，关心他们的衣食住行，满足他们身心健康的需要，使老人们晚年幸福快乐。2. 天道酬勤。勤学勤思，勤奋勤恳，做勤敬好人。3. 和为贵。夫妻和美，家庭和顺，邻里和睦，社会和谐，做文质彬彬的人。4. 尊敬师长。尊敬老师，对师长有礼貌；尊重师傅，学有所长。5. 学会做人，学会做事，学会生活，学会处事，做全面发展的尚德之人。

王玉文

家风：勤俭 厚道 向上 善良

家训：立德树人，孝敬父母长辈，勤俭持家，做向善的人

家规：1. 百善孝当先。体察到父母的养育之恩，知恩、感恩、报恩、谢恩。关心老人们的身体健康、心理健康、道德健康、社会适应能力。2. 刻苦学习科学文化知识，掌握为人民服务的本领，德智体美全面发展，做对社会有用的人。3. 富日子要当苦日子过，从节省一粒米，一度电，一张纸等开始，绝不铺张浪费，不乱花钱。4. 遵纪守法，待人有礼貌，说文明话，学会吃亏让人。

张立新

家风：厚道　勤俭　孝顺

家训：学会孝顺父母长辈，做明理好人；勤以养威，俭以养德，做尚德之人。

家规：1、立孝。养孝心，践孝行，积孝德，修孝道，做张家孝顺子孙。2. 立新。日日新，月月新，革新，创新，做开拓进取之人。3. 立德。立德树人，立德齐家，立德敬业，立德济民，做一个崇德向善之人。4. 立礼。尊师敬长，和睦邻里，尊重同事，遵纪守法，做一个彬彬有礼之人。

张慧林

家风：书香人家的诚恳　勤奋　善良　礼貌

家训：诚实做人，勤奋做事，乐善好施，礼貌待人。

家规：1. 诚恳为人，言出肺腑；诚朴待人，朴实无华；诚实言行，表里如一；诚势交友，肝胆相照。2. 勤学慎思，建功立业；勤奋不懈，水滴穿石；勤劳勤俭，贵以养德；勤快勤谨，乐观其成。3. 善行善言，诲人不倦；善交长辈，善做善成；善待邻里，和睦相处；乐善好施，帮人解困。4. 学礼知礼，严肃严谨；礼仪为重，以和为贵；礼节礼貌，严格笃行；彬彬有礼，成事风范。

朱庆辉

家风：书家门第，善良孝道

家训：清清白白做人，勤勤恳恳做事，认认真真学习，全面发展，助人为乐，以人为善，做对社会有用的人。

家规：1. 孝敬双方父母、长辈，从小事做起，以顺言顺语做起，以关心身心健康做起，让老人们晚年生活快乐，幸福安康。2. 与人为善，善待邻里，团结同事，多说善言，多行善事，多结善缘，多育善果。3. 勤奋守信，尊敬师长，以基础做起，全面发展，做社会有用的人才。4. 学礼、知礼、守礼，懂得礼让，懂得吃方是福，做和为贵得人。

朱丽娟

家风：忠诚、直爽、诚实、勤俭

家训：立德之人，学好本领，全面发展，做对社会有用的人。

家规：1. 爱岗敬业。忠诚事业，干一行爱一行，专一行，精一行，奉献社会。2. 诚恳待人，说善言，行善事，睦邻里，友同事，做向善的人。3. 勤养威，俭养德，勤俭持家，勤家增长才干，俭朴避免贪腐。从节约一度电一张纸等开始，养成勤俭好习惯。4. 学礼、知礼、守礼做文明有礼的人。

王华

家风：孝道、勤俭、朴实

家训：志存高远，锲而不舍，学会感恩，踏实做人，奉献社会。

家规：1. 待人真诚，为人豁达，谦虚正派，不虚不假，不骄不躁，不贪不腐。2. 志存高远，脚踏实地，掌握本领，学会关爱，学会行善，学会生活，学会谦让。3. 珍爱生命，救死扶伤，尊老爱幼，宽容博爱，奉献他人，快乐自己。4. 读书改变气质，品质改变人生，加强学习，深入实践，爱岗敬业，提升道德水平。

李崇军

家风：孝道、善良、勤奋、向上

家训：书乐修身，笃行诚善。

家规：1. 讲善言、践善行，结善缘、育善果。2. 实事求是，敬业奉献，忠厚上进，知书达理。3. 养孝心，笃孝行，积孝德，修孝道。4. 学礼、知礼、行礼、护礼。5. 勤学、勤思、勤恳、勤俭。6. 和美、和顺、和睦、和谐。

齐宪峰

家风：耕读勤教、孝道、善良

家训：以孝为先，谨言慎行，谦让谦逊，养成习惯。

家规：1. 孝敬父母和长辈，懂的父母的养育之恩，以实际行动感恩、报恩，让老人们晚年幸福快乐。2. 勤奋学习，勤于思考，掌握本领，一以贯之，齐家报国。3. 勤俭持家，俭以养德，不浪费，不奢侈，不浮华，不贪婪。4. 学礼明道理，知礼守规矩，守礼讲谦让，护礼遵法制。5. 细节决定成败。要谨言慎行，从细微小事做起，积少成多，积水成河，积善行天下。

第三节　家风带校风

孟繁信在传承儒家学说中，把家风家规家训与当时正在开展的“诚信、友善、勤俭、孝敬”主题教育实践活动相结合，促进传统文化外化于行，内化于心，培育学生以诚立足、以善做人、以俭养德、以孝为本的自觉性。在教师的指导下，一批团员学生把自己的行为准则、理想以家风、家规、家训的形式表现出来，接着以团员带一般学生，在全校掀起了“讲、传、写、立”家风家规家训的新高潮。通过这种方式，以“家风”带“校风”、

孟校长陪同北京市、通州区两级政协委员调研学校“家风家规家训”开展情况

以“家风”促自我人格健全发展，激发了学生积极争做新时期文明中学生，形成了人人追求进步的良好氛围。

有很多家风的形成都蕴藏着一些小故事，比如初三（一）班的刘文雷同学就是一个典型的例子。那天，语文老师临时有事，下午的自习课让值班班长管理。事后回到教室，问自习课的纪律情况，学生都齐说刘文雷同学的不是，班级干部也反映他闹了一节课。老师一听，不觉怒火中烧，说：“放学后，刘文雷留下！”

下课铃响了，老师询问他事情的经过，他竟大声嚷嚷着，说：“同学们对我不义，我也对他们不仁！”老师压住火，低声说：“你是想讲道理，还是跟老师吵架？”

“讲道理！”他又大声嚷。老师终于忍不住了：“什么时候你对老师尊重了，什么时候谈！”

他径自回到座位上。正好他妈妈来接他，老师说了情况，她走过去就给了刘文雷一个耳光，说道：“你竟连老师都不尊重了！……”老师连忙劝阻。

刘文雷哭了起来，又大声说：“你也不尊重我，以前我一做错作业，你就批评我！”

……

天色渐晚，老师让他回去静静心明天再谈。

老师心里沉甸甸的，不仅仅为了学生对老师的不尊重，更为他对妈妈嚷的“你也不尊重我”！难道老师、妈妈、学生这三者是“绝对平等”的吗？在孩子的心中，“平等”究竟是什么？

第二天老师就通过《家校联系册》向班中十来个学生家长作了调查：“在家中孩子尊重你吗？”

第三天，六个学生的家长反映了情况基本相同的事实：如果家长稍有不慎错怪了孩子，就必须道歉，不然非闹个天昏地暗不可。老师陷入了深深地思索：难道这就是新时期我们倡导“以孩子为主体”，充分尊重“个性发展”的结果？这就是学生对尊重、对平等的认识吗？

接下来，老师就召开了“大家来谈尊重”的班会。老师先讲了“毛主席尊重徐特立老师”、“黑旋风李逵孝敬父母”的故事，同学们听得津津有味。为了切中要害，老师抛出了这样的观点：堂堂主席还要去探望比自己职位低的老师，真是浪费时间；大大咧咧的粗汉，自身都难保，还要千里迢迢去接母亲？

学生纷纷发表不同意见，老师也不说话，让学生充分自悟。

接着老师又在黑板上写出了昨天几位家长共同的话，让学生读读。觉得同学对，说说理由；觉得同学不对，也说说理由。最后通过辩论，同学们达成共识：要尊重长辈。

再下来，讨论同学之间，要不要相互尊重？针对班中部分同学之间不友善的现象展开讨论，谈话至此，学生已初步达成“要尊重身边每一个人”的思想，所以谈得真挚。而整堂课，刘文雷一直沉默着。

放学后，老师让学生结合自己实际写一写班会后的感受。孩子们在日记中流露出来的真情是老师所未料的，他们谈与同学、老师、家长、亲戚……特别是刘文雷的，他竟写了满满两页，并要求明天给他一点时间，让他向老师，向曾被他欺负过的同学道歉。老师很感动，他领悟到了教育就是“心的工程”，教师的“用心”换来了学生的“动心”。

在家风征集中，刘文雷板板正正地写道：尊重别人，恪守礼仪，弘扬善德。

下面是一些团员和初一学生们自己提炼的家风、家训、家规，从中可以看到他（她）们的行为准则和办事风格。

团员青年

邢江姗

家风：做人正直严明，做事一丝不苟。

家训：　严于律己、宽己待人。

家规：1. 为人厚道，培养独立、自主的能力。2. 做事专一、认真，契而不舍金石可镂。3. 遵纪守法，爱国敬业，传递正义。4. 有远大抱负，有实践能力。

李萱

家风：诚信盈门、恪守礼仪、敬仰孝德

家训：笃学致远、立志成才，做一个对社会有价值的人

家规：1. 尊师重教，勤奋好学，立志成才。2. 为人老实本分，待人宽容大度。3. 常回家看长辈，多陪长辈聊天。4. 胸怀大志，做一个坚强、有志向的人。

郭梦婷

家风：豁然大度、勤俭、朴实。

家训：宽宏大量忍为高，遇事三思万英豪。

家规：1. 俭朴、仁慈、安分，做一个回报社会的人。2. 见人之善扬之。3. 勿以善小而不为，勿以恶小而为之。4. 邻里友善，尊敬老人。

王纪伟

家风：严于律己，宽以待人，以德服人。

家训：立德兴家，开拓进取，善行天下。

家规：1. 滴水之恩，涌泉相报，对得到帮助和关心要表示感谢。2. 静思己过，莫论人非。3. 读书为宝，行善为好，以仁为本。4. 忠厚勤俭、知足常乐，做一个心怀感恩的人。

何亚宁

家风：尊重长辈，文明懂礼。

家训：严与利己，宽以待人。

家规：1. 见到客人及长辈及时行礼。2. 锲而不舍，金石可镂。3. 精诚所全，金石为开。4. 勤以养威，俭以养德。

刘文靖

家风：乐于助人、尊老爱幼。

家训：待人礼貌、坦诚做人。

家规：1. 忠孝节义、顶天立地、文涛武略。2. 热爱祖国、遵纪守法、坦坦荡荡。3. 尊敬师长、同学、长辈。4. 见到客人及长辈时要及时问好。

周璐

家风：孝道、和谐、忠厚。

家训：励志成才，笃学致远。

家规：1. 忠诚、忠厚、忠实、忠顺。2. 诚恳、诚实、诚信、诚挚。3. 厚德、厚道、厚望、厚意。4. 堂堂正正做人，踏踏实实做事。

孙超

家风：和气待人、勤俭节约、尊师敬老。

家训：踏踏实实做文明人。行善积德。

家规：1. 孝敬父母，尊重长辈，永志不忘。2. 勤奋学习，增长才干，与时俱进。3. 俭以养德，不奢不华，发扬光大。4. 坚贞不屈，俭可养廉，有高尚品德。

贺羽琪

家风：诚信善良，刻苦勤俭，尊师重道。

家训：勤为本，德为根，严于律己，宽以待人。

家规：1. 认真听取长辈教诲，善于沟通。2. 爱岗敬业，永不言弃，做事兢兢业业。3. 勤俭持家，踏实勤恳，温良谦让。4. 笑脸迎人，宽厚包容，自强不息。

陈思雨

家风：勤俭节约，诚信守礼。

家训：滴水之恩，当涌泉相报。

家规：1. 吃饭长辈为先，主动承担家务。2. 做人谦逊有礼，不高傲不自卑。3. 好好学习文化知识，将来为社会出份力。4. 懂得感恩，做一个有良知的人。

李阳

家风：重道德修养，严情操品格。

家训：书上有路勤为径，学海无涯苦作舟。

家规：1. 一戒晚起，二戒懒惰，三戒奢华，四戒骄傲。2. 一宜勤读，二宜敬师，三宜爱众，四宜慎念。3. 一尊老辈，二尊父母，三尊老师，四尊兄长。

初一新生家风

钱安

家风：孝亲敬老，行善积德。

家训：尊老爱幼、为人谦和、诚实守信、孝道当先。

家规：1. 量入为出不铺张。2. 勤俭持家不浪费。3. 积德行善做好人。4. 和睦相处讲团结。

李奥爽

家风：孝老敬亲，知礼守礼。

家训：少壮不努力，老大徒伤悲。

家规：1. 尽可能分担父母的忧愁。2. 懂得珍惜感恩。3. 大人和孩子都要做事情一丝不苟、不留一丝遗憾。4. 礼貌待客。5. 不可无视父母。

周京川

家风：尊老爱幼，与人为善。

家训：尊老爱幼，与人为善，勤奋好学。

家规：1. 为人正直。2. 勤劳好学不偷懒。3. 对待长辈要恭敬服从。

钱欣瑜

家风：勤俭节约、朴实善良做人。

家训：粥一饭，当思来处不易；半丝半缕，恒念物力维艰。

家规：1. 学生要三勤：手勤、脑勤、读书勤。2. 勿以恶小而为之，勿以善小而不为。3. 勤俭持家，节约光荣，浪费可耻。4. 孝敬老人从点滴做起。

程皓

家风：勤劳致富、勤俭持家、勤俭节约。

家训：传家两字曰读与耕，兴家两字曰俭与勤。

家规：1. 彼此尊重家里的每一个成员。2. 主动向长辈问好。3. 自己能做到的事要独立完成。4. 要孝顺父母，懂得感恩。5. 要尊敬师长，团结同学。

张慧群

家风：团结和睦、齐心协力。

家训：亲贤者、远小人；重礼仪、讲诚信。

家规：1. 独立人格、勤俭节约、凡事忍耐、不断学习、为人正直、用心做事。2. 心高气傲，博学无益；做事乖张，聪明无益。

孔杨帆

家风：重视学习、勤俭节约。

家训：家家有本难念经，唯有开心念得通。

家规：1. 一粥一饭，当思来之不易；半丝半缕，恒念物力维艰。2. 休存猜忌之心，休听离间之语，休作生分之事，休专公共之利。

第四节　校风促家风

习近平总书记曾指出，一种价值观要真正发挥作用，必须融入社会生活，让人们在实践中感知它、领悟它，达到“百姓日用而不知”的程度。“百姓日用而不知”就是告诉我们，培育和践行我们的核心价值观，要融入百姓的衣食住行中、生活细节里，且要成为群众长久的自觉行为。中华民族几千年培育子孙的实践证明，家风家训中的人生哲理，处世德行无不落到衣食住行、言谈举止这样的细节里，使家庭成员在“日用而不知”

的状态下，学会做人、处世。这种直抵灵魂的做法，正是目前教育的良策。家风正则民风淳，民风淳则社稷安，这就是家训家风经久不衰、流传至今的原因所在。《大学》有言："欲治其国者，先齐家；欲齐家者，先修身。"齐家是修身的目标，又是治国的基础，修身、齐家、治国、平天下，精辟地阐明了家训家风与国家、社会的关系。

孟繁信认为，好的教育方法必须走进家庭，走向社会。家庭教育、学校教育、社会教育是国民教育的三大支柱，而家庭是孩子的第一课堂，担负着给孩子人生"打底色"的责任，家长是孩子的启蒙教师，也是伴随他成才成长的终身教师，因此，教育必然走进家庭。当今是开放的社会，多种价值观并存，社会环境复杂，孩子生存环境中的变数越来越多。学校是文化传承的主体，同时也是引领地区文明风气的主阵地，教育也必须要走向社会。

教育走进家庭走向社会，最好的切入点就是树家风、立家训，告诉人们家风是一个家庭的传统风尚或倡行做法以及需要遵守的前进指南和行为准则，是激扬家庭内生动力的精神力量，是保持"家"的传承沿袭的不竭动力。孟繁信决定先从校外教育理事会中的家长代表做起，以点带面，逐步推开，为切实形成学校、家庭、社会三位一体的教育格局奠定基础。

一开始，家长们不反对，但积极性也不高。他们认为孩子在学校学点儒家圣贤思想，学好习就行了，树家风、写家规、立家训是不是有点跑偏了。他们虽然知道学校是一片好心，但就是一直拖着不办。孟繁信了解情况后，在一次校外教育理事会上讲了一个关于鲁迅的小故事：

鲁迅是伟大文学家、思想家，被誉为"东方高尔基"。不但文章出众，而且人格完美，这离不开他家的好家风。

鲁迅先生的母亲是一个饱受痛苦磨难的女性。在鲁迅童年时期，她屡遭打击，31 岁时，唯一的女儿端姑病死，她精神受到重创；37 岁时，丈夫一病不起；到她 39 岁时，丈夫亡故。一连串的不幸，加上当时社会黑暗，人情冷漠，世态炎凉，家境败落，使她一时陷入悲痛之中。然而，这位坚强贤惠的女性，没有被困难吓倒。眼前知书达理、懂事聪颖的小鲁迅，为她点燃了一盏明灯，让她看到了希望。她下定决心，要克服种种困难，好好培养小鲁迅长大成人、出人头地。她立下一条家训：用坚强抵御软弱，用笑脸抹去泪水，从哪里跌倒，从哪里爬起，绝不倒下。宁可自己少吃一餐饭，也不让鲁迅少念一天书。在那样生活困苦的情况下，她忍饥挨饿，用长满茧子的双手去劳作，不但养活了母子，还让鲁迅早早地进入私塾学习。鲁迅成名后，经常对人说"阿娘是苦过来的"。

鲁迅在这样的好家风的熏陶下，在好母亲的感染下，从小就学会分担母亲的重担，而且努力进取，学习成绩突出。特别值得一提的是，他秉承母亲的性格，心口如一，从不违心屈从别人，对母亲百依百顺，从不顶撞。鲁迅深知母亲的苦楚，更知母亲的用心，深爱母亲的善良勤劳，更深爱母亲永不言败的精神。

鲁迅是个典型的孝子。他参加工作以后，首先在生活上给母亲以关心和照顾，尽量使母亲过得舒适和安乐。在北京工作时，特意把母亲带在身边。为了不让母亲寂寞，工作再紧张，时间再紧，他每天空余时间都要到母亲房间与她聊天；出门之前，到母亲面前打个招呼："阿娘，我出去哉！"回来之后，也一定向母亲说句："阿娘，我回来哉！"还经常为母亲买些她爱吃的小零食。除了物质生活之外，鲁迅在精神生活上对母亲也是体贴入微，关心备至。他买了优秀绣像小说《西厢记》《镜花缘》等，供给老人阅读，以满足母亲文化生活上的需求。

母亲去世后，他把母亲立的家训用笔写下来，挂在厅室里，一来缅怀母亲，二来时时谨记母亲教诲，无论在以后多么艰苦的岁月里，他都是特立独行，从没有屈服。在鲁迅的老家，许多人都说：是好家风造就一个大名人。

讲完故事，孟繁信接着说，如今，不少父母望子成龙、望女成凤，

孟校长在于家务中学举行学生家长“家规家训家风”知识大讲堂上宣讲

但欲速则不达。我们既要改变“放任自流”，更要改变“填鸭式”和“棍拳教育”的方法。只有以身作则，以德立家、以德治家，为子女树立一个好的家风，才是最行之有效的办法，古人经常讲“传家宝”，他们传的不是金银珠宝，不是古玩字画，而是好的家训家风。现在社会如此浮躁、混乱，各种陷阱、诱惑无时不在，如果没有良好的家风家教，做家长的能放心吗？你们还认为树家风、写家规、立家训无关紧要吗？

一语点醒梦中人。家长们马上意识到家规家训对孩子行为规范、个人品格的培养是一种很有效的方法，对孩子将来立身处世、修身齐家具有久远影响，认识到在当今社会立好的家训、树好的家风很有必要，应该大力倡导。经过统计，对“家训是一个家庭对社会的道德承诺”这一观点的认同度超过了 90%。家训这一古老的教育方式，虽然长期被封存在历史的尘埃里，沉寂在人们的心底，但一旦唤醒，即会彰显它教人、育人、立人的力量，依旧闪烁着智慧的光芒，很快被群众所接受。

下面是部分学生家长的家风家训家规，这是他们对孩子们的殷切希望，也是对社会的承诺。

冉子康

家风：勤劳节俭、刚正果敢、和善待人。

家训：孝顺长辈、长幼有序、勤奋诚恳。

家规：1. 热爱祖国，好好学习，报效国家。2. 恪守孝道，忠厚善良，百善孝为先。3. 严于律己，宽以待人，勤奋好学，不耻下问。4. 契而不舍金石可镂。5. 富贵不能淫，贫贱不能以，威武不能屈。

王晓宇

家风： 严父慈母、孝亲敬老、勤劳节俭。

家训： 立德树人、立德兴家、立德宏业。

家规：1. 孝敬父母，尊重长辈，永志不忘父母的恩德。2. 兄友弟恭，和睦相处，共创家业。3. 勤奋学习，增长才干，与时俱进。4. 与人为善，不为名利，善行天下。5. 俭以养德，不贪奢华，把这种精神发扬光大。

杨云普

家风： 勤劳、忠厚、节俭。

家训：立德兴家、代代相传、不虚不假。

家规：1. 夫妻和美，家庭和顺，邻里和睦。2. 勤劳致富，节俭生活，不贪奢侈。3. 自信、自尊、自立、自强。4. 诚恳、诚实、诚信，踏踏实实做事。

史迪

家风： 和善、厚道、乐于助人。

家训： 德善成就人、勤敬成就事。

家规：1. 文明守礼，诚实守信，做文明有礼的人。2. 与人为善，不为名利，善行天下。3. 勤俭持家，厚德载物。4. 厚德、厚道、厚望、厚意，认真做事，踏实做人。

吴蔚

家风：尊师敬长、兄弟和睦、勤俭节约。

家训：堂堂正正的做人、光明磊落。

家规：1. 为人慷慨，乐善好施，乐于助人。2. 见义勇为，路见不平拔刀相助，做一个勇敢正直的人。3. 毫不利己，舍己为人，不做见利忘义的事。4. 勤奋好学，不耻下问，做虚心向别人请教的人。5. 为家庭减负，团结友爱，同心同德。

高杰豪

家风：忠厚永续、孝道致远、勤奋进取。

家训：进德修业、掌握本领、开拓进取、齐家惠民、敬畏祖先、光耀高门。

家规：1. 慎终追远，祭祀祖先，准时参与，敬畏心存。2. 相亲敬老耄耋相扶，疾病服侍，情顺理顺。3. 父慈子孝，兄友弟恭，长幼有序，朋友有信。4. 敬仰孝心，俭育孝德，恪守孝道，忠厚盈门。5. 尊师重教，勤奋勤恳，勤思践行，伴随一生。6. 激发兴趣，养成习惯，扬长避短，善做善成。7. 打好基础，锤炼身心，志存高远，踏铁留痕。8. 诚实劳动，人生之根，立德树人，走好人生。9. 夫妻和美，白头偕老，家庭和顺，万事旺兴。

何语诗

家风：孝敬、友爱、厚德、勤俭。

家训：勤劳节俭、互帮互助、善于沟通。

家规：1. 认真听取长辈教诲，善于沟通。2. 培养兴趣，锤炼身心，养成好习惯。3. 自强自立，不施拉软弱 4. 精诚所至，金石为开。5. 爱护环境，爱护小动物，做一个有爱心、热爱大自然的人。

王春雪

家风：朴素、诚信、向上、守孝。

家训：行百里者半九十，坚持不懈，专心致志。

家规：1. 对待长辈恭敬有礼，永不忘父母养育之恩。2. 对待家庭邻里关系，乐于助人，热情开朗，乐施好善。3. 对待学习事业，刻苦肯干，踏实有力，力争上游。4. 对待自己要求严格。5. 做事专一，坚持不懈。

常永顺

家风：孝亲敬老、严父慈母。

家训：志存高远，锲而不舍，勤思乐学，奉献社会。

家规：1. 孝敬父母，敬重长辈，兄友弟恭，和睦相处，勤劳节俭。2. 常回家看看，多为父母着想，多为父母分担。3. 与人为善，不为名利，善行天下。4. 勤奋学习，增长才干，与时俱进。5. 自信、自立、自尊、自强。

刘祺琪

家风：善良公正、清廉诚信、尊老爱幼、勇往直前、自强自立、坚持不懈、百折不挠。

家训：善待身边事、身边物、身边人。

家规：1. 善字为先 对待一草一木 对之以情。2. 孝字为先 对待长辈 对之以孝。3. 礼字为先 对待身边人 对之以礼。4. 仁字为先 对待身边物 对之包容。5. 信字为先 对待身边万事 对之诚信。

今天，家风仍是当代人不可或缺的精神血脉，新时期赋予了家风崭新的内涵。好的家风如春天里的甘霖，能湿润干涸的土地，散发出人性的光辉，使人们相互谅解、包容，更为邻里纠纷起到了良好的调解作用：

那天早晨，老王媳妇像往常一样，抱着青草去喂兔子，兔圈里的情景让她吃惊地发出了尖叫：一个兔笼的门敞开着，里面的七只兔子，三只死在里面，两只死在外面，另外两只已不知去向。好在其他的兔笼还完好无损。他提起了一只死兔，看到兔子的嘴唇已经变得乌黑了。“一定是兔子啃坏了笼子，跑到隔壁老刘家的菜园地里吃了他家的白菜，被毒死了。上次兔子跑出去了，那个狗日的就扬言要下药的。”

老王说：“走！我们去他家的菜园里看看。”

夫妻俩来到了老刘的菜园里，看到白菜地的四周摆放着十几株连根拔起了的白菜，有几株被吃掉了，旁边还躺着两只已死去多时的兔子。

“狗日的，不就是吃了你家几棵破白菜吗？就下这样的毒手，也太歹毒了。他奶奶的，这次算你狠，下次撞在了老子手里，看老子怎么来收拾你。”老王骂骂咧咧地提起兔子，回家了。

回到了家里，王老幺越想越气愤，就去找了他的三个哥哥，四兄弟一起商量了好半天。王老三说：“不就是几只兔子吗？俺们兄弟凑在了一块儿喝酒，哪一次都不止喝这一点钱。我看哪，就把这七只死兔子丢在老刘那狗杂种的屋顶上，看那个患恐高症的杂种怎么去拿！恶心死他！”

“对，就这么办。”四兄弟哈哈大笑着提着兔子，来到了老刘的屋旁边，把死兔子一只只地丢在了老刘家的屋顶上。

老刘家听见屋顶的瓦被砸得哗啦啦地直往屋里掉，跑出来一看，发现王家四兄弟都在，都不怀好意地看着他笑。便问道：“狗日的，你把什么东西丢在我家屋顶上了？”

王家四兄弟都大笑起来了：“是不是你这个狗日的把我家的兔子给毒死了？”

“是老子干的。怎么样？有种你就吃了老子。狗日的，老是把兔子放出来吃我家的白菜，老子没要你赔白菜就算便宜你了。”

“哦，好，好，好。老子就是来便宜你这个狗杂种的。老子把你毒死了的兔子全都送给你了。放在你家的屋顶上，你自己去取吧，取下来做下酒菜，你可一定要多喝几杯哟。哈哈！”四兄弟又是一阵猛笑。

老刘朝自家屋顶上望去，那些白色的死兔子真的正在他家屋顶上趴着呢。于是，顾不得同王家吵架了，就急急忙忙从家里搬出来一部长梯，架在屋檐上，战战兢兢地爬上了梯子。

老刘爬了一半，往下看了一下，头就“嗡的”一下晕了。七岁的时候，他从梯子上摔了下来后，就患上了恐高症，在稍微高一点的地方往下看就会头晕目眩。他闭上了眼睛，竭力地使自己的心平静下来。过了好大一会儿后，才继续往上面爬。一边爬，一边跟自己说："稳住，稳住，不朝下看，坚决不朝下看。"

老刘闭着眼睛趴在屋檐上，衣服裤子全都湿漉漉的了。他伸手摸索着，一只，两只，三只……最后，七只兔子全摸到，丢下来了。喘了一会儿气后，他又才慢慢地爬下梯子。刚下到一半，他心一慌，连人带梯子一起翻在了屋檐下。

本来事情到这就该结束了。可是，老刘摔了一跤觉得憋屈，就找来哥和弟弟，弟兄三个一合计，不能吃这个亏，得报复报复老王这狗日的。这天黄昏，老王和媳妇从地里干活回来，天快黑了，好在朦朦的月光下，还能看得见一条白色的小路。在经过一块油菜地时，突然从里面钻出来三个人影，把老王媳妇吓得一个趔趄。老王赶紧伸出手，扶住了她。

"你们瞎了狗眼了，没有听说过好狗不挡路吗？"老王喝骂道。

"嘿嘿嘿，老子今天就是特意来找你算账的。来报前天被你侮辱之仇。"老王一听到老刘的声音，立马就扔掉了肩上的东西。这时，老刘家三兄弟扑过来了。老王一手架住一个人的拳头，另一只手抓住了他的手，使劲一扭，那个人就趴在地上了。老王捏住第二个人的脖子使劲往旁边树上磕的时候，后背被人狠狠地砸了几下，火辣辣地。这时，媳妇哭着冲过来了，抱住正在老王背后拳打脚踢的那个人，呼的就是一口，把那个人咬得大喊大叫。

"臭婆娘，疯婆娘！"老刘骂道，转过身来抓住了老王媳妇的头发摔在地上，使劲地殴打。老王急了，把手中的那个人往旁边一推，使劲一脚踹在了他的屁股上，那个人就骨碌碌地滚下了两米多深的河沟里。老王吼道："狗日的孬种，还打女人。老子跟你们拼了。"朝老刘扑了过去。这时，从地上刚爬起来的那个人又扑了过来，老王怎么能是他们三个人的对手，被打急眼了，就抄起了锄头，把他们三个吓跑了。

老王没有追，扶起躺在地上披头散发的媳妇。媳妇抱着他放声大哭："他们几个人打你一个人，他们几个人打你一个人。呜呜呜……"

老王背着媳妇，一口气跑回了家。找来了红花油，把媳妇所有打青打肿了地方都抹上了。然后，叫来了三位哥哥，四个已经成年了的侄儿。老王一讲完事情的经过，王家的其他男性成员都已经义愤填膺了，马上就有人抄着家伙，嚷着要去老刘家砸人。王老二把他们都拦下了，说："我们老王家被老刘家欺负了，肯定就不能这么算了，一定要出这口恶气。但是也不能蛮干，你们都听我的，今天休息一晚，明天早晨五点钟聚合，去找他们的麻烦。"

第二天一早，老刘抱柴禾烧饭，发现大门被人从外面封住了，打不开。又去侧门看了一下，侧门也被封掉了。他透过门缝往外看，发现大门是被人用大号的抓钉抓住的，还加了一个横杠，两块门中间还贴了一个白色的封条。

一会儿，外面就围过来了很多人。他就听见了王老二的声音："我们我弟弟两口子昨天从地里收工回来，被老刘家三兄弟袭击。他们老刘家孬种，三兄弟围殴，还是打不过我弟弟，就冲着我家弟妹下毒手。你们说，爷们之间的矛盾，却朝女人下手，那还是人吗？"围观的人议论纷纷，都说真的不像是爷们儿。

老王扶着媳妇也过来了，给周围的人看，"你们看，把我媳妇打伤成这个样了。今天，我在这里代表老王家发誓，你们谁敢给刘军开门，就是同我们老王家做对，就是我们老王家的敌人。"老刘家的两个哥哥去村委会请来了村主任，主任说了半天好话，王老二才给老刘家开了一扇侧门。老王家和老刘家坐在了一块儿，主任开始调解了。

按照村规，调解前，双方都要先交两百块的调解费。老刘家交了，老王却不交，说："叫老刘这狗日的给我交。所有的事情都是他惹出来的，要么让他交，要么主任你就回去，老子一脚把他踹进屋子里，把门继续封起来。"刘家三兄弟站了起来，吼道："狗日的你们还讲不讲道理？"王家早有准备，五六条大汉冲了过去，把他们兄弟三个死死地按在了地上。主任急忙把他们拉开："还有没有王法？都给我滚！"

本来是一件小事，最后发展成为了家族矛盾。从此，老王家和老刘家谁也不和谁搭腔，成世仇了。老王家的儿子在于家务中学读初二，老师让学生写家风、立家规家训，就回家和父亲商量，费了好大劲，爷俩整理出了他们的家风：家庭和睦，节俭持家，诚实体贴；家训：饮水思源，滴水之恩当涌泉相报；家规：1、懂得感恩，父母、老师、朋友……曾经给予过帮助的人。2、有一颗平常心，凡事不急功近利。3、对于贫苦的人要给与爱心，行善积德。4、不能说脏话，文明有礼。5、时刻保持头脑清晰，不给家里抹黑。

帮助儿子整理好家规家训，老王陷入了深深的思考中，和老刘家的事说起来，自己的兔子吃人家的白菜在先，虽然他做的有点过分，但是我们自己错在先，应该给人家赔个不是。于是，那天看见老刘在菜地里，他就走了过去跟老刘道了个歉。老刘也觉得不好意思："那白菜值几个钱啊！兔子愿意吃就吃点呗！我做的太过分了，不该毒死它！"

过了两天，老刘买了七只良种兔子，给老王送了过来。老王两口子有点小激动："那怎么好意思呢！我弄几个菜咱兄弟俩喝两杯！也算哥哥给你赔罪了！"

第九章
以点带面，弘扬家风正民风

人生就是这样，幸福和痛苦往往只隔着一层纸，当幸福炙手可热时，需要多一分冷静；当痛苦将心灵结上一层坚冰时，需要多一分热情。不要回避真挚的痛苦，以免失去高层次的幸福。

——孟繁信

第一节　培树家风领民风

习近平总书记在 2015 年春节团拜会上，深情地吟诵了唐代诗人孟郊的《游子吟》："慈母手中线，游子身上衣。临行密密缝，意恐迟迟归。"说这首诗生动表达了中国人民深厚的家庭情结，并深刻指出："家庭是社会的基本细胞，是人生的第一所学校。不论时代发生多大变化，不论生活格局发生多大变化，我们都要重视家庭建设，注重家庭、注重家教、注重家风……使千千万万个家庭成为国家发展、民族进步、社会和谐的重要基点。"

家庭既是文明人类自我生产和繁衍的母体，也是人类生命个体与社会组织生活之间的关键纽带，因而有着无可替代的作用。中国人有着浓厚的家国情怀，作为家庭文化，家风和家教是依附于家庭而存在的。

孟繁信认为，有什么样的家教，就有什么样的家风，如同一个人有气质、一个国家有性格一样，一个家庭在长期的历史过程中，也会形成自己独特的家教和风气。家教好不好，家风正不正，不仅关系到一个家庭的繁荣兴衰，而且还关乎社会风气和民族命运。

在他的推动下，"树家风、写家规、立家训"活动，如一股正能量的暖流，通过学生和学生家长，辐射延伸到于家务乡的家家户户。效果很明显，许多感人的故事涌现出来：

在于家务乡西马坊村，人们只要一提起徐玉兰，乡亲们没有不竖大拇指的："徐玉兰真是一个孝敬老人的好儿媳，体贴丈夫的好妻子，教育子女的好母亲！"徐玉兰出生在永乐店镇仁务村，1998 年 1 月与西马坊村青年王晓杰结婚。婚后，为补贴家用，她进入一家地毯厂工作，一直是车间能手，村里的孝顺媳妇。

她公公今年80多岁了，患有半身不遂，一切吃喝拉撒全靠婆婆照顾。徐玉兰看在眼里，疼在心里，她对婆婆说："您尽管照顾好爸爸就行，家里的活我下班回来做，别累坏了您！"她每天早晨起来或下班回家都热情地问候二老，关心他们当天的身体情况，家里有事都会主动征求老人意见，有空就陪老人聊聊天，给老人剪剪指甲、烫烫脚。婆婆对徐玉兰这个儿媳妇非常满意，逢人就夸："有这样的儿媳妇是我们的福分。"虽然家有病人，但小日子过得和和美美。

天有不测风云。不料四年前婆婆突然查出患有尿毒症，这可愁坏了徐玉兰，为了给婆婆治病，她跑了北京几家大医院找专家，拿出了家里全部积蓄。婆婆倒下了，家里又多了一个老人需要照顾。而丈夫和丈夫的弟弟都在城里上班，为了不耽误他们的时间，徐玉兰毅然辞去自己的工作，在家悉心照顾二老。

徐玉兰常说："百善孝为先。孝顺父母要及时，爹妈只有一个，挣再多的钱也抵不上对父母的关爱。"她每天变着花样做公公婆婆喜欢吃的饭菜，为公公擦屎接尿洗澡，活动身体，端茶倒水，喂药，从来都不怕脏不怕累，每周两次带着婆婆去北京大医院做透析。他跟公公婆婆说："您尽管养好病，不要考虑钱的事。"在他的精心照顾下，婆婆的病一天比一天好转，大家都夸小兰字真是公公婆婆的福星。在徐玉兰看来，孝敬老人是晚辈最起码的责任和义务，没有什么值得夸得。她的孝心像润滑剂使婆媳之间感情更融洽，让这个家更紧密的融合在一起。家和万事兴，在徐玉兰的影响下，兄弟之间互敬互爱，妯娌之间互相体贴，正如那句话所说的，不幸的家庭每每不同，而幸福的家庭每每相同，那就是都有一个字：爱！

徐玉兰的事迹在西马坊村广为流传，被大家推选为村里的孝星典范。大家都说徐玉兰之所以做得那样好，正因为她家有一个好的家风家训，从小在好的环境中成长，塑造了她良好的品行和真诚善良的性格。

在于家务乡还流传着一个“孝心”传递的温馨故事：

于家务乡东垡村有一位叫闫兆宽的村干部，是村里公认的大孝子，他们全家也是个孝顺之家。今年七十多岁的闫兆宽，每当回想起孝敬父母的事，就非常感慨。闫兆宽母亲于1990年农历十一月去世，母亲走后，他就把父亲接到了自己家，和父亲共同生活了十二年。在这十二年里，父亲一日三餐有稀有干，穿得干干净净，住的舒舒服服，非常满意，街坊邻居也都称赞他。可在这称赞的背后，凝聚着闫兆宽夫妇俩多少辛勤的付出和汗水啊！

1998年12月，闫兆宽的父亲突然得了一场重病。从那以后，大小便失禁，此时正值三九严寒，正是老人穿棉衣的季节。老父亲的状况，让闫兆宽犯难了：穿棉裤吧，老人随时都有可能大小便，不好拾掇；不穿棉裤吧，又怕冻着老人。闫兆宽和媳妇商量，决定让老人穿棉裤，宁可让老人拉尿一裤子，也不能冻着，并给老人准备了好几条棉裤，大小便弄脏了再换一条，及时刷洗，及时晾晒。因为闫兆宽在村委会还有工作，所以大部分时间伺候、照顾老人都是老伴的事，他只能早中晚帮着照顾老人。闫兆宽夫妇精心伺候、照顾老人的举动，深深地教育和感动了自己的两个儿媳妇，他们争先恐后地帮助公婆伺候爷爷。她们妯娌俩也进行了分工，大儿媳妇单庆荣负责给爷爷刷洗屎尿，二儿媳王美莲负责给爷爷拆洗被褥。在一家人的精心护理下，闫兆宽父亲的寿命又延长了四年，老人于2002年农历十月去世，享年86岁。

闫兆宽夫妻孝顺父亲，照顾、伺候老人无怨无悔的行动感染和打动了儿女们。两个儿子和儿媳，他们为有这样的父亲、母亲、公公、婆婆感到骄傲和自豪。他们以父亲、母亲为榜样，自觉地擎起“孝道”这面大旗。

2014年，闫兆宽和老伴都先后因病住院。在住院期间，两个儿子和儿媳轮流陪护，住院费也有两个儿子和儿媳商量着共同交纳。出院时一结账，老大花了两万五，老二花了两万，老二心里过意不去，本想和哥哥拿出同样的钱为老人治病，可哥哥坚决不让。这么多年，哥俩没有因为赡养老人的事斤斤计较，而是有事共同分担，有困难互相帮助。

第二节　试点先行创经验

于家务中学师生和学生家长开展树家风、立家规家训引起了社会的广泛关注，更吸引了一个人的目光，他就是于家务乡仇庄村支部书记王书信。

仇庄村地处通州区于家务回族乡的最南端，南接河北，西联大兴，东与东方大学城相邻，距城区约 31.5 公里，是通州区的南大门。村面积 2800 亩，常住人口 780 人，流动人口 800 人。近年来，仇庄村坚持以礼教育村民，弘扬孝道文化，是远近闻名的民主法治示范村和文明村。村里成立老年协会，定期请专家前来讲课，在村民中开展居家养老献孝心活动，从 1999 年起，把每年的腊月二十定为“老人节”。他们把新旧 24 孝的内容均以故事或漫画的形式表现出来，配以文字制作了一系列宣传墙，营造了尊重“孝道”的浓厚氛围。

王书信敏锐地意识到树家风、立家规家训是文明落地生根的最好途径。虽然，2011 年仇庄村就被评为“全国文明村镇”。但村里矛盾也不少，有时他一天要去三家调解内部矛盾，赡养问题、邻里纠纷等等。村民之间一旦矛盾闹大了，往往就去村委会反映，请求书记帮他们调解。王书信认为，社会上出现的许多问题往往都源于家教，所以传统的家风很重要，几代人若一直传承下去就会产生很大的作用。为此，他专门到于家务中学去，找到孟繁信，一起商讨如何在村里搞“树家风，立家规家训”活动。经过探讨商议后，孟繁信决定支持王书信，帮助仇庄村“树家风，立家

全国文明村仇庄以“孝、德”治村，每天都接待络绎不绝的来访者

规家训”。

2014 年年初，于家务回族乡经过研究决定，在仇庄村和于家务中学作为试点，开展“追寻家训家规，呼唤良好家风”的主题教育活动。4 月，仇庄村正式启动“追寻家训、家规，呼唤良好家风”的主题教育活动，并特邀中华儒学会理事徐继福、中华孟子学会副秘书长孟繁信等专家担任此次活动的顾问。按照先易后难、以点带面的工作方针，活动领导小组先找出十户“试点”家庭，立家规、家训，然后推及全村。仇庄村约有 229 户人家，第一批建立家规的是 10 户家风良好的优质家庭。这 10 户人家是“试点”家庭，也是样板家庭，等这些家庭立家规家训的做法成熟后，作为经验推开，由 60 个村代表负责起全村 200 余户的“家规”建设，其中一个代表联系负责 4 户人家。

在仇庄村制定家规家训的过程中，孟繁信多次到村指导。每家每户根据自家的家风特色，定出家训和家规，并从此开始作为“立家之宝”代代相传。除了自拟之外，村委会也会帮着把关，最后请专家审定。北京青年报记者曾在仇庄村了解到其中一户立家规的故事，有个弟弟帮哥哥先后娶了六次媳妇，后来哥哥的第一个媳妇去世了，后面几个媳妇又相继都跑了，但是这个弟弟并没有放弃，一直努力帮他哥哥找媳妇成家立业，还花了不少钱。这家的家训经过商量后，就定作“兄友弟恭”。

作为书记，王书信家带头拟好了家训，家训是四个词：“恕”、“正”、“诚”、“善”；具体家规是：“学而不厌，积学储宝；诲人不倦，善行天下；诗礼传家，文质彬彬……”王书信说，他们家的家规是他和另外两个哥哥一起探讨商量好的，立完家规后，他立马给儿子发了一个短信，告知他今后这就是王家的家规。

村里有弟兄两个，因为陈芝麻烂谷子的家务事，搞得两家一直不睦，基本上属于大门朝天，各走一边的模样。村里让各家总结自己的家风，制定家规家训。说什么家风正，子孙兴！家风好不好，直接影响到这个家庭和这个家族能否兴旺发达，以及对外的社会形象。随着村里宣传的逐步深入，当老大哥知道家风是可以遗传的，由上一代传给下一代，一代一代不间断地传递、延续，家风好不好决定一个家庭的品味和社会形象。他终于坐不住了，找到村委会，让村委会把自己的弟弟找来，商量制订家风、家规的事情。村里的调解委员乘此机会，找来弟弟本来想做做工作，兄弟俩言归于好。没想到弟弟也坐不住了，正着急着怎么和哥哥联系研究家风、家规的事情呢！村里一撮合，兄弟俩的双手又紧紧的握在了一起。在专家们的帮助下，他们把家风定为：谦让、恭俭、自立、勤奋、责任，希望后代子孙谦让美德代代传，树立正确的人生观，敢于担当，立志成才，做对社会有贡献的人。春风化雨，润物无声。仇庄村在家风建设过程中，有许多不和睦的家庭摒弃前嫌，言归于好，良好家风促进了村里各项事业的发展。

历史和现实的经验告诉我们，当一个社会或国家遭遇道德文化的挑战，物质丰富而民心贫瘠之时，家教和家风的地位和作用便更为凸显，这更值得整个社会关注、激励、期待。建树一个风清气正的好环境，培养一个正直、诚信、善良、勤奋、宽厚的好孩子，使其成长为一名每天都能坦然面对世界和自己内心的好公民，是全社会共同的责任和期盼，也需要全社会的共同努力，尤其是需要千千万万个家庭的参与与支持。没有良好的家庭教育，没有传承一脉的好家风，即使物质财富再丰富，现代化程度再高，也不是我们所期盼的理想社会。只有良好的家庭教育、良好的家风，才能在潜移默化中影响人们的价值观，让健康的细胞在持续不断地传递、聚合、裂变、放大中，生发激荡成时代新风尚和历史大潮流，不断推动整个社会向前发展。

目前，仇庄村已将整理好的全村 193 户家庭的家风及相关的家规家训编写成书,发放给村民;创作出了家风主题歌《追寻与呼唤》和仇庄《家道》三字经。为使各家家规落地生根，真正发挥作用，仇庄村正在努力探索中，计划建立评价机制，激发村民落实家规的积极性。引进星级酒店管理机制，对各家各户进行评比，通过评比，评出星级家庭，上门挂牌，隆重表彰，还将评出“礼仪人家”、“书香人家”、“善良人家”。同时，建立惩戒机制，对不孝、口碑差的家庭，将在全村进行广播通报批评。

于家务中学和仇家庄的试点工作取得了良好效果，北京日报、北京教育报、乡镇论坛以及全国 500 家网站、电台大量报道，四川宜宾、山东泗水、山西太原、广东深圳、兰州永登等多地校长及几百名教师先后莅临于家务中学，参观取经，共商传统文化教育大计。

第三节　家风吹拂和谐行

孟繁信在于家务中学发起的“树家风、写家规、立家训”活动，一直受到于家务回族乡党委的充分肯定和高度重视。

2015 年，在试点成功的基础上，于家务回族乡党委以习总书记的讲话精神为指导，在全乡 23 个行政村开展“追寻家训家规，呼唤良好家风”

的主题教育活动，着重把加强传统文化教育和家风文化建设作为培育和践行社会主义核心价值观的重要抓手，践行“孝德主家”的于家务精神，逐渐形成“家庭、学校、社会”三结合的教育网络，以优良的家风有效引导全乡的党风、民风、社风健康发展，以家风正民风、清社风，营造崇德向善的社会氛围。

道德讲堂讲家风。2015 年，全乡建立和完善道德讲堂 27 个，实现了乡机关、各村、企业、学校全覆盖。讲堂的宣讲员由乡二级班子成员、活动顾问组专家、乡贤、各支部书记、通州榜样、道德模范、身边好人等 300 余人组成，通过“领导专家带头宣讲、榜样模范现身说事、广大群众普遍参与”的方法，扎实推进道德课堂建设，充分发挥了其育民、乐民、化民的主阵地作用。同时，各村还利用讲堂开展党课进村、重阳节孝亲敬老等活动。2015 年全乡各级道德讲堂开展活动 90 次，参与人数达到万余人。

乡贤顾问炼家风。以各村、各单位的道堂微课堂为主阵地，各村、各单位培养一名乡贤，专家顾问和乡贤到村民家中面对面交流，开展道德微讲堂宣传家风文化，并引导村民讲述自家的家风故事，再协助每户

孟繁信校长应邀在中国建设银行通州支行作传统文化报告

提炼好家风，归纳好家训、家规，并用文字、图片、视频等形式记录下来。2015 年，全乡已开展道德微讲堂 3000 余次，受益人数 5200 人，提炼家风家规家训 3921 户。

党员干部正家风。乡党委、乡政府为全乡 1300 多名党员发放了《家风家教 15 讲·党员干部读本》一书，并开展了“我的家风家训”主题征文、主题党日活动、“敬老爱老”志愿服务等活动，引导党员干部带头树立良好家风，以家风正党风，督政风，立民风。同时，将家风家训的落实列入干部年终考核和党员积分考核中，不断提高党员的党性修养和思想道德水平。

村民百姓议家风。全乡 23 各村都成立了“追寻与呼唤”百家宣讲团，讲议“好家风、好家训”故事，通过举办五月鲜花“孝亲歌曲大家唱”群众歌咏比赛、“幸福家庭和谐人口”独生子女才艺展示、孝暖重阳等活动，推动“家庭美德文化”建设进家庭、进课堂、进车间，入脑、入心，传承优秀传统文化。

中小学生学习家风。以学校为主阵地，将家风宣传融入未成年人思想道德建设中。以好家风、好家教为主题，召开主题班会、队会；组织老师、家长、学生讲述自家的家风故事；充分利用学雷锋、学好人志愿活动，社区文明小使者等主题实践活动，让学生感悟古今良好家风故事，引导学生传承中华传统美德，弘扬社会正能量，在乡风的影响下健康成长。

目前，于家务地区的百姓正形成以“孝”为主的家庭伦理，以“仁”为主的家庭信条，以“信”为主的社交准则，以“礼”为主的行为规范，以“勤”为主的做事态度，促成了崇尚文明的地域风气。

“追寻家训家规，呼唤良好家风”活动如涓涓细流，浇灌着于家务乡每一个家庭、每一个家庭成员，正形成巨大的正能量，传递下去，扩散开来……

下面是于家务回族乡党委编辑的《追寻与呼唤家风故事集（1）》，现采撷其中的几个片段，读者窥一斑而可见全貌。

高启才：孝道家风 代代相传

家风：忠厚勤俭。

家训：立德兴家，代代相传；孝老敬老，人人继承。

家规：1. 高家，热爱祖国，善待邻里，不忘根本。2. 风正，孝敬父母，尊老爱幼，不虚不假。3. 亮启，勤劳致富，节俭生活，不奢不侈。4. 节气，仁义才气，智勇双全，不荒不废。

我是于家务回族乡仇庄村的村民，我叫高启才。只要是风和日丽的天气，每天下午三四点钟，我的爱人、弟媳妇及两个儿媳都会分别推着90岁的老母亲坐在轮椅上遛弯，母亲慈眉善目，衣服整洁，满脸流露着幸福和快乐。

38年前，久病的父亲离开了人世。那时，我24岁，妹妹22岁，二弟19岁，三弟仅14岁。父亲早逝，仿佛像天塌了下来，家里失去了顶梁柱，一家人六神无主。是我52岁的母亲撑起了这个摇摇欲坠的家。母亲做人要强，勤劳善良，在仇庄村落了个好人缘，再有乡里乡亲们搭把手，先后给我们四个人都成了家。母亲总是嘱咐我们："要好好念书，为人要厚道，干活有眼力，别怕吃苦。"母亲的话激励我做事要勤奋，为人要厚道，懂得善待乡亲，懂得争气要强。

母亲早年落下了风湿性关节炎的毛病，走路都很困难，就是上厕所也需要人搀扶。我毅然辞去心爱的工作，回家一心一意照顾母亲。我经常对弟弟妹妹说，钱什么时候都能赚，可是母亲却只有一个，让母亲过得舒心才是最重要的。就这样，我学会了按摩，每天坚持给母亲按摩。终于，母亲的病有所缓解，生活可以自理了，我心里别提多高兴了。

如今，我也是做爷爷的人了，我的小日子越过越红火。天有不测风云，本来母亲可以自理了，可老人家88岁了还争气要强，什么事都自己干。一天，不小心摔了一跤，不能动弹了。我兄弟三人决定把母亲送医院治疗，临上救护车时，母亲死活不上车，还劝我们："都快90岁啦，死也死得过了，甭花那冤枉钱！"我们兄弟三人，连劝带抬，硬把母亲送到医院。

经过精心治疗，母亲扶着墙能自己挪动了，这才回家康复。到家后，母亲总打听花了多少钱，为了宽慰老人家，我们始终没有告诉她。尽管当时我家正在盖房，也非常需要钱。为了给母亲治病，我们舍得！给母亲治病，就是倾家荡产，也报答不尽母亲的大恩大德。

过了三个月，母亲实在走不动了，只好坐上了轮椅。由于母亲右腿大胯内侧的粉碎性骨折再加上年龄太大，只能保守治疗。

白天还好办，夜里接屎接尿怎么办？我的爱人和弟媳妇都自告奋勇，他们妯娌俩夜里值班，每人负责照顾母亲一个月，当夜，我爱人就把铺盖搬进了母亲的卧室，夜晚就睡在母亲身边。她们妯娌俩的行动让我们做儿子的非常感动。

她们妯娌俩都能做到每天给母亲洗一次脚，每周洗一次澡。平时被褥常晒，衣服常洗，接屎接尿从来不厌烦，儿媳妇们休假也帮忙照顾，以减轻她们婆婆的负担。我的两个儿子孙子放假也常常和老人家唠唠嗑，让我十分欣慰。我已经 62 岁了，看到一大家子四世同堂，延续着高家“孝道、忠厚、勤俭”的好家风，内心充满了光明和希望。

致勤尚和不言苦　双脚踏上幸福路

富各庄村　翟福权

家风：明理、勤俭、孝道。

家训：诗书教风好，礼义马宜年，做明理的孝道子孙。

家规：1. 严父慈母、兄友弟恭、长幼有序，孝敬双方父母，要悦心关照父母身心健康，使老人晚年生活幸福快乐。2. 勤劳要讲科学，勤俭要讲法律，勤奋要讲真情，勤学要讲尊师，做奋发有为的人。3. 深入守礼义，深谙懂礼义，深刻行礼义，使“礼义马宜年”发扬光大，永续传承，做文明有礼义的人。4. 诚实劳动，诚恳待人，实诚居家，热诚惠民，做坦诚尚德的人。

家业兴旺年年好，门庭昌盛步步高，这副对联寄托着翟福权对家庭最朴实的愿望。所谓家业兴旺，可以这样理解：家是业的根，没有家何来业；业是家的叶，没有业，家就不能枝繁叶茂。家始于和，家兴于和；业始于勤，业精于勤。只有以和治家，以和持家，以勤创业，以勤兴业，才能够实现家业兴旺。

翟福权是富各庄一名普通养殖户，一直以来，他都用自己辛勤的汗水在养殖行业里不断拼搏，干出了成绩。

总结取得成绩的两条体会，翟福权认为一个是“勤”，一个是“和”。他说，要想我们翟家这个家族兴旺下去，我们三兄弟就必须不断努力、不断奋斗，只有辛勤的耕耘，才能换来丰硕的成果。回想当初创业的历程，翟福权只觉得当时自己把每一分钟都看的弥足珍贵。

从上个世纪90年代开始，翟福权就开始尝试搞养殖，一路坚持下来，积累了丰富的养殖经验。但创业的路不是一帆风顺的。最初，翟福权年轻敢想敢干，把全部积蓄都投资在四十头猪仔身上，开始了自己的创业。每天他亲自打扫猪圈、清理猪粪、给猪喂食，跟猪在一起的时间远远超过跟家人，看着一天天肥壮起来的小猪，翟福权眼里脑海里每天都充满着对这四十头猪仔和未来美好生活的向往。然而，一天早晨起来，翟福权发现头天夜里还欢蹦乱跳的猪仔全都躺在地上抽搐，有几头已经奄奄一息了。这让翟福权慌了神，到处向养过猪的人请教，夜里更是干脆守在猪圈旁边仔细观察猪仔的病情。由于没有及时找到病因，不到两天时间，猪仔几乎全部死亡。翟福权几个月的心血全部付诸东流。他一声不吭地在猪圈旁边抽着烟，几天来睡觉合不上眼，吃不下饭。但他并没有放弃，决定先从养殖技术学起，包括相关的兽医知识，有了经验后再重整旗鼓。正是有这种不言放弃的精神和锲而不舍的努力，慢慢地，翟福权的养殖小有规模，他开始努力探索如何创新，获得更大发展。翟家兄弟一边不断研究新的养殖技术和技巧，一边带动村民一起搞科技养殖，带领大家一起致富。

和气生财，这是翟福权常常挂在嘴边的一句话。翟福权是一个和善和气的人，对待亲人、朋友、邻居，翟家人都以礼为先，尊重为先，所以在村里翟福权有个好人缘，他也整天乐呵呵的愿意帮人，谁家有个什么事都愿意跟他唠叨唠叨。在家庭里，翟福权和妻子马淑香不论遇到多大的事，多大的坎，都一直相互扶持，从没吵过架。由于父亲去世的早，翟福权很早就担负起照顾两个弟弟的责任。他们兄弟三人没有很多家庭中存在的兄弟矛盾，连她们妯娌三人都亲如姐妹。

翟福权的家庭之所以做到这一点，是因为他们兄弟三人和妻子儿女都有一个共识：家庭“和”为贵，凡事多从对方的角度想想，家家都有矛盾，可是遇到矛盾要学会礼让，不能斤斤计较。家庭和睦需要每一个成员的付出、理解、包容。这么多年来，翟福权一家人的日子越过越和美，越过越红火。同时，翟福权的经历也告诉我们：要想富就要不怕苦、不怕累，只要踏踏实实，勤勤恳恳，就能奋发有为，为家人争气；要想家庭美满，就要以“和”为贵，互相礼让，这才是一个幸福美满的家庭。

李宏志："爱而不溺"的育人之道

家风：勤学有礼　勤劳朴实。

家训：爱国守法、孝敬父母、团结友善。

家规：1. 践行孝道，从心做起，从点滴小事做起，乐于行善。2. 爱国敬业，从本职工作做起，力争精通业务，乐于进取 3. 诚信守法，从学法、知法、懂法做起，诚恳待人，言而有信，乐于守法。4. 文明礼貌，待人和气，和谐邻里，做一个有修养的人。

70 岁有余的东垡村李宏志，从小过继给二大爷、二大妈。虽然不是亲生父母，可对李宏志是疼爱有加，吃喝穿戴样样尽着他。但就是必须得听大人话，不能淘气，不能惹事，更不能由着性子想怎么着就怎么着。最让李宏志记忆犹新的就是：父母从小教育他，吃无大小，口如尊，有好吃的要给老人先吃，而后晚辈再吃；有钱不能乱花，要用在刀刃上；过日子要勤俭等等。用它父母的话说就是“疼儿子不能邪乎，爱儿子不能溺爱”。李宏志就是在父母的严格教育中长大成人，娶妻生子，和二老共同生活了三十三年，并精心赡养老人直到老人离世。

李宏志夫妇共生育五个儿女，为了供养儿女上学，夫妻俩拼命工作赚钱。李宏志从小会瓦匠手艺，白天早出晚归干瓦匠活，晚上回到家还要帮妻子干一些家务、农活，浇地、推磨、筛、簸、攘、拿，几乎没有闲着的时候。李宏志夫妇在教育儿女方面延续了长辈的做法，管教非常严格，让他们好好学习，认真读书，尊重师长，文明礼貌，先做好人再做好事。李宏志经常说老人教育他的一句话：“吃无大小口如尊。”在经济困难的条件下，他教育子女，如买水果瓜类，做兄长的先要给弟弟妹妹吃，剩下的兄长再吃，弟弟妹妹也要体谅兄长的苦心。这一做法培养了兄弟姐妹之间互相尊重、互相帮助的好习惯。从小到大李宏志这五个女儿，遵循父母教诲，谁家有困难就帮助谁，得到了村民们的称赞。

李宏志疼爱儿女在村里是出了名的，但他始终疼爱不溺爱。有一年，二儿子经过三年艰苦的高中学习，没有考上大学，儿子心灰意冷。有一天他跟父亲说，自己决定放弃学习，在家和母亲一块种地。李宏志对儿子的想法并没有感到突然，也没有着急，对儿子进行了一番开导，但儿子还是固执己见。李宏志想：“你想种地，我就让你试试，让你看看种地的艰辛，然后知难而退。”于是，第二天早上，李宏志拿着铁锹带着儿子下地打渠。他跟儿子说：“咱爷俩半天一人 100 米，打不完别回家吃饭。”儿子同意了，到了上午 11 点来钟，李宏志打完渠回家了，可儿子连 50 米也没完成，手上还磨了好几个泡。李宏志妻子说：“先让他回来吃点饭吧。”李宏志说：“不行，说话要算数，我就是要让他吃点苦，看他上不上学。”儿子中午没吃饭，一直干到天黑实在看不见了，可活还是没干完。第二天早上，李宏志叫儿子下地干活，可儿子说什么也不起来，最后说：“爸爸，我还是上学吧！”二儿子经过一年的刻苦学习，终于考上了大学。

经过李宏志夫妻俩艰辛的努力和付出，儿女们都已长大成人。一个女儿虽说没有上大学，但在婆家非常优秀，成了光荣的人大代表。三个儿子从小到大，成绩一直优良，都顺利考上大学。儿女们都有了归宿，有的还成了处级领导干部，但李宏志经常把儿女们聚在一起，教育他们在外工作要和同事们搞好团结，尊敬领导和同事，做有教养、有修养的人。他常说："人要实，火要虚，吃亏让人三分是福。"

在于家务地区，这样的故事很多，谁家孩子孝顺，敬老爱幼；谁家媳妇照顾病重的婆婆；谁家勤俭持家，家庭和睦等等，都会得到人们的尊重与赞扬。于家务回族乡的人们，正在呼唤久违的家风、家教，寻回曾被遗忘的家训、家规。家风带民风，民风清社风，良好的家训家风正在渗透到人们的衣食住行、言谈举止各个方面，化为日常行为，成为思维习惯和行为习惯，促进了整个地区文明乡风、淳厚民风的培育形成。

作为于家务回族乡"追寻家训家规，呼唤良好家风"的主题教育活动的发起者和专家组成员，孟繁信点燃了一把文明的星火，以燎原之势，影响了一个地域，并且将生生不息。

孟繁信被评为"爱岗敬业"通州榜样，图为颁奖现场

第四节　中国好人孟繁信

2016年2月19日，北京市通州区委区政府在文化中心隆重举行“2015年度通州榜样”授奖活动。孟繁信校长作为教育部门唯一的代表光荣入选，在获奖辞中，我看到了以下文字：

这里的教师爱生乐教，学生仁孝善学。传统文化在这里继承发扬，圣贤思想在这里得到实践。这一切，都源于通州区骨干校长孟繁信，他三十九年扎根在农村教育的沃土，修身正己用心为师，引传统文化源泉润泽师生心灵，追寻家规家训家风，提升地区文明，使中华文化精髓在传承中得到了发展。

精炼的词句，恰如其分地评价了孟繁信校长含辛茹苦，执着进取，以儒学为灯，照亮教育星空的生命历程。

奋斗是艰辛的，也是快乐的。面对记者的采访，孟繁信谦虚地说：“我做为教育口的代表。所取得的成绩，并不是说我做了什么，而是我们教育在教育战线，在通州区整体发展过程中，我们做了一些事情。看了其他人的事迹，我很感动，也激励我在以后的工作当中继续努力，在通州发展的大潮中，再作新贡献！”

在于家务回族乡，人们一提起孟繁信，没有不竖大拇指的，说起于家务中学取得的成果，没有一个人不点头称道的。老百姓认可的，不仅仅是孩子们中考成绩的连年攀升，由一个“中考严重失利，师生大量流失”的后进薄弱校，成为连续四年受到通州区教委表彰的“毕业班工作优秀校”，更为主要的是孟繁信把人们淡忘的儒家经典文化引入校园，用儒学核心的忠孝仁义礼智信等思想浇灌师生心灵，提出了“先成人人后成才”的教育理念，构建了独具特色的于家务中学文化育人体系：

第一是孝亲敬老。孟繁信认为，这是中华民族传统道德的原点，父母之恩是人类最基本的亲情，儿女对父母的孝敬是对人之为人的根本。对于教书育人来说，教育本身是孝的引导，强调的是长辈做的精神，晚辈一定要把它变成文化的传扬。孝顺父母，尊师重道，最重要一环就是引领学生领悟何为孝，如何顺，何为尊，如何重，于家务中学在为父母讲一个孝道故事、为父母端一杯茶、为父母做一次家务、为父母洗一次脚的“四个一”行孝活动中传承孝亲敬老美德，成为学校最大的亮点。

第二讲与人为善，这是为人处世的公共准则。在教学中，孟繁信觉得“人生最大的智慧就是善良”,“善”是“己所不欲勿施于人”的推己及人，是“己欲立而立人，己欲达而达人”的无私，把“善”的种子播撒在同学们的心田，在善的基础上发展真与美，积小善而成大德，收获的将是优秀传统文化的觉醒，华夏民族精神的全面复兴。

第三是讲究礼仪，这是中华民族古老文明理性之光的重要体现。“礼仪之邦”是中华民族特有的精神符号，闪耀着不灭的光辉，需要一代又一代的传承借鉴。孟繁信说，礼仪反映着一个人的气质风度、阅历见识、道德情操、精神风貌。当人与人互相尊重、以礼相待，社会必将是一个和谐的社会。孟繁信认为，“和谐”一词寓意深刻，“和”从禾从口，指的是庄稼丰收，人人有饭吃；“谐”从言从皆，指言路广开，个个敢说话。讲究礼仪，是实现和谐社会的前提。

第四是信守承诺，这是一个人、一个民族的的立身之本。孟繁信说，古人重承诺守信用“一诺千金”，在越来越开放越来越国际化的今天，守信依然是做人的基础，是人际交往的通行证和信用卡。

第五是志高笃学，这是一个学子求知达善的必经之路。古人云：“志不强者智不达。”又云：“古之成大事者，不惟有超世之才，亦必有坚忍不拔之志。”纵览历史，古今中外之成大事者，必是勤学好学之人。

细数四十年的教育历程，自 1976 年踏入教育之门，没有经过教育学心理学培训，更缺乏系统专业知识的孟繁信，就把自己教给了教育事业，不懂就学，不明白就问，与所教学生相约共同成长，晚上自学，白天讲授，在实践中探索，且教且学，且行且思，走出了一条属于自己的物理教学之路。1995 年，一纸调令将他调入柴厂屯中学，开始从事行政工作，他深入课堂听课，走进家庭了解师生情况，时刻心系学校安宁，寒暑假筹划校园建设、教师培训，成功地担当起学校教育方略的规划者、教学教研的引领者、文化文明的实践者，力为教育教学所用，情为师生员工所系。用他自己的话说："我一天不进校园，感觉心里总是空落落的。"2008 年组建成立于家务中学，以传承祖国优秀传统文化为己任，始终坚持"以文化人"教育方略，以提高教学质量为中心，以传统文化为源泉，以文明养成为目的，用"崇德悟道做人教育"引领师生成长。推行"有教无类"、"因材施教"思想引领下的目标管理，提出"教育要走进家庭，走向社会"，呼唤良好家风，倡导"亲子共学，文明同行"，追逐"以文弘道"的教育梦想。

辛勤的付出，必将会得到丰厚的回报。金灿灿的奖杯红彤彤的证书，见证着一个教育工作者的荣耀和业绩：

1997 年 3 月、1999 年 9 月两次被通县教育局评为服务育人先进工作者；

2008 年 9 月被北京市教育工会评为全心全意依靠教职工办好学校的优秀书记、校长；

2009 年 10 月被通州区教育工作委员会评为初中建设工程先进个人；

2013 年 7 月 被评为全国"十二五"教育部规划课题"少教多学在中小学语文教学策略与方法研究"课题优秀校长；

2014 年 9 月被通州区政府授予"通州区优秀校长"荣誉称号。2015 年，荣获"通州榜样"后，又荣登敬业奉献"中国好人榜"。

江河流日月，岁月成古今。孟繁信就像一个辛勤的园丁，耕耘在教书育人的花园中。古老的大运河轻声细语地向人们诉说着于家务中学的故事，校园里的小草花树在翩翩起舞中歌唱着孟繁信的教育之歌。

第十章
求索而得，孟氏校长“心经”

人需要与外界的交流，但一时的孤独却可以使人超越，使人淡泊明志。当孤独感行起时，便意味着你同别人，同群体有了区别，你的个性便开始锋芒毕露了。

——孟繁信

自2000年3月以来，孟繁信一直担任校长职务，至今已有十六个年头。人们常说，一个校长就是一所学校。一位好校长就是一所好学校。校长应该是一校之“魂”。正是因为这个“魂”，学校才显出了生命的蓬勃生机。所以，看一所学校质量如何，看他们的校长就能知其大概了。十六年的辛勤耕耘，使孟繁信对校长这一位置有了自己深刻的理解。对如何当一名好校长，他有他的“心经”。

第一节　好校长的“四要素”

一个称职的校长，能够清晰认识到自己的价值与使命，具有使命感、

孟校长与北京27中校长王时共同为27中名师工作室揭牌

荣誉感，具有独特的办学理念和海纳百川的胸怀。

孟繁信引用前苏联教育家加里宁的话说：教师是过去和未来之间活的环节，是克服人类无知和恶习的重要的社会成员，是过去历史上所有崇高而伟大的历史人物跟新一代人之间的中介人。在这里，加里宁说的是教师，但同样适用于对学校校长的评价。因为从某种意义上说，校长也是教师，是特殊的教师，其特殊性在于他是教师的教师。一个个的教师聚集在学校，而校长便是这个学校的灵魂，校长是聚集教师精神的一种力量。

任何一位校长，任期都是有限的。即使有些地方搞校长任期目标制，有的校长可能当的时间长一些，但是，他当的时间再长，在学校的历史上也还是很短暂的，只是学校无尽发展长河中的一个环节。然而，正是这一个又一个的"环节"连在一起，打造出了学校的声誉，托起了中国基础教育的希望和明天。学校的沧桑变迁，学校的兴衰荣辱在很大程度上都取决于校长这个"魂"。完全可以这么说，学校质量如何，学校水平如何，学校境界如何，取决于校长。就像指挥官指挥战斗一样，校长就是学校的最高指挥官，教师们就像一个个将士，他们能不能英勇无畏地纵横驰骋，能不能义无反顾地奋力拼杀，就看校长能不能把他们的能量发挥出来，看校长能不能把全校师生的目标统一在自己的办学理念上。

孟繁信认为，校长要实现这样的价值并完成这样的使命，需要有奉献精神和人文关怀。教育是一项事业，事业的意义在于献身；教育是一门科学，科学的意义在于求真；教育是一种艺术，艺术的意义在于创新。把教育当做一项事业，而事业就意味着奉献。应该说，现在并不是每一位教育者都把教育作为一项事业，并愿意为它献身的。纵观芸芸众生，人们追求的无非就是两种东西，一种是物质的，一种是精神的。教师是人类灵魂的工程师，他们追求的是精神的富足。君不见，千千万万的教师选择的是做蜡烛，慢慢地燃烧自己，照亮他人，他们追求的是民族的振兴，追求的是精神，是一种神圣。

校长的教育行为，看起来也许是平淡无奇的，但事实上，每天所面对的教育情形其实是不一样的，只不过你没有用心去辨别并用心去思考罢了。当你去思考，去观察时，你就会发现，生活原来是如此之美，教育原来是如此之美，学校原来是如此之美。你去看一些教育家，他们的日常工作也很平凡，他们只不过是比平常人多用了一些心而已，只不过比平常人多用点儿时间记录他们的教育生涯而已，只不过比平常人多花了点儿时间读书而已，只不过比平常人多思考了一下自己的教育行为而已。教育家并不遥远，每个校长都可能成为优秀的教育家，所以校长一定要学会反思自己的教育实践。

孟繁信觉得，作为教师的组织者与领导者的校长，更应无私奉献。在他心里，在校长这个职位上，有两种干法，一种是把它作为谋生的方式来做，一种是把它作为追求的事业来做。因此，是否有事业心，就决定了这个校长的境界。如果仅仅作为谋生的方式，根据职业道德去做，尽心尽职，不迟到不早退，完成职业所规定的工作，从职业上来说，也是无可指责的。但是，这仅仅是为稻粱谋，是为了解决自己的生存问题。干事业却不是这样，事业是无止境的。一个人，只要把他的职业作为事业来做，他的追求，他的目标，他的境界就完全不一样了，他就会自觉地去奉献。所以，没有一种奉献精神乃至一种献身精神，就不要去做校长。就像人们常说的，如果没有爱心，你不要来做教师这一行。对一个校长的要求，应比一个教师的要求更高一层。他必须把学校利益放在至高无上的地位，把学校的发展放在至高无上的地位，把学生的发展、教师的发展放在至高无上的地位。

对于如何看待教育这个问题上，孟繁信的看法是跳出教育去看教育，只有像局外人那样，跳出教育的圈子来审视自身的教育，才会更清楚地看到教育是什么样的。社会的质量在本质上取决于学校的质量。学校所做的一切，包括教给孩子的一切，孩子们在学校里感受的一切，就决定了他们在未来的生活中有什么样的精神风貌，有什么样的道德风尚，有什么样的人生境界。有一点特别重要，学校的教育质量，还在于学校的校长是否具有一种人文关怀的境界，并重视培养学生的人文情怀。要使学校的教育内化为学生的人格，转化为学生的信念，就必须让学生吸收丰富的人文精神的养料。如果学生能够站在人类精神文明的制高点，能拥有广博的人文情怀，对我们的社会、我们的国家、我们的世界有一种发自内心的人文关怀，那么他离开学校步入社会以后，不管遇到什么，他的心灵深处都会始终燃烧着一支崇高精神的火炬。

孟繁信深刻认识到了当今教育中的不足，现在的学校相对比较封闭，是关起门来进行“自循环”，没有与社会进行更多的交流与沟通，也没有对人类优秀文化遗产进行深入的学习与继承。这样培养出来的人，是不可能有人文关怀的。要想具有人文情怀，读书显得尤为重要。一个不读书的人，不可能有人文情怀。要培养人文精神，首先要从接受人类文明的最精华的东西开始下手。凡是读书多的孩子，一般来说，其视野必然开阔，其精神必然充实，其志向必然高远，其追求必然执着。在长期的实践中，孟繁信以《弟子规》《论语》《孟子》《大学》等经典为蓝本，创编了“崇德悟道做人”系列校本教材，引领敦促学生以诚求知，以礼行事，以善润行。这样，同学们在离开校园的时候，带走的不仅仅是一个高的升学分数，更重要的是拥有对未来理想的一份憧憬，对人生信念的一种追求，最重要的是他真正学会了怎样做一个人。如果校长没有人文关怀、人文情怀，就不可能有教师的人文关怀和人文情怀。没有教师的人文关怀和人文情怀，也就说不上学生的人文关怀、人文情怀。当所有的学校都有人文精神的时候，我们的社会就有正气，就充满希望。

对于如何做一位称职的校长，孟繁信认为：

好校长应该有神圣的荣誉感。作为一个校长，他只有对学校声誉和形象看得很重要的时候，他才会尽他最大的努力去维护它，而学校的声誉又取决于校长的声誉和形象。但目前在教育界，校长的声誉和形象似乎还没有引起足够的重视。 校长的声誉和形象未引起足够的重视，原因

孟校长为北师大校长学员班的学员作报告

之一是目前校长的角色还没有实现从“职务校长”向“职业校长”的转变。在中国，校长是由上级主管部门任命的，一纸调令就是校长的“生死状”。所以，校长不必有自己的理想，不必有自己的主张，岂止是不必，甚至是不能。因为他必须看上级的眼色，听上级的命令，以服从为天职，这也导致了大多数学校校长都是急功近利，饮鸩止渴。在世界上，可能中国校长的“寿命”是最短的，如北京大学 1898 年到 2000 年的 102 年间有 27 任校长，平均每任不到 4 年，而 1869 年到 1971 年间哈佛大学只有 4 任校长，平均每任 25.5 年。任期太短，谁有心思放眼长量？谁有心思未雨绸缪？相反，如果走职业化的道路，校长就像企业家一样，接受市场的选择，学校与校长是契约关系，校长的职责是按照协议要求办好学校，不必过多地东张西望，左顾右盼，而是相对自由地、创造性地实施自己的教育主张。

作为一校之长，他对教育事业的爱、对学生的爱应该更加博大，内涵更加丰富。如果每个校长都努力为学校增光添彩的话，那么，他的工作尽管十分艰辛，但却十分崇高。人们常说，对学生的爱，是一个教师取之不尽、用之不竭的原动力。而作为校长，他不仅要热爱学生，还要热爱教师，热爱学校。一所名牌学校的悠久历史和优秀传统，是在几代几十代的校长竭尽全力、鞠躬尽瘁的奋斗下形成的，像奥林匹克长跑接力棒一样延续下来的。一个校长从校长岗位退下来的时候，当他回首往事，能够像奥斯特洛夫斯基那样写一份无悔的人生答卷的话，那就是一个非常优秀的校长。

于家务中学有一位叫可志新的美术老师，那天正在操场上绘图。这时，手机铃响了，里面传出一个急促的声音，原来他爱人在骑电动车上班途中，被一辆拉货车剐倒了，货车司机逃逸。孟校长知道了消息后，马上安排车先将可老师爱人就近送到亦庄的同仁医院。可老师爱人伤得不轻，治疗不及时会留下残疾，而可老师家刚刚买了楼房，家庭经济条件是最低谷的时候。救人如救火。孟繁信校长马上召开全体教职员工会议，商量对策，大家一致同意先现场捐款，凑点钱已解燃眉之急。当场全校教职员工就捐款一万余元，款迅速交到可志新手中，以免延缓治疗，留下终身遗憾。可老师要照顾伤者，学校实行人性化管理，在政策上给予照顾：在不耽误功课的基础上，不予考勤。可老师夫妇非常感激，多次表达要来学校表示感谢，都被孟校长谢绝了。孟繁信认为，一个校长只有爱护教师、爱学生，才能博得老师和学生们的爱戴。

好校长必须有自己的办学理想。理想是产生奇迹的源泉。很多著名的科学家成长的经历，就可以说明这一点。生活中也可以举出很多这样的例子。所有在事业上获得成功的杰出的人，无一不是一开始就把自己奋斗的目标定得很高。校长也应该是这样。拿破仑有一句名言：“不想当元帅的士兵不是好士兵。”同样的道理，不想当杰出校长的校长也不是一个好校长，不想超越自己的校长更不是一个好校长。为校长一任，就必须造福校园一方。在任期内，你必须比前任做得更优秀、更卓越；你必须给后继者打下扎实的基础，你才能成为学校发展无尽长河中的优秀的一个环节。宋代张载讲过这样一句话："志大则才大，事业大；志久则气久，德性久。"只有志向远大，你的品德才能完美。志向不仅要大，而且还要恒久。这些都是从理想的角度讲问题。

校长的理想不仅是个人的理想，他还必须把自己的理想作为教师的理想，把自己的志向作为教师的志向。在管理学里有这样一个词汇叫"共同愿景"。就是学校追求的目标，达到的境界，让全体老师、全体学生都能知道得非常清楚，踏踏实实去追求。校长领导学校，第一是教育思想的领导，其次才是行政上的领导。衡量一个校长是简单的管理者，还是教育家，关键就是看他有没有自己的办学理念，有没有自己的教育思想。

好校长应该有自己的办学风格。所谓"办学风格"，应该就是校长富有个性的教育思想在办学上的体现。怎样形成自己的办学风格？一个校长当然必须踏踏实实地去做，但仅仅如此是不够的。历史不会记住苦劳，历史只会记住功劳。而"功劳"就是你的创新，你的风格。第一是特色，第二是特色，第三还是特色。特色才是你与众不同之所在，才是你超越其他校长之所在，才是你鹤立鸡群之所在。学生没有特长，教师没有个性，学校没有特色，这是教育极大的悲哀。对歪才、怪才不要耿耿于怀。我们应该容忍他们，容忍教师们，应该让学校办出特色来，办出风格来。有特色、有风格，才能有风采，才能有地位。而办出一所富有鲜明个性特色的学校，才是作为校长应该赢得的人生的辉煌。

好校长还应具有海纳百川的胸怀。好的校长，应该具备一种人格魅力。构成校长人格魅力的因素当然有很多，但其中很重要的一点，便是校长海纳百川的宽广胸襟。作为校长来说，宽广的胸怀十分重要，因为校长的宽容，校长的大度，将决定校长能否容纳最优秀的人才。

校长宽广的胸襟，首先体现在他能够接纳不同的教育思想。校长不但自己应该尽可能兼收并蓄古今中外各家各派的教育思想养料，而且也应尊重学校里不同老师的各种观点、各种想法。要尊重教师的思想个性，要鼓励教师们做一个有思想的教师。唯有充满思想气息的校园，才能培养出富有思想的一代新人。如果一个学校只有一个声音，即校长的声音，那么，这个学校很难说是有生命活力的学校。

校长的宽广胸襟，还体现在能够宽容教师的教学个性。从某种意义上说，素质教育就是个性教育。但个性只能靠个性来培养，没有教师的个性，就绝对没有学生的个性。在学校，教师的个性往往体现为教学的个性，而教师的教学个性又往往是他创造性能力的体现。然而，应该看到，现在学校里整齐划一的教学模式比比皆是。有的校长习惯于什么都统一：教学风格、教学程序、教学方法、教学手段乃至教案的写法等，都要求所谓的“规范”。在这样的学校，有个性的教师往往得不到校长的承认。

作为一校之长，当然在宏观上应该对学校提出一些统一的目标和指导性的意见，但宏观的蓝图要变成具体的现实，恰恰需要每一位教师富有创造性的工作。且不说对不同的学科、不同的年级、不同的学生对象应该有不同的教学模式，即使相同的学科、相同的年级、相同的学生对象，也可以用不同的教学模式，让老师们自由发挥，各尽所能。所以，校长一定要宽容教师的教学个性，扼杀了教师的教学个性，就是扼杀了教师的创造性和积极性。缺乏创造性的教师，绝对培养不出富有创造性的学生。

真正有宽广胸襟的校长，也一定是善于虚心向教师学习的人。校长的知识结构相对来说全面一些，但一个校长不可能在各个方面都超过教师。怎么办？最好的办法还是老老实实向教师学习。这里又涉及校长和教师的关系问题。校长与教师是管理者与被管理者的关系，但这只是校长、教师关系的一个方面，二者关系中还有一个重要的方面，即校长与教师还是共同从事教育实践、共同探求教育规律的志同道合者，也就是说，是平等的同志关系。既然如此，校长与教师之间互相学习，是再自然不过的事了。向教师学习，甚至向学生学习，绝不会降低校长的威信。许多优秀校长的实践已经证明了这一点。校长不但要善于读书，还要善于读“脑”。一个善于读周围教师的“脑”的校长，才是真正高明的校长。

孟繁信深感，当一个好校长不容易，因为好校长要善于协调上下左右关系，调动一切积极因素促进学校发展。他的社会角色往往很多，他要扮演不同角色：大多数时候是教育家，但有时候又是企业家，因为要考虑学校发展所必需的经费；有时候可能又是社会活动家，因为为了学校发展必须与社会打交道等等。因此，一个优秀的校长应善于处理好各种关系。要处理好与上级主管领导的关系，争取领导的支持。任何一所学校的发展都离不开上级主管部门的支持，因此，校长要经常主动地听取上级主管部门的意见，主动接受他们的指导。对于上级的指示，不仅仅是尊重，而且要服从。即使在思想上暂时还有不同的看法，但行动上也必须服从。当然，有时校长对办学可能有一些独特的思路，这就需要校长与上级领导加强交流与沟通，以争取上级的理解与支持。要处理好与社区的关系。要学会主动地关心社区，关心社区的发展，关心社区的命运，让学校和社区共同成长，学生和社区的居民共享教育成功的喜悦。还要处理好与其他学校的关系。在“应试教育”的背景下，学校之间的关系往往很紧张。其实，竞争并不妨碍合作，而是在竞争基础上的合作，在合作基础上的竞争。竞争也好，合作也好，并不是只有一个赢家，也不是只有一个输家。学校之间的正确关系应该是既做对手，又做朋友。对于差的学校，优秀学校更加应该有责任有义务去帮助它，改造它，提升其办学水平，走共同发展的道路。

第二节　孟氏教育“八字经”

孟繁信四十年的教育历程，用生命照亮教育的星空，用实践昭示世人：教育的本质是一种挖掘、唤醒、点燃和影响。

教育首先是一种挖掘。没有教不会的学生，只有不会教的老师。挖掘就是找出学生身上的闪亮点，发挥其优势和长处。孟繁信曾经讲过一个故事：

有一个小男孩，非常喜欢柔道，然而一次意外事故让他失去了左臂，他身残志坚，决定继续学下去。终于，他拜了一位柔道大师做师父，开始学习柔道。他学的不错，可是练了三个月，师父只教了他一招，小男孩有点弄不懂了。一天，他终于忍不住问师父："我是不是应该再学学其它招数？"师父回答说："不错，你的确只会一招，但只需你学精这一招就够了。"小男孩并不是很明白，但他相信师父，于是就继续照着练下去。

几个月后，师父第一次带小男孩去参加比赛。小男孩自己都没有想到居然轻轻松松地赢了前两轮。第三轮稍稍有点困难，但对手还是很快就变得有些急躁，频频进攻，小男孩敏捷地施展出自己那一招，又赢了。这样，小男孩迷迷糊糊地进入了决赛。

决赛的对手比小男孩高大强壮许多，也似乎更有经验。小男孩比较单薄，一度有点招架不住，裁判担心小男孩会受伤，就叫了暂停，还打算终止比赛。然而，小男孩师父不答应，坚持要继续比赛。于是，比赛重新开始，对手放松了戒备，小男孩立刻使出他的那招，制服了对手，赢得了比赛，得了冠军。

回家的路上，小男孩和师父一起回顾每场比赛的每一个细节，小男孩鼓起勇气说出了心里的疑问："师父，我怎能就凭一招而赢得了冠军呢？"师父抚摸着小男孩的头说："有两个原因：第一是你掌握了柔道中最难的一招；第二，据我所知，要对付这招，唯一的办法是对手抓住你的左臂。"

孟繁信认为，优势和劣势是互相转化的。金无足赤，人无完人，挖掘就是找出自己的缺陷和劣势，不刻意掩饰，敢于挑战自我，根据自己的实际情况确立发展目标，避害趋利，从而成为生活的主人。

他认为教育工作者的职责就是挖掘人才，促其成才。中国的齐白石，年少时只能以木匠为生，会一门手艺，徐悲鸿发现了他，挖掘出了齐白石的潜能，他五十岁时开始学习绘画，终成一代国画大师；而外国的爱因斯坦，年幼时成绩平平，功课经常数次不及格甚至零分，后来有位老师发现他的潜质，并鼓励他，后来他取得了举世无双的成就，“最伟大的发明家”桂冠无可非议的属于他。所以，一位教育工作者要把每一位学生都当成一块玉，一块可雕之玉，对他们一视同仁；并要坚信在爱的滋润下，“另类学生”终有一天都会成就自己，成为社会可用之材。一个学生如果很少得到表扬和激励，总是受到负面的评价，就会产生自卑感甚至自闭，进而自暴自弃。关注缺点，只会让学生在充满挑剔的眼神下，变得越来越不自信、甚至悲观绝望；关注优点，时时激励，让学生感受到老师的关怀和殷切希望，不断体验成功的愉悦，从中就能使他获取前进的动力，全身心投入，奔向成功的彼岸。

教育是一种唤醒。从来没有哪个学生愿意被称作“差生”，没有哪个学生不愿意进步，也没有哪个学生不愿意在老师、家长面前有良好的表现。师生在沟通、交流过程中，通过各种途径传达对学生的爱和信任，会极大地唤醒和激发学生的自爱和自信，会变成他们强大的自我教育的力量，激发他们虽弱必强、虽愚必明、虽邪必正，不断地挑战自我，超越自我，持续发展。

孟繁信说，很多年前，曾经看过一部美国的影片，名字已经记不清楚了，主题是讲述一位老校长如何管理一个纪律很差学校的故事。在同学们的眼中，这个校长老实木讷，一点儿派头也没有，甚至有点软弱无能的味道。他们预期，这个校长会同前边几任校长一样，干不到任期结束就会呆不下去，气急败坏地要求调走。但是，结果却出人意料，就是这位白发苍苍的老校长，运用他那娴熟地教育智慧和方法，慢慢地赢得同学们的尊重和爱戴，最后，一个渣子学校变成了秩序井然、学风良好，生机盎然的教育乐园，得到了社会、学生和家长们的高度赞誉。

电影中有一个情节特别感人，他一直记忆犹新。一天，老校长找到一位个子稍矮而撒谎成性的孩子，问他：“别人都叫你撒谎大王，是吗？”孩子低着头，尴尬地问答：“是！”校长紧接着又问：“难道你不愿意做一个诚实的孩子吗？”孩子认真地想了想说：“不，我愿意！但是大家都知道我好撒谎，我说实话班里同学们也不会相信我。”校长认真地看着他的眼睛说：“既然你愿意做一个诚实的孩子，为什么不去试一试呢？我相信你一定会改掉自己爱说谎话的毛病的！”看着男孩半信半疑的样子，老校长悄悄地说：“让我们来个秘密约定好吗？如果你一天能做到不说谎话，放学后你就到我的办公室来，我会奖励你一块好吃的巧克力。”也许是出于对巧克力的渴望，孩子爽快地答应了。接下来的一天，孩子谨慎行事，果真做到了没有说谎话。下午放学的时候，他连蹦带跳地来到校长的办公室前,敲了敲门。“请进！”老校长像早就知道谁来了似的。“报告校长，我今天没有撒谎”。说这话的时候，孩子的眼中除了有些孩子特有的贪婪的表情外，还有一种战胜自我带来的成功的自信与骄傲。校长微笑着看着孩子，打开抽屉，拿出一块巧克力，来到孩子面前，说：“你是一个诚实的孩子！”孩子从校长的手中接过巧克力，又看看校长眼睛里赞许的表情，似乎有点不敢相信眼前的一切，“谢谢校长！”那孩子向校长举了个躬，然后飞快地跑出了校长办公室，跑到同学们中间，高高举起手中的巧克力：“你们看，这是校长奖励我的！这是校长奖励我的！”之后，男孩在小伙伴们既羡慕又嫉妒的眼神中吃掉了这块巧克力。可是，第二天，这孩子撒谎的毛病又犯了。下午放学的时候，为了得到校长的巧克力，他还是犹犹豫豫地走到校长的办公室门口，用那种怯弱的表情和声调说，“报告校长，我今天没有撒谎。”校长仔细端详了他一会，仍然很高兴地样子，拿出一块精美的巧克力递到他的手中，和昨天一样说：“我知道你是个诚实的孩子！”那男孩拿到巧克力，同样给校长举了个躬，也如昨天似的飞快地跑了，甚至比昨天跑的还要快。只是，这一次他没有跑到同学们那里去炫耀，而是跑到一个没有人的地方，自己默默地忏悔和自责。他的头低垂在胸前，心里难过极了。他不能原谅自己，心里骂自己真没出息，为了一块巧克力欺骗了校长，想把巧克力送回去，又怕校长从此不信任自己。望着手中慢慢融化掉的那块巧克力，孩子暗暗发誓：“从明天开始，我一定要做一个诚实的人！”可是，就在当天晚上，一个针对这个孩子的“小阴谋”开始酝酿了。原来，看到这个孩子得到校长的奖励，平日里几个调皮捣蛋的孩子嫉妒了，他们要破坏这个“撒谎大王”在校长眼中的形象，迫使他重新回到撒谎的生活中去。第二天下午的课间，他们找到这个孩子做游戏，让他在恶作剧中扮演一个“传话者”的角色。当然，需要他说的话是谎话。看着这些昔日一起玩耍的小伙伴们，那男孩犹豫了。但是，他想起了昨天自己的誓言，想起了校长真诚地注视自己的眼神，最后坚定地拒绝了小伙伴们的要求。当然，拒绝的代价是被同伴们打了一顿，并被他们骂为“叛徒”、“坏蛋”。倒在地上的孩子坚强地忍受着这一切，但是心里却越来越舒服。下午放学的时间到了，孩子带着满身的伤痕来到校长的办公室门前，“报告校长，我今天没有撒谎！”看到孩子明亮的眼睛，校长仿佛明白了一切，从抽屉里拿出全部的巧克力，送到孩子的手上，抚摸着孩子的头，眼睛里闪动着泪花，说：“你已经是一个非常诚实的孩子了！”

正是这部电影让孟繁信知道了，教育是一种唤醒的艺术，唤醒孩子们心中沉睡的自信与自尊，教育者眼里没有差生，要相信每一个学生都有成功的愿望，相信每一个学生都有成功的潜能，相信每一个学生都能获得多方面的成功。

孟繁信还认为，教育更是一种点燃。哲学家苏格拉底说过这样一句名言：“教育不是灌输，而是点燃火焰。”哈佛大学有一位心理学家曾经做过一个这样的实验：他将一份名单交给校长，声称上面的学生经过智力测验，都具有很大的发展潜力。这一学期结束后，名单上的学生果然成绩都名列前茅。这时，那位心理学家才告诉大家，这份名单只不过是他随机挑选出来的，与那个所谓的智力测验没有任何关系。那么，心理学家的预言为什么会成功呢？因为人是社会化的动物，当老师把他们作为优秀学生的时候，他们的自信心被点燃了，并且时时提醒自己是尖子生，用高标准来要求自己，最后自然而然的就能取得好成绩。

孟校长为来校考察的山东冠县教育考察团做儒学教育汇报

教育，并不是教你这个怎么做，那个怎么做，而是一个手段，一种点燃你求知欲的方法，让你自己去思考这个怎么做，那个怎么做。你能燃起多大的篝火，取决于你自己的积累。教育所做的，就是帮你点燃起最初的火种，而不是给你一个已经点好的篝火。而对于教育工作者来说，只有认真探索和科学把握教育的本质，才能搞好教育、激发和增强教育活力。要做的是去启迪而不是灌输，是要“点燃一把火”。事实上，教育的本质就是发掘被教育者的潜能，培养学生自由全面发展的能力，使其获得最适合自己的教育。爱因斯坦说过，兴趣是最好的老师。兴趣会激发学生主动挖掘自己的潜能，自发积极地去学习、去努力、去奋斗、去成长。

孟繁信很推崇孔子“有教无类”的教育观念。不管学生有怎样的千差万别，学校都应因材施教，让每个学生都能成长成才。这是每一个学校应尽的责任，也是每位教师、教育管理者应尽的责任。教育是有生命的，不是简单的教与学两个孤立的部分。教育的生命就是爱心，没有爱就没有教育。无论课堂教育还是课后教育，实际上都是一种爱心的传递，而不只是简单的上课和交流。教师上课时给学生的一个眼神、一个启示、一声问候，对学生都有很大影响。孟繁信曾讲过这样一个故事：

从前，有位男孩子生性胆怯，因为他天生就有些口吃。但其实并不严重，而他却长期生活在自卑的阴影里，脑海中时时浮现出自己在课堂上的尴尬场面，耳畔时时响起同学们的哄笑声，久而久之，他变得性格孤僻，缺陷越发明显。虽然，他的声音很有磁性，也曾经有当广播员或者演讲家的美好愿望，可是每当他站在台上，面对台下无数双眼睛时，就会心跳加速控制不住自己，而变得结结巴巴。因此，他错过了很多次发展机会。为此，他感到很痛苦，觉得命运对他不公平。

后来，在一位好友的引荐下，他去拜访了一位成功的长者。他把内心的苦恼倾诉给那位长者，然后恳求说："您是我认识的人当中，最有才智的一位，您可以给我指一条通向成功的路吗？"长者微笑着说听完，说道："很简单，你对自己说，我能行！"

男孩犹豫了一下，缓缓地开口说："我能行。"长者说："用心用力再说一遍。"男孩顿了顿，大声说道："我能行。"长者说："再来一遍！"突然，男孩用劲大喊了一句："我——能——行！"

后来，那个男孩终于克服了自己的缺陷，燃起了自信之火。他开始变得积极主动，屡次在学校的演讲等比赛中获奖，学习成绩也扶摇直上，最终如愿以偿地考取了广播学院，实现了自己的理想。

在一篇关于教育的论文里，孟繁信这样写道：教育的最终目标是一种影响。孔子影响了三千贤人，而那三千贤人又不知影响了多少子子孙孙？正是这种影响，从而积淀成为一个民族的精神追求，谁又敢说孔子不是一位伟大的老师呢？教育就是一种精神文化的传递、熏陶与引领，它更是一种影响。这种影响不是单一性的传承，而是相互性的融合，达人达己，立人立己。不管是在学校的课堂教育，还是家庭生活教育，教育的影响始终如影随形：社会影响大众、领导影响下属、父母影响子女、教师影响学生、学生影响学生……从教育的目的和手段上来讲，教育的目的是影响人，认知的目的是为了接受更深远的影响。星星之火可以燎原，毫不夸张地说，教育的影响何止是星星之火。

影响，就要有影响力。如何提高影响力，这是一种艺术，是需要一定的文化底蕴，需要教师自身的修炼，塑造自己高尚的人格魅力。俄国教育家乌申斯基说："只有人格才能影响人格的形成和发展，只有性格才能形成性格。"所以说教师的人格魅力也是一种重要的教育手段，它具有深入性、持久性、潜能性的特点，是一种深刻的非权力性的影响力。理想的影响是身体力行大于空洞说教的。

孟繁信认为，教育的特殊性就是在于培养、造就一代社会新人，培育祖国的未来。这就决定了教师的劳动具有独特性，从某种意义上说，它是一种以人格培育人格，以灵魂铸造灵魂的劳动。学生受教育的过程是一种人格逐渐完善的过程，这在很大程度上取决于教师本身的人格力量所施加的影响。教师的人格力量是实施素质教育的重要保证，它来自于教师文化修养与道德情操的完美统一。影响教师的人格魅力是多方面的，教师的教育观念、品德修养、性情、学识、能力等，这是一名教师吸引学生的关键环节。诚然，教育的影响有积极的，也有消极的。若接受到的影响好的居多，坏的少，这个人的发展就会积极、健康，反之，就会差些。如果教师看问题片面、偏激，悲观厌世，他所教的学生也不会有出息。因此，教师要有一个快乐健康的心态，热爱自己，关爱学生；热爱生活，关注人生；热爱社会，关注大自然的和谐发展。教师积极乐观向上的性格会直接影响到班级的每一个学生，这种潜移默化的作用是巨大的、无形的。同样，一个教师对自己所教学科的认识、理解，对自己所教学科的态度、价值认同感，极大地影响着孩子们对这个学科的兴趣。教师热爱自己所教的学科，他就会对学科有着深厚的情感，善于钻研、乐于学习，自然对学科知识领会的就深；学科中所包含的情感因素、价值观念自然内化于心，

孟校长身体力行，带领教职员工扫雪

这样他的学科教学就是有生命的。就如法国著名作家罗曼·罗兰说的：“要散布阳光到别人心里，先得自己心里有阳光。”因此，一位合格的教育工作者要做的就是无限地延伸积极有效的影响，摒弃消极的影响，让教育绽放出充满正能量、智慧的花朵。

纽约州的大沙头是一个黑人聚居的贫民窟，这里不仅穷困，而且声名狼藉。在这儿出生的孩子长大后很少有人能够获得体面的职业。

皮尔·保罗这时担任诺必塔小学的董事兼校长。走进这所小学，他发现这里的孩子无所事事，旷课、斗殴，甚至把砸烂黑板破坏门窗当成家常便饭。当罗杰·罗尔斯这个孩子从窗台上跳下，伸着小手走向讲台的时候，皮尔·保罗说：“我一看这位同学修长的小手指就知道，将来你就是纽约州的州长！”当时罗杰·罗尔斯大吃一惊，因为长这么大，只有他奶奶让他振奋过一次，说他可以成为五吨重的小船的船长。这一次校长竟说他可以成为纽约州的州长，这大大出乎他的意料。他认真记下了这句话，并且相信他。从那天起，纽约州的州长就成了飘扬在罗杰·罗尔斯精神领域上一面旗帜。他找来一些书籍翻看一个州长需要哪些素质，比如学习、举止、文明等各个方面。从此以后，罗杰·罗尔斯的衣服不再沾满泥土，说话也不再污言秽语，走路也挺直了腰杆，他成了班长。无论做任何事，他一直以州长的身分要求自己。51岁那年，他真的成了纽约州的州长。在就职记者招待会上，他没有提及个人的奋斗史，他只提及了影响他一生的校长——皮尔·保罗。

孟繁信从教四十载，他无时无刻不用自己的言传身教影响着周围的人。

就在采访孟繁信校长期间，我遇到了一位学校的供应商，好像是做智能黑板之类业务的。他悄悄告诉我，他姓崔，跟这个学校做生意十几年了，一开始是生意上的关系，慢慢地自己感觉和孟校长不是什么生意关系，而是像老朋友一样。因为他的家庭纠纷就是孟校长给解决的：他兄弟二人，自己是老大，老母亲跟老二住在一起生活，由于他天天忙生意，照顾老人的时间就少了，但赡养费每月都交，保证老人的日常生活没问题。但时间长了，也没落下什么好，所以他两口子就以为老母亲不理解自己，向着老二。天长日久，闹的越来越生分，基本不上门了。孟校长无意中听到了这件事，正告崔老板说："父母生育了我们就是最大的恩德，我们应像《弟子规》中那样，父母呼，应勿缓;父母命，行勿懒。父母教，须敬听;父母责，须顺承。您说母亲向着老二，那老二肯定过的不如你好，母亲都向着差点的，这有什么不对吗？而且你天天忙生意，没时间照顾老人，老二有时间能照顾老人的生活起居，这样多好啊！你应该感激老二才对！"一席话说的崔老板眼含热泪，他立马开车赶回老家，给母亲道了歉，并对兄弟说："我时间紧点，照顾咱妈的事你多担点，需要钱的话你尽管吱声。"几句掏心窝子的话，说的老二也流泪了："大哥，很多事我做的也不对，您多担待！您放心做生意，咱妈就教给我了！"老母亲看到好几年不上门的兄弟俩重归于好，激动地说不出话来，一个劲的嘟囔："好！好！好！"

也许教师也是一个容易传染的职业。很多家庭父辈是老师，儿女们子承父业继续耕耘在三尺讲台上。孟繁信家庭就是这样，他的女儿也是一名光荣的教师，而且是职业学校的教师。临上岗前，女儿让老爸给他提点建议和要求，看着已经长大的孩子，孟繁信略一沉思，说："我赠给你两个词吧，一个叫'尊重'，一个叫'良心'。要从心灵深处尊重别人，不论同事还是学生；作为一名老师，做任何事要对得起自己的良心，包括教学以及为人处事。"女儿谨记孟校长的教诲，在人们都认为是渣子学校的职业高中，辛勤耕耘，所教班级在同行业学校中名列前茅，自己也被评为北京市优秀教师。

孟繁信四十年的教育生涯告诉我们，影响也是一个长久的，循序渐进和潜移默化的过程。欲速则不达，急功近利的教育只会丢失原有的人文魅力，通过积极有效的影响，达到水到渠成的点化和潜移默化的感染，令教育真正成为人和人心灵上最微妙的相互接触。相信在用真情营造的教育中，定能使学生在获得知识的同时，也能保持丰富而优美的灵魂。

第三节　职业快乐"金钥匙"

一个好校长，应当把学校的发展融入到个人生命成长的过程中，两者同呼吸共命运，这种精神就会传递给师生，就会薪火相传，随着时间的沉淀，这种精神就会成为一种文化。这种文化不是刻意打造的，而是一届届校长们辛勤工作，永不言弃，执着追求的结果，是朴素的传承。而当我们从生命的角度，以整体的方式思考时，可以这么说，校长的成长，不仅仅是个体生命的成长，而是一个学校整体生存方式的不断完善、一个群体生命质量的不断提高。

这种成长，需要校长有积极的生命情态，保持对客观事物的新奇感，对自我保持着自信，对发展保持着开放。他永远需要面对不断更新着的世界，永远有发展的空间。因此，校长要有破旧的勇气，更需要有重建的热情，要从教育中获得人生的快乐。

孟繁信刚被任命为校长时，面对学校纷杂的工作，曾经失落和迷茫过，他不只一次叩问自己：学校如何发展，个人怎样成长，教育的路在何方？经过深入思考后，他最终明白，校长的成长，说到底就是一种生命的成长，他要保持着旺盛的生命力，在变动着的世界中，以个体的力量推动着一个群体的不断更新。

孟繁信习惯把学校看成是一棵待茁壮成长的树。他认为，只要立足学校，校长就有了发展的土壤。当然，树木成长光有土壤是不够的，空气、阳光、水分等也缺一不可。跟学校关系密切的外部环境是阳光和水分，各部门出台的政策法规就好比是空气。校长是“根”，根系发达，才能吸取更多的养分。所以校长首先要不断学习，做强自己。学校发展的战略构想、培养目标以及各种制度就是“树干”，起到支撑的作用。“枝”是学校下设的各部门：教务处、总务处、工会、团委、学生会教研组等等，“叶”是教师，只有枝繁叶茂，欣欣向荣，树才能壮大，所以在学校发展中教师的力量不可小视。学生则是树冠枝头的果实，所做的一切最终体现在丰硕甘甜的果实上。树梢上又大又红的苹果固然最优，然而一定更要关注树的中部和底层这些大部分的果实，因为秋收时节，衡量农民收获的绝不仅仅是几个、几十个丰硕的苹果，而是整棵树收获了多少高品质、高产量的果实。只有高品质、高产量，且又均衡的收获，才是令人最快乐的。

孟繁信认为，目前学校教育还有许多瓶颈，土壤（学校的办学条件等）并不都十分肥沃，有时可能还缺少阳光、水分和空气。教育的外部因素，不是校长能可控的，各种政策性、制度性的条件，个体对它们的影响都是有限的，学校校长无法完全影响它们；但是，作为校长自己，是可以自我控制的。人都可以有自我意识，都可以自觉地规划、设计，实践自己的想法，可以自主地反思与重建。

某教育杂志上，曾报道过这样一个新闻，英国《太阳报》曾以“什么样的人最快乐”为题，举办了一次有奖征答活动，从应征的八万多封来信中评出了四个最佳答案。也就是说，评出了四种最快乐的人。这四种人里没有教师。但这四种人的快乐都和教师的工作有关系。

第一种人，是刚完成作品吹着口哨欣赏自己的艺术家。他为什么快乐呢？因为创造性劳作的人是快乐的。只是劳作还不行，每天都重复昨天的故事，不可能快乐。所以，这里的关键词是“创造”。其实教师也是如此，只有每天都充满创造，我们才能快乐。第二种人，用沙子筑城堡的儿童。他的快乐，是因为他有梦想，对未来充满希望的人是快乐的。这里的关键词是“梦想”。曾经有人问同样在砌砖的三个人:“你在做什么？”三个人的回答不一样。第一人回答：“我在砌砖。”他说的是事实，但他的眼光也就如此而已。第二个人回答：“我在修筑一座美丽的宫殿。”这就有梦想了。第三个人回答：“我在建设一座伟大的城市！”这个人的梦想更伟大了。他的快乐自然更多。当教师的，如果没有梦想地工作，何谈快乐？第三种人，是为婴儿洗澡的母亲。为什么快乐？因为心中有爱，那种无私的、不计报酬的爱，能够让母亲感到快乐。这里的关键词是“有爱”。教师也是如此，爱学生就会快乐。第四种人，是千辛万苦后终于挽救了危重病人的医生。他快乐的原因，是有帮助别人的专业能力。这里的关键词是“专业”，而不是“助人”，不是想帮助病人的愿望。要说“想帮助病人的愿望”，最迫切的莫过于病人的亲人，但他们无论多么想帮助病人，最后还得把病人送进医院交给医生，因为只有医生才有专业能力。也正是这专业能力，给医生带来了职业快乐。联系到教师这个职业，没有教师不想帮助学生，但并不是所有教师都具备帮助学生的专业能力，因而并不是所有教师都感到了职业快乐。

所以说，“创造”、“梦想”、“有爱”、“专业”，这才是教师获得职业快乐的金钥匙。

与大自然交流

校长如果想让学校的土壤足够肥沃的话，那就需要植下善良的种子，让教师感到职业快乐，让学生有积极的上进心，让师生间进行善良、爱的传递，形成师生共学，教学相长的良好教风。

不论在工作，还是在生活中，在孟繁信看来，快乐很简单：废寝忘食地工作是一种快乐，疲倦时伴着一篇美文入睡也是一种快乐；面对困难披荆斩棘是一种快乐，闲暇时品一杯香茗也是一种快乐。

在他随身携带的笔记本上，我看到了如下文字：

住在田边的蚂蚱对住在路边的蚂蚱说："你这里太危险了，搬来跟我住吧！"路边的蚂蚱说："我已经习惯了，懒得搬。"几天后，田边的蚂蚱去找路边的蚂蚱，却发现它已被车压死了。

——原来，掌握命运的方法很简单，远离懒惰即可。

一只小鸡破壳而出的时候，刚好有只乌龟经过，从此，小鸡打算背着贝壳过一生。它受了很多苦，直到有一天，它碰见了一只大公鸡。

——原来摆脱沉重的负荷很简单，寻求名师指点就可以。

一个孩子对母亲说：“妈妈，你今天真漂亮！”妈妈问：“为什么？”孩子说：“因为妈妈一天都没有生气。”

——原来要拥有漂亮很简单，只要不生气就行。

一位农夫，叫他的孩子每天在田地里辛勤劳作，朋友对他说：“你不需要让孩子如此辛苦，庄稼一样会长得很好。”农夫回答说：“我现在不是在培育庄稼，而是在培养我的孩子。”

——原来培养孩子很简单，让他吃点苦头就可以。

有一家商店经常灯火通明，有人问：“你们店用的什么牌子的灯管？这么耐用！”店老板回答说：“我的灯管也常常坏，只是我坏了马上换而已。”

——原来，保持明亮的方法很简单，把坏的换掉就行了

有一只淘金队在沙漠里行走，大家都步履沉重，疲惫不堪，只有一个人步履轻松，快乐前行。别人问：“你为何这么轻松惬意？”他笑着说：“因为我行李最少。”

——原来，快乐也很简单，只要放弃多余的包袱即可。

著名作家刘心武曾说过，在五光十色的现代世界中，应记住一个古老的真理：活的简单才能活的自由。

简单是一种美，是一种朴实且散发着灵魂香味的美。

简单不是粗陋，不是做作，而是一种真正的大彻大悟后的升华。

现代人的生活过的太复杂，到处充斥着金钱、功名、利欲的角逐，到处充斥着新奇和时髦的事物。我们生活在其中，能不疲惫吗？

美国哲学家梭罗有一句名言感人至深：“简单点儿，再简单点儿！奢侈与舒适的生活，实际上妨碍了人类的进步。”他发现，当他生活上的需要简化到最低限度时，生活反而更加充实。因为他已经无须为了满足不必要的欲望而心神分散。

简单的做人，简单的生活，想想也没有什么不好。金钱、功名、出

人头地、飞黄腾达，当然是一种人生。但能在灯红酒绿、推杯换盏、斤斤计较、欲望和诱惑之外，不依附权贵，不贪求金钱，心静如水，无怨无争，拥有一份简单的生活，不也是一种很惬意的人生吗？

第十一章
静而致远，浮华背后的孟繁信

真正的宁静，不在于避开喧嚣世俗，而是在心中修篱种菊，点一盏心灯，守一片月明。以清净心看世界，用欢乐心过生活，便是一种幸福。

——孟繁信

第一节　养浩然之气

1. “侠义”之气

孟子是继孔子之后儒家最杰出的代表人物之一，他与孔子的不同之处，主要表现在孟子的“养浩然之气”上，它实际上是一种锻炼人格意志和身体素质的方法，让人的身心成为意志和信念的凝聚体，而意志和信念也找到自己的物质载体。孟子的“浩然之气”是一种充溢着刚性的“力”，这种刚性之力并非来源于人体质的健壮和权势的显赫。若没有仁义礼智的信念做精神支柱，则不过是“匹夫之勇”而已，因为它们只能让人服口服，不能使人心服。孟繁信认为，这种“至大至刚”的“浩然之气”，实际上就是指人的一种生气勃勃的内在精神状态和蓬勃向上的人格之美，它体现在“富贵不能淫，贫贱不能移，威武不能屈”的“大丈夫”身上。

孟繁信作为孟子的第七十四代后裔，从小就受到家庭的熏陶。1976年，孟繁信的大爷从外地回来，见到已经参加工作的孟繁信，专们把他叫到跟前，郑重其事地对他说，咱们孟家要有浩然之气，从来不惹事，但永远不怕事，不干拿不上桌面的事，不向丑恶势力低头。这句话在孟繁信的心里扎了根，不论是在教学一线还是从事教育管理工作，他都恪守老人的教诲，不卑不亢，明明白白做人，踏踏实实做事。

孟繁信“侠义”之心自小就有，小时听村里四爷说书，岳飞等人的英雄事迹及侠义精神，在孟繁信的心里播下了正义的种子。小学四年级的时候，同村里的一个同学被高年级的学生欺负，孟繁信遇到了，二话没说冲上去打抱不平。结果，被高年级的学生踹了好几脚，他疼了好几天。

虽然抱不平没打赢，但他的“侠义”之气可见一斑。

1995年秋天，孟繁信在柴厂屯中学担任总务主任的时候，学校要收回所有的校办工厂，当时有一家工厂的承包者据说背景复杂，和社会上很多“混混”称兄道弟，光拜把子兄弟就有几十人。学校里很多老师劝孟繁信多一事不如少一事，那个工厂咱们不收了，让他执行原来的协议交承包费不就完了。面对他们的劝说，孟繁信并没有改变自己的想法，他认为，我们收回校工厂是正常的工作，他背景复杂是他的事，我又不是和他打架，我不怕。于是孟繁信自己一个人过去找了工厂的负责人，那天正好那人的把兄弟老三、老五也在，胳膊上都有纹身。孟繁信将学校的意思告诉了他们，说这次集中行动是学校的一项决策，因为校工厂一直以来缺乏管理，线路老化严重，安全隐患很大，希望你们能配合学校的工作，等整改完毕，再统一竞标。一开始他们还有敌对情绪，认为学校是撵他们走，最后说到有安全隐患，他们才明白是为他们负责。自始至终，孟繁信不卑不亢，动之以情，晓之以理。谈了一个多钟头后，那位负责人终于同意学校收回工厂，最后还留孟繁信在那吃饭，说要多聊会儿。孟繁信谢绝了他们的好意，因为学校百废待兴事情多，工作忙，而且他也不想和这些人在一起喝酒吃饭、套交情。

2. 古道热肠

“养浩然之气”不仅仅体现在“侠义”的正义感上，还应该表现在乐于助人，传播正能量上。这种事情孟繁信遇到的太多了，他总是用圣贤的思想教育人，引导人们以礼行事，做文明有礼北京人。

一天，孟繁信的一个学生来到了他的办公室，看到孟校长在忙，在沙发上很拘谨地坐下，欲言又止。孟繁信感觉到了什么，就鼓励他，有什么事尽管说。半晌，他才犹犹豫豫的说了自己家庭的一件事，他很小的时候父母离婚，父亲在外上班，他基本上是由奶奶抚养成人的。后来，他妈妈再婚又嫁到了这个村。虽然离得不远，但妈妈从来没有照顾过他，见了面也像陌路人一样。当时，他心里有点恨妈妈，但随着时间的流逝和自己年龄的长大，也无所谓恨不恨了。但是，前几天听别人说，妈妈去医院查体，查出来患了食道癌。听到这个消息后，他一直心里不是滋味，一直挂着这件事。虽然妈妈没有照顾我，但她是我的亲生母亲啊！去看她吧，心里也有点不情愿，自己长这么大了，她怎么能狠心不闻不问呢？他心里非常纠结，晚上也睡不好觉，就跑来问问孟老师，应该怎么办。

孟繁信看着这个学生，心里很是安慰，孩子长大了，学会思考问题了，考虑也全面了。他肯定地说，孩子，你应该去看你的妈妈，一位哲人说过这样一句话，生活中每个人都有错，但只有愚者执迷不悟。你的母亲虽然在改嫁后，没有照顾你，没有尽到母亲的责任，但是她生了你，就是她对你最大的恩情。怀胎十月，很不容易。无论怎样，你的血管里流动着的，都是她的血。你要记恩不记仇，放下对她的成见，试着去接纳她。如今她病重，你更需要去看望她，陪伴在她身边，让她不孤单，让她更勇敢地抗争病魔。对她来说，来自于亲人的力量是最大的。没有人是圣人，也没有人一辈子不犯错，别抱怨。宽容了你母亲的同时，其实也是宽容了你自己……

那位学生听得满含热泪，他紧紧抓住孟繁信的手，说，孟老师，我知道该怎么做了，谢谢您，说完，弯下腰向他深深地鞠了一个躬。

这样的事例在孟繁信校长的生活中太多了，他每每都是以圣人之学，教育人们改过迁善，立德行善，历久不倦。

在一次朋友聚会中，孟繁信认识了一位新朋友，酒过三巡，他就把自己一件苦恼的事说出来了。他小时候父母就离婚了，弟弟跟着母亲嫁到了石家庄，人上了点岁数就念旧情，前几年通过关系找到了弟弟他们，但一直没和母亲见面。前几天，弟弟来电话说，母亲病了，需要手术，问我能不能在北京联系一家专业医院，我刹那间就愣住了，答应还是不答应？我心里是五味杂陈，只能搪塞一下弟弟，看看再说吧。

也许是喝了酒的缘故吧，那位朋友纠结得泪都流出来了。孟繁信看在眼里，轻轻地对他说："这位兄弟，你应该马上联系医院，把老母亲接来！

两千多年前，孔老夫子就说过‘忠恕存心，择善而行’，就是说能原谅的就要原谅，还要往好处办。对自己的亲生母亲，还有什么不可原谅的呢？再者说回来，我们难道还不如古人吗？”

孟校长的几句话入情入理，也说到了那位朋友的心坎里，非得和孟校长连碰三杯。第二天，他就联系医院把老母亲接了过来，并且亲自在医院伺候，直到母亲康复出院。那位朋友的所作所为在医院被传为佳话。从此后，他和孟校长也成了莫逆之交。

孟繁信作为于家务回族乡“追寻家训家规，呼唤良好家风”的主题教育活动的发起者和专家组成员，他的足迹踏遍了全乡 23 个行政村的角角落落，为他们解疑释难，为邻里和谐不遗余力作贡献。

孟繁信主讲道德讲堂，不仅在屋内讲堂上课，有时还在室外的现场。那天，孟繁信去某村道德讲堂讲课，遇到了一起邻里纠纷，并且闹得很凶。起因是赵某与牛某系邻居，2014 年 11 月，牛某擅自在其北屋上面加盖一层房屋，采用的是铁皮屋顶，整个屋顶向赵某的南屋平房倾斜。每次下雨、雪，都会冲溅李某的房屋，致使赵某的房屋遭受严重侵害，房屋和墙体如同被水浸泡一样，时间一长，颜色都变了。赵某就此事与牛某进行沟通、交涉，牛某却不以为然，答复到：下雨下雪是老天爷的事，我能管得了吗，你去找老天爷吧！后来赵某找到村委会，请求村委会进行调解。

村委会调解人员查看现场后，认为牛某的第二层房屋建设，在没和邻居沟通的前提下，违规建设：牛某北屋二层屋顶朝一个方向排泄雨水，这不合常理；正常情况屋顶应当是分别向南、北两个方向排泄雨水。牛某是在一层北屋的基础上面加盖的二层房屋，而赵某的南屋是一层平房，如此以来导致双方相邻房屋的高度落差很大，雨水冲泻力量极大、破坏力大。牛某加盖的二层北屋采用的是铁质屋顶，正常情况下应当采用瓦质屋顶，二者的区别是铁质屋顶对雨水的阻力很小，雨水的冲泻距离较之瓦质屋顶要加大很多。牛某加盖的二层北屋的屋顶倾斜度过大，超出了

孟校长在村道德讲堂宣讲

本地习惯所公认、允许的长度。所以，村委会让牛某采取整改措施，以确保雨水不冲溅赵某的房屋。但牛某拒不执行村委调解委员会的决定。

在村里道德大讲堂开课那天，赵某向前来讲课的孟繁信提出了这一问题，希望他主持公道。孟繁信听后，答应要处理好这起邻里纠纷。他向村委会调解人员详细了解了情况，并和来村里讲课的另外几位专家一起，去现场查看。情况确实如赵某所言，他家的房子被雨水淋得墙皮脱落了大半。牛某当时也在场，孟繁信就说，这是你的不对。牛某听后胡搅蛮缠，强词夺理。

孟繁信对牛某说，赵家比你们家早两年建房，你没有和人家商量，擅自加盖二层，雨水将人家的墙泡了，将心比心，如果说人家把你的房子搞成这样，你会怎么想呢？俗话说“远亲不如近邻”，都是邻居，抬头不见低头见的，我不希望因为这事使你们成为仇家。牛某听后，低下头，沉默了。

这时候，周围围了很多人，原来打算去道德讲堂听课的人都围在了这里。孟繁信决定把这次的道德讲堂放在这个现场，把处理这次纠纷作为讲堂上一个生动鲜活的例子。那天，孟繁信讲了很多，他说，咱们的老祖宗孟子在两千多年前就说过，“乡里同井，出入相友，守望相助，疾病相扶持，则百姓亲睦”，意思就是说，老百姓在家乡同耕一块田地，大家要和睦友好相处，共同防范盗贼或敌人的入侵，一家有病人，大家要共照顾互相帮助。两千年过去了，我们难道还不如古人吗？周边的人听后，都议论纷纷。

那位牛某这时偷偷地从后面拽孟繁信的衣服，把他拉到一边说，我知道了，是我的错，听了您的话，我知道自己错在了哪里，我愿意给赵家赔礼道歉，赔偿人家损失。孟繁信笑着把赵某喊过来，赵某握着牛某的手说，没事，只要下雨别淋到我房子就行了，什么赔偿不赔偿的，正如孟老师讲的，远亲还不如近邻呢。

一场本来剑拔弩张的邻里纠纷就这样平息了。

但课还没有完，孟繁信继续现场演讲："我这几天读古籍，看到一则家训，可谓言简意赅，如明镜悬梁，读来颇受启迪。一则是包拯家训，正文仅 37 字：'后世子孙仕宦，有犯赃滥者，不得放归本家；亡殁之后，不得葬于大茔之中。不从吾志，非吾子孙。'包拯在宋仁宗庆历年间作过监察御史，公正廉洁、执法不阿，民间有'青天'之誉。这则家训字字铿锵，殷殷可鉴。包拯的家训不仅是他光彩人格和凛然正气的体现，而且也给后人留下判断忠与奸、孝与逆的一个根本标尺，即是否克己守法，是否清正廉洁，这不仅对子孙，亦对后世官吏有垂范警示之鉴。"

"习总书记在 2015 年春节的喜庆日子里，对全国所有的家庭寄予厚望，希望我们都要重视家庭建设，注重家庭、注重家教、注重家风，这其中的新意和深意是不言而喻的。只要把中国传统家教家风中蕴含的勤俭持家、诚实为人、宽厚处事、崇学尊礼、温良恭让、善良宽容等美好元素融进每一个人的血脉中，并与培育和弘扬社会主义核心价值观紧密结合起来，使之成为大家共同的认知和行动，那么，每个家庭就能成为促进社会和谐、人人积极向上的发动机，从而由家风带动社风、民风，进而促进国家发展、民族进步、社会和谐，那就正像古人所说的那样，'仁义兴则道德昌，道德昌则政化明'，展现在我们面前的将是'和谐气象满眼春'的盛世景象！"

孟繁信的演讲时常被村民们暴风骤雨般的掌声打断。

3. 俭以养德

在物质生活日益丰裕的今天，人们的俭德意识却越来越显淡薄，社会上甚至出现了一种比阔斗富的不良之风。有的人把勤俭的美德当作"过时"的观念加以否定；有的人则认为，以前节俭是因为贫穷，现在富有了，浪费点没什么大不了的，现在谁也不差那几个钱。对这种现象，孟繁信很是痛恶。

孟繁信是节俭的，他的节俭近于吝啬。曾有一条秋裤的故事，证明他对自己的苛刻。有一次，孟繁信的大嫂洗衣服，全家人的衣服她都洗，当洗到孟繁信的衣服时，大嫂落泪了，手里拿着一条好几个补丁的秋裤，心疼他不会照顾自己。当时，孟繁信的妻子也在场，她告诉大嫂，孟繁信不喜欢穿新衣服，身上的衣服经常一穿就是好几年，特别是秋衣秋裤，破了就补，舍不得丢掉。对家人大方，对同事大方，对学生们大方，就是对自己小气。有一回他拿三百块钱买了三套西服，买回来还在同事面前炫耀，至今被老师们引为笑话。

对这条破秋裤的故事，孟繁信这样解释，不是自己小气，而是确实不值得再买一条新的，补一补照样能穿，而且越是旧的穿着越舒服。他还讲了鲁迅的一个故事，佐证自己的话。鲁迅先生当年一条裤子穿了好几十年了。孙伏园受周老太太之托劝他换一条新棉裤。鲁迅说："我岂但不换棉裤而已，你看我的棉被，也是多少年没有换的老棉花，我不愿意换。你再看我的铺板，我从来不愿意换藤棚或棕棚，我也从来不愿意换厚褥子。生活太安逸了，工作就被生活所累了。"是鲁迅连一条棉裤也穿不起吗？当然不是；是鲁迅太吝啬吗？当然更不是。鲁迅对革命、对青年向来十分大方、慷慨的。鲁迅深刻地领悟到这一真理：物质的追求和安逸的生活可以分散人们在工作、学习上的精力；还会让人们养成拖拉懒散的作风。

对物质消费，孟繁信一直严格要求自己，一直以圣贤的思想约束自己。他认为一个人的脑子，思维容量总是有限的，这方面想得多，那方面就想得少了。

孟繁信认为，虽然节俭是为了解决经济问题而产生的，但它绵延流传到今天，不仅没有衰竭，而且含义历久弥新，因为它不仅仅有经济价值，更重要的是因为它有非常重要的道德价值。对个人来说，“俭以养德”，有利于提高道德修养，纯洁人生理想，减少贪婪欲望，从而树立正确的人生观、价值观；对家庭来说，“俭以持家”，有利于家业兴旺发达，教育子孙保持优良的家风；对整个社会来说，讲究“俭德”更有现实意义。“俭约的品德”融入到社会主义物质文明、精神文明和生态文明的协调发展中，更有利于人与人、人与社会、人与自然的和谐相处。

在学校里，孟繁信倡导节俭，建设节约型校园，节约一滴水、一张纸、一度电……杜绝长流水，长明灯，堵塞一切跑冒滴漏。他曾在教职工会上说，现在环境愈来愈恶化，植被物种大肆被破坏，雾霾天气越来越严重，如果我们讲节俭，节制自己的欲望，约束自己的消费行为，节约资源，提高资源的使用效率，那么，大自然就会以“德”回报我们，所以，随着社会的发展，在产生节俭观念的经济社会条件消失以后，节俭作为一种美德仍然发挥着巨大的作用，而且越来越显示出其独特的生命力。我们应该从自身做起，叫响“俭以养德”口号，践行“俭约的品德”，反对奢侈，反对浪费，追求“施而不奢，俭而不吝”的思想境界。

如今，在于家务中学，节俭已成为大家的一种习惯，形成了“节约光荣、浪费可耻”的浓厚氛围。

第二节　家有贤妻

“每一个成功男人的背后，都有一个默默付出的女人。”这句流传很久的句子放在孟繁信身上同样适用。

自从踏入教育行业以来，孟繁信就一直担任班主任送毕业班，连续送了13年。接着先后担任总务主任、教务主任、副校长、校长，工作起来，没白没黑。孟繁信根本无法照顾家庭，父母、孩子、还有年长的大哥都交给媳妇李玉如照顾了。为了不让孟繁信分心，李玉如默默地承担着家里的一切，孝敬老人，照顾孩子。正如孟繁信在一次教师家属座谈会上讲的那样：一所成功的学校背后，必定会有一群孜孜奉献、团结协作、矢志拼搏、忘我工作的优秀教师；一位爱岗敬业的教师背后，也一定有一位或几位默默奉献、支持教育、热心包容的家属。我们前进的每一步，我们取得的每一点成绩，都与家属们的真诚理解、甘于奉献、勇挑家庭重担分不开的。当我们的教师拖着疲惫的身子回家时，是你们给他们送上暖心的话语；当我们的教师在工作中遇到困难时，是你们的及时鼓励、不断鞭策，激励着他们不怕困难，奋然前行。而我们的老师却抽不出一点时间来陪您好好聊一次天、逛一次街、做一次家务活，也抽不出时间来辅导小孩、照顾老人。有时您也许会有一些失望，有一些抱怨，但不管怎样，你们都在默默地支持着我们的教育事业。所以，教师是伟大的，您们更伟大……这是孟繁信发自肺腑的声音，是对家属们真实的评价，当然，也是对自己的妻子李玉如的评价。

李玉如，比孟繁信小两岁，和孟繁信是读书时的同学，恋爱结婚。那时候，李玉如在造纸厂财务科工作，嫁给孟繁信以后，在工作之余，默默地承担起家里的一切，无怨无悔。

1995年，孟繁信调入柴厂屯中学任总务主任，工作需要，孟繁信根本没有时间管理化工厂和家里的电器维修工具，必须处理掉。当时他心里非常纠结，晚上和李玉如商量。李玉如从来不掺和孟繁信工作上的事情，她也看透了孟繁信的心思，想处理掉，心里又不甘心，所以才和她商量。李玉如也很心疼，那时候她工资才300多块钱，而孟繁信给别人修个水泵一次就赚个百儿八十的。心疼归心疼，她理解自己的丈夫，他是一个干事的人，在取舍问题上很少含糊。所以，她毅然选择了支持丈夫，把

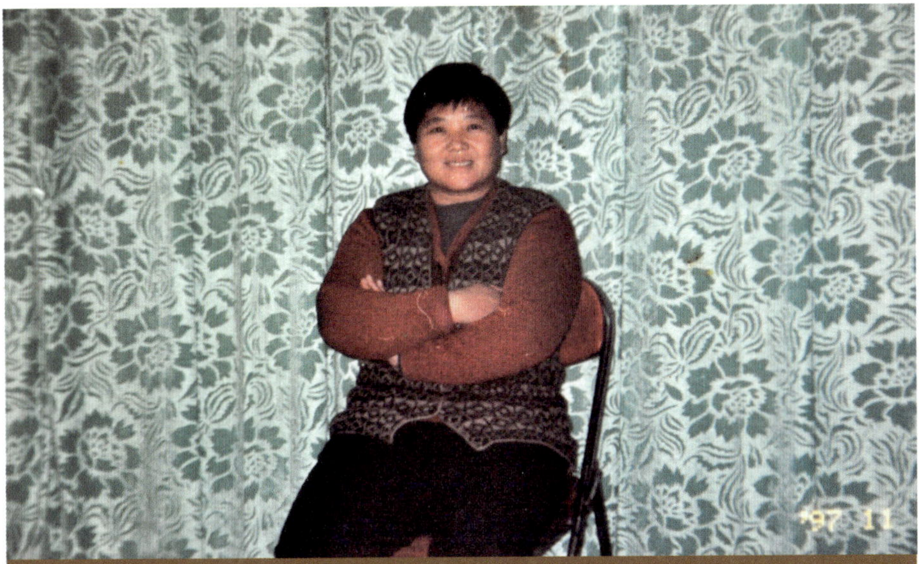
孟繁信夫人李玉如

维修工具处理掉，去柴厂屯中学干自己的事业。在向外收拾那些工具时，谁也没有看见，李玉如是一边流着泪一边干活的。

2006 年，那时孟繁信已经担任柴厂屯中学校长兼书记好几年了。那年秋天，柴厂屯镇盖了几栋楼房，按照镇直各部门的情况，分给柴厂屯中学二十六套，那时的房价极其优惠，每平两三千块钱。尽管如此，柴厂屯中学教职员工只认领了二十二套，还有四套没人要。孟繁信曾经教过的一个学生知道了这个信息，就跑到孟老师家，对他说："老师，您的日子过得也不宽裕，听说镇里分的房子教育上还剩了三四套。您想要的话，我出钱您买下，过几年肯定增值。"这个学生跟着自己的父亲做生意，已经有不少的资产了。当时，孟繁信真的动心了，如果买下这套房子，过个两三年把房子处理掉，肯定赚不少钱。到时，把钱还给人家，就是支点利息也划算。

晚上，李玉如下班回来吃过晚饭，孟繁信就把这个"好事"说给她听，也想听听李玉如的意见。没想到，李玉如沉思了一会提出了自己的意见："这个房子不能买，因为不管赚多少钱，这事都不光彩。"一语点醒梦中人。

孟繁信没想到妻子能明确地提出反对意见，继而一想，也觉得自己这么做事是有点欠妥，自己妄称读圣贤之书，怎么能因为一点钱，违背了自己崇德向善的做人准则呢？孟繁信马上给他的那个学生通了电话，谢绝了他的好意。同时，也暗暗地佩服起李玉如来，她是一个“明理”的人。

当好贤内助

李玉如理解丈夫，理解教师职业的特殊性，因为教师是教人之师，是人类灵魂的工程师，是知识的代表，是人格的象征，不仅要言传，还要身教。一个教师只要出现在学生面前，哪怕他不说一句话，这个教师的穿着打扮、行为举止及喜怒哀乐的表情都会对学生产生影响。为了让丈夫更好地工作，她在工作之余自觉承担起家里的重担。

孟繁信的大嫂和大哥结婚时，他才九岁，在很大程度上说他是跟着大哥大嫂长大的。俗话说：“老嫂比母”，现在大哥大嫂年纪大了，孩子都在外地，孟繁信和妻子李玉如就承担起照顾他们的义务。有什么头疼脑热的，李玉如总是跑在头里，家里有什么好吃的，总是选端给大哥大嫂，以实际行动诠释着“兄友弟恭”的含义。

孟校长全家福

2013 年的一天，正在忙碌的孟繁信突然接到一个电话，是叔叔家的堂弟打来的，说自己正在医院，昨天晚上不小心把腿摔坏了，需要住院治疗。堂弟毕业于北京航天大学，是计算机方面的专家，因为自己的专利被窃取，一直走不出失意的阴影，所以一直单身。孟繁信安排好工作后，马上开车带着妻子赶往医院。为堂弟办好住院手续，然后孟繁信就把照顾的任务交给李玉如了。堂弟在医院住了一星期，李玉如在那里照顾了一个星期。后来，堂弟需要回家慢慢康复，李玉如要把他接到自家来照顾。但堂弟怕麻烦嫂子一家，不肯去。李玉如却不由分说，让孟繁信开车把他从医院接到家里，继续精心照顾，直到他完全康复。

第三节　教育不了情

作为一名教育工作者，特别是一名基层学校的管理者，孟繁信已在这个行当摸爬滚打四十年了，对教育他倾入了自己大半生的心血，他一直奉行孔子的“有教无类，因材施教”教育思想，探讨教育的本质，将儒家古老文明的理性之光融入到教育中，构建了独具特色的于家务中学文化育人体系。

也许是职业习惯吧，孟繁信一直密切关注教育的动向。他特别关注分别于 2016 年 3 月 5 日、3 月 3 日召开的第十二届全国人民代表大会第四次会议和中国人民政治协商会议第十二届全国委员会第四次会议，从各个渠道尽可能多的了解会议情况。作为两会上的热门话题，在李克强总理的政府工作报告中，“教育”两字一共出现了 22 次，与教育有关的内容占全体内容的 16%。可见，政府对教育的重视。但是，教育存在的问题很多，也很严重。孟繁信特别关注了来自上海的一位代表的发言，这位代表对 2015 年的 300 个高考生进行跟踪调查，成绩出来填报志愿时，他统计报考师范类的考生有多少，最后结果出来，只有 3 人，占百分之一，而且成绩都是在二百名以后的。孟繁信很感慨，认为这反映了目前的教育现状，学生缺乏对教师这个职业的兴趣，如果这种情况持续下去，将来师资力量难以保证。

对产生这种现象的原因，孟繁信进行了深入思考，他认为当代中国缺的不是物质财富，或者说最主要的不是物质财富，缺的主要是思想、文化、理念，缺的是美德。现在的人，一门心思想着发财致富，找专利，找高科技产品。他们不懂得财富和高科技是末，而文化、思想、信仰才是本，缘木而求鱼，舍本而逐末，结果可想而知。 从历史来看，宗教应该算是文化之母，是文字、文化的起源地，世界上的文字，很多起源于宗教。宗教的初始阶段就是迷信，敬畏天，敬畏自然，然后就要表达，表达不明白，就在地上比划，比划出来的痕迹，就是最初的文字。后来，宗教成了文化的灵魂，那就是善良、美、和谐、仁爱、包容。也正是从这个意义上说，有文凭不一定有文化，有文凭不等于有美德。一个民族赖以生存，不是他的肤色、头发、眼睛，而是他的文化，他的信仰。

孟繁信很感慨，目前应试教育偏离了教育以人为本的科学轨道，禁锢了孩子们潜能的发展，阻碍着孩子个性的发挥，应试教育对社会的影响，使得教书与育人脱轨，整个社会都在浮躁，都在追名逐利，社会道德没了底线。急功近利的父母们出于迎合考试，只看重课本内的内容，而忽略对孩子整体的道德教育、人格教育和独立思考能力的培养。当我们的孩子自小对世界的认知就被限制在“标准答案”的范围内的时候，他们无论做什么，都会下意识地寻求标准答案。于是，三氯氰胺奶、地沟油、农药蔬菜等大行其道；于是，我们培养出来的可能是一代代素质不高，缺乏独立思考能力的庸才。

孟繁信认为，教育不能硬灌输，不能不顾学生的意愿。他讲过我国现代著名教育家陶行知先生的一个故事。有一次，陶行知先生应邀到某大学演讲。他走进教室，就把一只大公鸡往讲台上一放，然后，抓起一把米让它啄食。公鸡惊惶失措，头一拱一拱的就是不肯啄食。陶先生见

孟校长为四川宜宾校长考察团介绍学校弘扬优秀传统文化情况

它不吃，就把鸡头强按到米粒上，“请”它吃，公鸡拼命后退，仍然不吃。陶先生干脆掰开公鸡的嘴使劲地把米粒往嘴里塞，公鸡拼命挣扎，死也不吃。之后，陶先生松开手，后退数步。公鸡渐渐平静下来，徘徊一阵后，自己慢慢靠近米粒，继而悠悠地啄起食来。

孟繁信通过这个故事说明，教育者不能凭主观臆想去强迫学生做某件事，那是行不通的。然而多年来，一纸成绩定分晓的应试制度还是没有根本改变，在推进素质教育制度的呼声下，还有很多学生依然困于书本，拘于读写，限于室内。具体有三个表现：

一是学生是作业的傀儡。学生理应是学习的主人，作业的主人。作业似乎一直成为学生对当天所授课程的延伸点，老师们遵循“课内损失课外补”的教学策略布置作业多，家长把老师布置的作业作为小孩的“紧箍咒”，使得作业这道有滋有味的“文化餐”演绎成了束缚学生、压抑学生个性成长的枷锁，他们成了作业的“傀儡”，每天只知道有口无心的抄抄、背背、算算的机械性操作。表面上，学生得了知识，巩固了知识，提高了能力。实际上，这种训练方式僵化了原本活跃的思维，使丰富多彩的思维方式变得单一乏味，使得学生失去了自由支配的时间，无暇休息和活动，渐渐地出现了厌烦心理。他们这样毫无感觉地咀嚼着作业这道毫无营养的“文化餐”，吞咽着老师家长硬塞到嘴里的米粒，渐渐地，棱角被磨平了，创新意识消失了，本来的“万紫千红总是春”变成了“千树万树梨花白”。

二是课堂成为了教师的专利。教师肩负着育人成材的使命，背负着家长的期待，面对着优分率及升学的压力，使得他们的确像“春蚕”一样鞠躬尽瘁。面对四十分钟的课堂阵地，死攻强守，不放过一个弱点，不放过一个学生，真正做到“向四十分钟要质量”甚至“课内不足课外补”。《新课标》很早以前就指出：学生是学习的主体，教师是课堂的主导者，要形成互动。然而在平时的教学中，真正让学生成为学习主人的很少。讲台前，教师滔滔不绝地讲，学生似懂非懂一味地听；黑板上，记下一道又一道练习题，学生们稀里糊涂地抄背。置学生创新思维于不顾，常常越俎代庖，帮学生找重点，画关键，然后再让学生机械地接受，在实际应用时，学生们却一筹莫展。萧·伯纳曾说过：“许多英国人终生不读莎士比亚，就是在幼年时老师强迫他们背诵的结果。”

三是各种兴趣班扼杀了孩子的兴趣。“可怜天下父母心”，一心望子成龙、望女成凤的家长们，为了使孩子不输在起跑线上，能够多才多艺，把自己未能实现理想的宝全部压在孩子头上。送孩子四处学艺，学英语、学奥数、学画画、学二胡……各种兴趣辅导占用了孩子大部分课余时间，家长施加给孩子的巨大压力，使得他们没有自己的时间、空间。一到假期，学生们更忙了，在父母严格要求下，奔命于各种兴趣班之间，从而使许多孩子不再喜欢过假期了，就连孩子最喜爱的旅游，有的孩子也不愿意去了。自由和兴趣被无情地剥夺了，久而久之，厌学之风充斥着他们，甚至在强制压力下，连最初培养的兴趣爱好也被无情地扼杀了。

用强制的方法要求孩子学习成人规定的东西，是很难激起孩子学习兴趣的。相反，如果多给孩子一方宽松和自由的天地，也许会有另一番情境。正如托尔斯泰所说：“成功教学所必须的不是强制，而是激发学生的兴趣。”

孟繁信研究了许多教育专家的理念，综合说来，他们就我国中小学教育现状提出了六大焦点问题：

教育创新问题：传统教育体制正在发生改革，如何在此关键时期，建立起符合我国实际情况的新的教育体制，以培养一大批高素质的创新人才？

新课程改革问题：当前推动基础教育变革的重要工作就是新课程改革，这次新课程改革有哪些重要的理念？在新课程实施中已经取得了哪些成效？还面临哪些突出的问题？广大中小学校长与教师要如何应对？

教改中的德育问题：教育最终要促进人的健康发展，德育应当是健全人的道德品质与心理素质的关键。然而，当前德育的实效不好，德育成为教育改革的难点问题。如何在推进新课程改革的过程中，加强德育的实效性？如何通过德育观念、体制、内容、方法与模式等等方面的创新，来解决德育的困境？

课堂教学改革问题：课堂是学校教育的主阵地，如何在新课程改革中，推进课堂教学的改革？如何既重视学生的认知发展，又重视学生的情感发展？如何通过教学模式、教学设计、教学策略的创新，使课堂成为学生个性发展、品质健全、生活化的平台？

教师发展问题：教师应该具备什么样的素质，才能培养出具有创新精神的人才？教师需要更新哪些旧观念？继承哪些好传统？理想的教师应该是什么样的？如何通过体制创新与业务培训发展教师的才能？

学校发展与创新问题：中小学特别是一些著名的学校，如何在教育改革潮流中，在管理体制上、在经营模式上，以及在教学上形成自己的特色，并扩大影响为其他学校发展带来好的借鉴？

这六大问题，环环相扣交织在一起，错综复杂，是每一个校长必须认真面对的问题。

孟繁信认为，无论教育如何变化，有一点是永远也无法改变的，那就是：人是教育的主体，教育必须以人为依归。教育是人的教育，应当以引导学生成人为第一要务，以发展人性、培养人格、改善人生为根本目的，最大程度地促进学生人性美好、人格健全、人生幸福。这是教育的价值所在，也是教育的本质所在。从某种意义上说，其实教育就是一种生命关怀。这种关怀，既是对学生群体生命的关怀，也是对学生个体生命的关怀。每一个学生都是一朵鲜花，但每一个花朵不可能同时开放。因此，我们的学校教育既要关注学生群体的共性特征，也要关注学生个体的个性特点；既要面向全体，也要因材施教。比如，在课堂教学中，教师可以给学生比较充裕的时间，让学生根据自身能力、按照自定步调学习，做到快者快学、慢者慢学。在教学目标上，上不封顶，允许优等生超出课程标准规定的要求，超出课时教学要求；下要保底，保证后进生达到课程标准规定的基本要求，达到课时教学的基本要求，这样有利于激发每一个学生的学习动力。

在孟繁信的教育理念里，关怀生命的教育，离不开爱。爱是一种超越血缘、超越私利的崇高而浓厚的教育情感。没有爱，就没有真正的教育，就没有成功的教育。爱让生命得到深切的关怀，让教育充满人性的光辉。在爱的驱动下，教师会真诚、善良地对待每一个生命，了解学生，理解学生，尊重学生，信任学生，绝不会歧视任何一个学生，绝不会放弃任何一个学生；在教育爱的驱动下，教师会不断学习，不断研究，不断创新，努力提升专业素养，努力提高教学效率，充分发挥学生的主动性，充分开发学生的潜能，让每一个学生都能成为大写的人。

正是对教育中存在这些问题的忧虑，使孟繁信始终保持警醒，他在于家务中学里，以对学生的爱和关怀为出发点，创新理念，拓宽渠道，激发其学习兴趣，培养其学习能力，让每一个学生在这里真正得到了成长，让每一株花蕾在这里真正得到了绽放。

在这片土地上，他以爱为犁，辛辛苦苦，挥洒汗水，播下了无数叫做“希望”的种子，所幸的是，如今他看到了百花的盛开。

延伸阅读

北京市通州区于家务中学章程（节选）

序言

于家务中学落成于2008年8月30日，是由渠头中学、于家务民族中学合并而成的新址学校。秉承两校重视育人教育的传统，于家务中学实施“以文化人”教育方略，积极推进素质教育，以传统文化为源泉，以文明养成为目的，以提高教学质量为中心，以民族团结教育为依托，从“以文载德、以文启智、以文筑景、以文弘道”四个方面，涵养“厚德砺志，笃学致远”的校训精神，分三步达成学校的办学目标——规范校、优质校、传统文化特色品牌校。

第一章　总则

第一条　为了全面贯彻党和国家的教育方针，全面推进素质教育，规范学校内部管理体制和运行机制，实施依法治校，深化教育改革，推进建设现代学校制度，保障学校依法自主管理，维护教职工合法权益，全面提高学校的办学品质，据《中华人民共和国教育法》《中华人民共和国义务教育法》《中华人民共和国教师法》等有关法律法规与规定，结合学校实际，制定本章程。

第二条　学校的全称为北京市通州区于家务中学，简称于家务中学，英文简称：Yujiawu Middle School。

学校位于北京市通州区于家务回族乡于家务村西，邮政编码：101127，网址 http://yjwzx.cn

第三条　学校由北京市通州区教育委员会举办，经北京市通州区事业单位登记管理局登记，是实施全日制公办教育的三年制初级中学，具有法人资格，独立承担民事责任。

第四条 学校招生对象为于家务回族乡23个自然村小学毕业生。现办学规模为3个年级，13个班级，学校招生总人数和班级、学生额数，根据通州区教育委员会下达当年招生计划确定。

第五条 办学宗旨：以文化人。

第六条 办学理念：育人为本，质量为魂，以文化人，文化兴校。

第七条 办学目标：弘扬传统文化，办当地百姓满意的学校。承袭中华优秀传统文化，立德树人，开展做人教育，培育向善学子，提升教育教学质量，办当地百姓满意的学校。

第八条 学校理念识别。

校训：厚德砺志，笃学致远。

校风：求真扬善，求知创新。

教风：因材施教，修己达人。

学风：笃学善思，知行合一。

第九条 校徽。

第十条 校歌：《厚德笃学，志在翱翔》。

第二章 内部治理结构

第十一条 学校实行校长负责制。校长主持学校全面工作，中国共产党学校党总支委员会发挥政治核心作用，教职工通过教职工代表大会参与学校的民主管理。

校长是学校的法定代表人，对外代表学校，按照本章程自主管理学校。副校长对校长负责，协助校长分管学校教育教学、行政等具体工作。

第十二条 校长依法履行下列主要职责：

（一）组织起草学校章程、发展规划，并负责组织实施；

（二）组织制定规章制度、工作计划，并负责组织实施、检查和评价；

（三）执行上级教育行政部门的决定和指示；

（四）领导学校各职能部门及常设机构，完善岗位设置，维护学校秩序；

（五）负责学校日常事务管理，主持校务会议审议重大事项并做出决策；

（六）负责学校教育教学工作，大力推进素质教育；

（七）负责教职工队伍建设，促进教职工全面发展；

（八）负责学校财务、基建及重要设施设备购置的审批；

（九）负责学校安全工作；

（十）组织协调学校与政府、社区、家庭等方面的关系，为学校创造良好的育人环境。

第十三条 学校依靠中国共产党学校基层组织，充分发挥工会、共青团、少先队、民主党派等组织的作用。党总支委员会领导学校思想政治工作和精神文明建设，保证、监督教育方针的全面贯彻执行。学校共青团、少先队组织开展适合青少年学生特点的活动，在推进素质教育中发挥积极作用。

第十四条 学校建立以教师为主体的教职工代表大会制度，保障教职工参与学校民主管理和进行民主监督。教职工代表大会行使审议建议权、审议通过权和评议监督权。凡与教职工利益直接相关的福利和校内分配实施方案以及有关教职工聘任、考核、奖惩的办法，须经教职工代表大会审议通过。

第十五条 学校工会作为教职工代表大会的工作机构，保障民主管理、民主监督的落实，维护教职工的合法权益。

第十六条 学校建立学生会组织，保障学生的合法权益，调动学生主动参与、自主管理的积极性。

第十七条 学校设置办公室，协助书记、校长处理、协调学校日常工作。设教务处，负责具体落实教学、教务工作。设教科研处，负责具体落实教育科研工作。设德育处，负责具体落实学生德育工作。各职能部门及常设机构各司其职，分工合作，提高管理效能，确保各项工作圆满完成。

第十八条 学校建立校务委员会，设立校行政办公会议制度（学校中层副职以上人员定期召开会议），负责审议学校章程、发展规划和其它重大规章制度、人事与财务方案等校内重大事项。学校建立教师职称职务评聘委员会，依照区教委授权，完成教师职称评审和职务评聘工作，完成骨干教师推荐工作。学校建立校外教育委员会，增进家校沟通，保障学生家长参与学校管理、教育教学等工作。

第十九条 学校建立健全信息公开制度。学校实行校务公开，切实保障教职工的知情权、参与权和监督权；同时向社会公开学校相关信息，以适当方式为学生及其家长了解学生的学业成绩及其他有关情况提供便利，接受社会、家长的监督。

第二十条 学校建立健全档案管理制度。学校建立档案室，加强档案资料的建设和管理。各职能部门做好各类资料的收集、整理和归档工作。学校建立校史馆，重视教育历史物证遗存保护，发掘和弘扬校本优秀文化传统。

第二十一条 学校建立健全平安校园制度，制定校园安全应急预案，定期开展安全教育，组织安全演练，加强校舍、交通、消防、饮食卫生、健康、周边环境治安以及教育教学安全管理，防范安全事故发生。学校按照国家有关规定投保学生意外伤害校方责任险。鼓励学生自愿参加人身意外伤害保险。发生校园意外伤害事故，立即启动相关应急预案，及时救助受伤害学生，并依法进行善后处理。

第二十二条 学校接受政府以及教育、登记管理和审计等管理部门的监督，接受社会、家长的监督，听取社会各界对学校工作的意见和建议。

第三章　教育教学管理

第二十三条 学校建立健全年级组、教研组、备课组等教育教学基层管理机制。以年级组为单位进行办公，实行年级负责制，年级组长负责本年级的德育、教学工作，统筹年级教师管理、教育教学活动、学生管理工作等。教研组长负责领导、组织教师进行集体教学研究。教研组定期开展教学研究活动，按学校安排参加各种培训和学术活动，贯彻落实教学计划，完成各项教学任务。备课组长负责组织本组教师进行集体备课和教学研究活动，完成教育教学任务。

第二十四条 学校采用班级授课制，汉语言文字为学校的基本教学语言文字，使用全国通用的普通话和规范字，教学组织形式为单式。

第二十五条 贯彻“人人都是德育工作者”的理念，构建德育目标体系，健全德育管理机制，建立学校、家庭、社会三结合的育人网络，实行全员、全程、全方位的德育管理。学校成立校团委，班级设立团支部。团员组织生活每两周一次。每年召开一次团员代表大会。在团委指导下成立学校学生会，每年召开一次学生代表大会，下设学生会主席一名、副主席一名、各职能部干部和干事若干名。学校成立少先队大队部，由学校团委领导，每个中队聘请中队辅导员一名。

第二十六条 依托中华优秀的传统文化体系，在社会主义核心价值体系的统领下，制定《于家务中学德育“以文化人”行动计划》，以班队会和主题教育活动为主渠道，依托“崇德悟道做人”校本课程，开展系列做人教育活动，涵养厚德尚善于家务中学学生精神，使我校学生形成以“孝”为主的家庭伦理，以“仁”为主的生活信条，以“信”为主的社交准则，以“礼”为主的行为规范，以“勤”为主的学习态度，逐步树立科学的人生观、世界观和价值观，养成良好的道德品质和行为习惯，为学生的全面发展和终身发展奠定基础。

第二十七条 各年级设立年级组长，每个班级设立班主任。每学期制订年级、班级工作计划和小结。每月对班主任的考核，每两周召开一次班主任会议，定期对班主任进行培训。班主任每年召开主题教育活动（主题班会）、进行学生的家访工作并做好记录。各班设立学生家长委员会，每学期召开家长委员会会议。

第二十八条 贯彻执行国家和北京市规定的课程标准和课程计划，遵循教学规律，加强教学管理，不断提高教学质量。教学工作，始终守住"有教无类"、"因材施教"的孔子教育思想精髓，坚持以目标管理为抓手，减负提质，推行"两点一练"教学模式，开展系列教科研活动，切实提高教学实效性。

（一）按照上级规定开齐课程开足课时。注重校本课程的开发整理，创编并使用好"崇德悟道做人"系列校本课程读本，打造中华优秀传统文化教育和民族团结教育学校文化特色。

（二）教材、学习资料由学校统一征订统一管理，教师不得擅自向学生推销学习资料。学校教师不得利用寒暑假、双休日进行集体补课，切实减轻学生的课业负担。

（三）认真执行同头备课制度，没有教案不能上课，教务处实施对教师上课情况的监督与反馈。

（四）做好学生学习质量的过程性监控工作。及时进行成绩分析、诊断、评价，及时采取改进转化提高的措施。

（五）认真搞好教学研究和教育科研工作，组织教师积极参加与教学改革和教育科研活动，每月进行一次教学反思，每学期每位教师至少撰写一篇教学论文。

（六）充分利用现代化教学手段，积极探索学科教学与信息技术整合的有效途径，不断提高教学质量。

第二十九条 学校积极开展由教师指导、以学生为主体的综合实践活动。学校坚持开展各类社团活动，由校团委、学生会直接管理，形成精品社团、优势社团、自主社团三种类型的社团，在不同层面发展学生的兴趣爱好，展现学生的特点特长，促进学生个性化发展。

第三十条 基于学校所在的于家务回族乡是北京市五个少数民族乡之一的特点，开发民族体育、民族美术、民族音乐等校本课程，对学生进行民族团结教育，保持"民族团结示范校"品牌特色。

第三十一条 学校严格执行有关学校体育、卫生工作的法规规章，通过日常体育活动以及各类体育竞赛活动增强学生体质，开展健康教育，培养学生良好的卫生习惯、健身习惯与基本的运动技能。学校通过体育课、课外活动等保证学生每天一小时体育活动时间。学校每年举办一次体育运动会和多次体育单项比赛。

第三十二条 学校建立卫生室，建立学生健康档案，定期体检，预防传染病、常见病及食物中毒。学校完善卫生工作制度，不断改善环境卫生条件，在校园内严禁吸烟。

第三十三条 学校建立心理咨询室，建立学生心理健康档案，配备专职和兼职教师开展心理健康教育工作。学校开设心理健康活动课或专题讲座，个别咨询与辅导相结合，把心理健康教育贯穿在学校教育教学活动之中，并积极开通学校与家庭同步实施心理健康教育的渠道。

第三十四条 尊重人的成长规律和教育规律，对学生进行德育、智育、体育、美育和劳动技术教育，促进学生全面发展，学有所长。每年组织开展校园艺术节，为学生搭建展示平台。开展温馨教室建设，努力营造和谐温馨的班级氛围。

第三十五条 完善“一场两廊三亭十厅”传统文化教育景观，规划学校文化体系，创建温馨教室，营造满足学生发展需求的校园环境、人文环境，打造“以文筑景”特色校园。

第七章　学校与家庭、社会

第六十四条 学校主动与社会、家庭联系沟通，建立学校、家庭、社会三位一体的育人体系。学校根据教育教学需要，聘请兼职教师和校外学生辅导员。

第六十五条 学校遵循民主、公开、自愿的原则，组织家长成立家长委员会。家长委员会在学校的指导下履行参与学校管理、参与教育工作、沟通学校与家庭等职责，做好德育、保障学生安全健康、推动减轻学生课业负担、化解家校矛盾等工作。

学校定期举办校园开放日活动，通报学校发展规划及其进展、教育教学工作情况，听取家长委员会的意见和建议，取得支持和帮助。

第六十六条 全体一线教师，特别是班主任要广泛联系家长，做好家庭访问工作，任课教师与学生家长进行经常性联系与沟通，班主任、年级组长、德育主任利用寒暑假对学生进行家访，毕业年级普访率达百分之百。

第六十七条 学校重视家庭教育，以“家规家训家风”为切入点，开办好家长学校，倡导“亲子共学，文明同行”，定期组织家庭教育和传统文化讲座，加强对家长的培训，形成家校教育合力，促进学生健康成长。

第六十八条 学校选择思想文化素质高的、关心教育的人士和家长代表成立校外教育委员会，聘请专家定期组织道德讲堂，将传统文化和做人教育渗透到社会，充分发挥学校对地区文明的引领作用。聘请校外法制校长作法制教育报告，聘请交通、消防、民防领导来校作交通和消防安全讲座及宣传图片展示。

第六十九条 组建团员组成的“天使助老服务队”，定期到“福泰敬老院”和各村孤寡老人家中服务。充分利用社区教育资源和力量，建立校外教育活动基地，开展社会实践活动，为学生创造服务社区和实践体验的机会。

北京市通州区于家务中学

2015 年 4 月 15 日

于家务中学学生礼仪规矩

一、于家务中学学生礼仪常规

1. 参加升国旗仪式，衣着整洁，脱帽肃立，行注目礼，唱国歌严肃、准确、声音洪亮，认真聆听国旗下讲话。

2. 统一着装，坐直立直，行走稳健，谈吐举止文明。

3. 使用好礼貌用语：请、您、您好、谢谢、对不起、没关系、再见。

4. 使用好体态语言：微笑、鞠躬、握手、招手、鼓掌、右行礼让，回答问题起立。

5. 进校第一次见到老师，鞠躬问好；上下课，起立向老师行注目礼；课上，发言先举手；课余，进老师办公室或居室，喊报告或轻敲门，经允许后再进入；离校与老师、同学道“再见”。

6. 家中吃饭请长辈先就座；离家或归家与家长打招呼。

7. 对客人或外宾，主动问候，微笑致意，起立欢迎，招手送别。递送或接受物品时起立并用双手。

8. 对待老、幼、孕、妇、残和军人，行走让路，乘车让座，购物让先、尊重帮助残疾人。

9. 行队礼、鞠躬礼、拱手礼、注目礼和民族礼节准确规范。

10. 参加集合守时肃静，大会发言先向师长和听众致礼，发言结束道谢，观看演出、比赛鼓掌致意，不起哄滋扰。退场时有秩序，人走清场，不留废弃物、不留痰迹、不留杂物。

二、于家务中学师生校园礼仪制度

1. 穿戴要整洁，老师衣着得体，学生穿校服，少先队员要佩戴红领巾，共青团员要佩戴团徽。

2. 学生早晨上学，在校门口见到值日的领导和老师，放慢脚步，立正，鞠躬并问候：“老师早上好！”老师立正，回礼：“同学好！”“你好！”或微笑、点头回礼。微笑时不露牙齿，嘴角微上翘。

3. 在校园内，学生见到老师，要主动向老师问候：“老师好！”老师回礼：“同学好！”“你好！”或微笑、点头回礼。在校园内，学生见到外班熟识的同学，主动问候：“同学好！”另一位同学要回礼：“你好！”“同学好！”

4. 在校园内师生举止文明，不得高声喧哗、追逐打闹、口吐脏话、不使用侮辱性语言。上下楼梯靠右行走，遇见老师主动让路。学生进老师办公室，首先喊“报告”，听见老师回答“请进”，学生方可进入。离开办公室时，学生说：“老师再见”，老师回答：“同学再见。”

5. 上课铃声停，学生在教室座位上坐好，老师走上讲台后，班长喊：“起立”，学生行注目礼，老师还礼后，学生坐好。下课铃响后，老师宣布下课，学生马上起立站好，目送老师离开教室，然后学生下课。

6. 课上学生提问先举手，应老师允许后站起来发言。发言时要立直，双手自然下垂，目视老师，发言声音要洪亮。学生遇见学校领导陪同上级领导、来宾参观视察校园，或校外老师来校听课要立正，鞠躬问候：“老师好！”

7. 学生放学离校，在校园遇见老师，要主动与老师道别：“老师再见！”老师回答：“同学们再见！”或微笑、点头回礼，或招手致意。

三、于家务中学学生家庭礼仪制度

1. 学生上学、放学的路上不要逗留玩耍，按时上学、放学。乘坐校车有秩序上车、下车。上学离家时，有礼貌地与家人道别："我上学了，再见！"待家人回答后出门上学，放学回到家里时，也要及时告诉家人："我放学了"。不经家长允许不得在外留宿。

2. 学生在家要勤洗澡、勤洗头、勤剪指甲、勤换洗衣服鞋袜，饭前便后要洗手。自己的房间、写字台、各种物品摆放整齐有序，起床后，把被褥码放整齐，保持居室内卫生。

3. 学生要帮助家长做一些力所能及的家务活，吃穿不攀比。

4. 学生要孝顺父母长辈。吃饭时先请长辈入座，摆放好碗筷，主动为长辈盛汤盛饭，不吃独食，要先谦让长辈。长辈身体不适，主动问寒问暖，端水送药。和长辈说话要和声细语，杜绝打骂长辈。不妨碍长辈的工作学习和生活。

5. 学生要热情接待客人。要先礼貌问好，再双手送茶，并说："请您喝茶。"客人与家长谈话不得随便插嘴。客人与家长商议事情，主动回到自己房间。客人离去，主动与客人话别。

6. 打电话或接电话使用文明用语："您好！""谢谢！""再见！"打电话要简练，不在电话里聊天。不迷恋网吧，不上网聊天。

7. 生疏客人来访，有礼貌请他改日再来，不能让生疏人进入家里，以防不测事情发生。不得随意留同学住宿。

8. 亲朋好友馈赠的小礼品，不管是否喜欢，都应双手接受，并致谢。

9. 跟随长辈参加清明扫墓和祭祀活动懂礼貌、虔诚、不搞迷信活动。参加宗教活动要按家长的要求去做。

10. 跟随长辈参加喜庆活动要懂礼貌、礼仪和礼节。

四、于家务中学学生社会礼仪制度

1. 学生外出穿着整洁大方得体，衣领、衣扣、拉链都要扣好或拉好。女生不穿露脐装。

2. 学生外出走路遵守交通规则，不闯红灯，横过马路时走斑马线，靠右行走。遇见老人、小孩、残疾人主动让路。

3. 待人有礼貌，能熟练使用文明用语。遇见熟人或老师主动上前问好。不和陌生人攀谈。

4. 学生乘车主动给老人、小孩、残疾人、孕妇、军人让座。不在车内打闹或大声喧哗。

5. 遵守社会公德、讲究卫生、爱护花草树木、爱护公共设施。不攀越护栏，不践踏绿地、不乱涂乱画、不随地乱扔乱吐。

6. 外出听报告、看演出、看比赛应遵守公共秩序，准时入场，入场后不得随便走动，不得交头接耳、不得喧哗、不得喝倒彩。自己在大会上发言时，要先向领导和听众深度鞠躬致意，发言后再向领导和听众致谢。听报告、看演出和比赛时，要适度鼓掌致意。退场时有秩序退场。

7. 路遇外宾、残疾人或事故发生不围观、不嘲讽；路遇有困难的人或事件，问明情况给予及时帮助或求助有关部门给予及时帮助。

8. 外出参观、旅游，要严格遵守有关部门规定，做文明游客。同学之间要相互照顾，不私自离队，不要到危险的地方攀登爬越。

9. 学生参加社会组织的清明节为先烈扫墓以及祭祀活动一定要虔诚，践行有关的礼仪、礼节和礼貌。

10. 学生参加社会组织的庆典活动，要服从领导听从指挥，践行有关的礼仪、礼节和礼貌。

五、于家务中学涉外礼仪制度

1. 在公众场合，教师学生穿戴要庄重保守，一律穿校服。佩戴校徽。

2. 在交际场合，相互介绍和会面时握手，握一下即可，不必用力。男子与女子握手时，应只轻轻握一下妇女的手指部分。和长者或身分高者握手时应稍稍欠身，双手握住双方的手，以示尊敬。与客人分别时，一般举起右手，掌心向前，并点头致意，用英语说：“再见”。

3. 教师学生都会用英语说出文明用语，如:“您好”、“谢谢”、“再见”、

“请”、“对不起”、“没关系”。

4. 走路或乘车，一般情况下，以右为大，为长，为尊；以左为小，为次，为偏。二人同行前者为大，右者为尊；三人并行中者为尊；三人前后行，前者为大，二人并坐，右者为尊；三人并坐，中者为大。上楼时，前者为尊；下楼时，尊者在后。

5. 在与外宾谈话时表情自然、语言和气、表达得体，谈话时切忌手舞足蹈、用手指点人。谈话时距离应在1 米左右。参加相关活动时，专心致志，不做左顾右盼、手里玩东西、打哈欠、伸懒腰等漫不经心的动作。

与外宾谈话的内容一般不要涉及疾病、死亡等不愉快的事情，不询问对方履历、收入、家庭财产等私人生活方面的问题，不谈论对方国内的内政，不随便议论宗教问题。

6. 保守个人隐私，保护国家机密。

承儒学文化 育厚德学子 铸中华魂魄

——孟繁信在钓鱼台国宾馆中华孟子学会研讨会上的主旨发言

各位女士们，先生们，大家上午好！

我是北京市通州区于家务中学的法人代表孟繁信。于家务中学是2008年落成的新学校。所处的于家务回族乡镇发展相对落后，此地又是一个外来人口比较集中的的区域，可以说，我校的学生来自全国各地比较落后的农村，学习基础较薄弱，同时有着不同的民族背景。面对着这么复杂的生源状况，一所没有任何历史文化积淀的新建校该怎样站立起来？

在慎重思考后，我明确了“弘扬儒学文化，办当地百姓满意学校”的办学理念。引儒学文化源泉，生中华文化之根，塑民族文明之形。我校进行儒学文化教育的基本轨迹是：

一、从培养道德意识、营造儒学氛围中起步

以文筑景，营造与中华文化同行的校园环境。我校教学楼广场，神采奕奕的孔子行教铜像注视着每一位学子，四配十二哲雕像依次排开，与“孔子语录长廊”，共同构成了独有的人文景观。每年的9月28日，师生们齐聚这里，郑重地纪念至圣先师孔子诞辰。我校的“孝道长廊”，讲述着古今48个孝亲故事，提示着于家务师生继承中华孝道美德。行政楼、教学楼分布的仁、义、礼、智、信、善、节、勤、正、和十个展厅，谆谆教诲着于家务中学的师生。

在校园的每一个角落，努力创设浓厚的儒学文化氛围。让学生眼见之处，无处不有儒学文化的点点滴滴，在耳濡目染、潜移默化中理解、接受中国的传统文化。

二、从学习儒学文化、践行道德精神中成熟

以文载德，开设传承中华文化的校本课程。以《弟子规》《论语》《孟子》《大学》等经典为蓝本，我校创编了“崇德悟道做人”系列校本教材。从《论语》中精心挑选60条语录，利用课前五分钟带领学生读、诵、讲、书、悟圣贤教诲；音乐课上，孩子们学唱《孝亲敬老歌》……传统文化特色，在我校的每节课上都得以体现。

文化落地才能形成文明，将学文化与学做人相结合，倡导师生实心、实言、实行。为此，我校德育处开展了“崇德悟道做人”系列主题教育活动：如“四个一”的行孝活动（为父母讲一个孝亲故事，端一杯水，做一次家务，洗一次脚），“孝敬之星”评选，“我对圣人说”系列国旗下讲话，“铸中华魂，做好孩子”主题班会，“传美德、诵经典、润心灵”校园艺术节，“书圣人说”硬笔书法比赛……在活动中，引领敦促学生以诚求知，以礼行事，以善润行。

三、从引领地区文明风气、构筑育人体系中拓展

学校是文化传承的主体，也是引领地区文明风气的主阵地。我校不仅在校内开展“崇德悟道做人”教育，还成立了由团员组成的“天使助老服务队”，定期到于家务福泰敬老院和各村孤寡老人家中服务。

2010年10月，学校创立了由23个自然村村支书和部分区乡人大代表、家长代表组成的校外教育理事会，定期开设“崇德悟道做人”国学讲堂，倡导“亲子共学，文明同行”，每学期评选文明家庭、文明家长、文明小标兵，真正把学校建设成为传播践行中华文明的基地，带动乡村、社区，提升于家务地区文明素养。

五年的文化传承，五年的做人教育，让学生们的言谈举止悄然发生了变化。颗颗孝心呈给父母长辈，颗颗善心送给孤寡老人，屡屡爱心献给灾区伙伴，万元捐款送给病重同学……北辛店村一位83岁的老人，亲自将感谢信送到学校，对“天使助老服务队”的学生感谢有加。

成德而后成才，我校教学质量逐年提升，中考成绩显著。2012年1月，被教育部授予“关心下一代工作示范校”。2011年6月、2011年10月，我校两次代表北京市参加海峡两岸暨港澳台地区教育学术交流，并做专题发言。

下一步，我们准备扩大学科渗透的范围，让学生在吸纳各科知识的同时，潜移默化的领悟中华文化之魂。开展“小手携大手，共铸中华魂”活动，加大三结合教育的力度，助推于家务地区文化品位的提高、文明程度的提升。

最后，引用我校文化广场的两幅对联表达于家务中学师生恒久践行，不懈求索的心声：

慕先贤高山阙里育厚德尚善学子，

寻圣迹流水洙源创笃学雅行校风；

承千秋文化取精髓铸中华魂魄，

传万载文明通血脉扬民族精神！

谢谢您的聆听！诚邀您们莅临于家务中学！

以德润身 以文化人

——漫谈学校道德建构与文化育人

孟繁信

古人云“富润屋,德润身”,春秋时鲁国大夫叔孙豹称“立德”、“立功”、“立言”为“三不朽”,“立德”为首。党的十八大报告提出“把立德树人作为教育的根本任务”。可见,教育承载的责任,知识传授只是一部分,而更应该强调的是教学生如何做人,使人成为人,成为一个完善的人。

然而在现实生活中,未成年人的道德失范和道德危机日益显现:我们的孩子缺失信仰,缺少规矩,缺乏进取之意,以自我为中心,冷漠消极,厌学厌世。“药家鑫式”的过激现象频频发生,青少年犯罪率大幅增长……重建道德高地,提升未成年人道德水平,是学校迫在眉睫、责无旁贷的任务。

细细想来,未成年人道德失范现象背后其实是传统文化缺失。党的十八大指出:“要建设优秀传统文化传承体系,弘扬中华优秀传统文化。”我们的传统文化可以滋养孕育学生温柔敦厚、至大至刚的人格;忠恕存心,择善而行的品德;知本知末,通权达变的学问……而这一切,都是我们最可宝贵的思想源泉、人生指南,启迪我们如何安身、如何立命的不易准则。基于此,建校以来,我们坚持文化兴校方略,用传统文化润泽师生心灵,长文化之根,铸文化之魂,塑文明之形,用圣贤思想为学生一生做人打下根基。

以文载德,构建探索文化育人体系

“格物、致知、诚意、正心、修身、齐家、治国、平天下”,后世称之为《大学》的“八条目”，它揭示了中国传统文化中以文化人的规律。依托优秀的传统文化体系，在社会主义核心价值体系的统领下，以《弟子规》《论语》《孟子》《大学》等经典为蓝本，创编了“崇德悟道做人”系列校本教材，开设传统美德校本课程，开展系列做人教育活动，构建于家务中学文化育人体系：

孝亲敬老——中华民族传统道德的原点。父母之恩是人类最基本的亲情，儿女对父母的孝敬是对人之为人的根本。其实，教育本身是孝的引导，强调的是长辈做的精神，晚辈一定要把它变成文化的传扬。孝顺父母，尊师重道，着重引领学生领悟何为孝，如何顺，何为尊，如何重，在“四个一”行孝活动中传承孝亲敬老美德。

与人为善——为人处世的公共准则。“人生最大的智慧是善良”，“善”是“己所不欲勿施于人”的推己及人，是“己欲立而立人，己欲达而达人”的无私，把“善”的种子播撒在孩子的心田，在善的基础上发展真与美，积小善而成大德。

讲究礼仪——古老文明的理性之光。“礼仪之邦”是中华民族特有的精神符号，闪耀着不灭的光辉，需要一代又一代的传承借鉴。礼仪反映着一个人的气质风度、阅历见识、道德情操、精神风貌。当人与人互相尊重、以礼相待，社会必将和谐。

信守承诺——炎黄子孙的立身之本。古人重承诺守信用“一诺千金”，在越来越开放、越来越国际化的今天，守信依然是做人的基础，是人际交往的通行证和信用卡。

志高笃学——求知达善的必经之路。古人云：“志不强者智不达。”又云：“古之成大事者，不惟有超世之才，亦必有坚忍不拔之志。”古今中外之成大事者，必是勤学之人，“天道酬勤”至今仍闪耀着哲理光辉。

修身立德，学文砺能，利己利人利社会，形成我校做人教育的“根基、枝杆、花果”树形结构。通过文化熏陶、知识滋养、行为训练，凝聚、打造“厚德砺志，笃学致远”的于家务中学精神。

以文启智，切实提高教育教学质量

智慧源于文化，文化决定社会发展，影响着人们的生活方式。“立身以立学为先，立学以读书为本”。在教学工作，我们始终守住“有教无类”“因材施教”的孔子教育思想精髓，在先学后教，以学定教和开展自主探究、小组合作中相机渗透美德教育，启迪学生智慧。

1. 落实层级目标管理：初一至初三三个年级组、所有教师和学生，都依据自身现状，制订了明确而切实的学习与做人目标，在目标引领下，教师因材施教，学生尽材而学。

2. 提高课堂教学实效：遵循“规范管理，有效教学”的整体思路，本学期我校开始推行“两点一练”（知识点、考点、能力训练）教学模式，试行“5（5分钟复习导入）、20（20分钟新授讲授）、20（20分钟检测训练）”时间模版，将课堂真正还给学生，培养学生自主学习的能力。

3. 构建智慧课堂文化，由“塑造知识人”转向“塑造智慧人”。通过“读、议、讲、练、评、思”等教学微环节的研究与导学，鼓励学生自主求知，师生间平等对话，培养学生能思善辩和实践创新的能力，实现师生心灵的交流，情智的交融，使课堂成为提升教师和学生生命质量的文化场所，为学生的终身学习奠定基础。

以文筑景，大力营造潜移默化环境

博爱无痕，大教教心。学校统筹谋划，因地制宜，制定了蕴含儒学内涵的环境建设方案，打造于家务中学校园人文景点。从大处着眼、小处着手，让学生时时闻圣训，处处见箴言，随时随地与圣贤名句同行，与经典哲语交流。

1. 与圣人为伍的文化广场

“与善人居，如入芝兰之室，久而不闻其香，即与之化矣”。我校教学楼前，神采奕奕的孔子行教铜像注视着每一位学子，四配十二哲雕像，依次排开，与圣人身后是“孔子语录长廊”，共同构成了与圣人为伍的人文景观。

2. 伴孝道同行的走廊墙壁

步入学校教学楼，连廊里古二十四孝展示着古人朴素的孝道情怀，新二十四孝揭示着当代人继承中华传统美德的高尚风范。操场是内墙上，书写着《三字经》《千字文》，一个个经典故事，一句句先贤箴言，诠释着忠孝节勇和的内涵。

3. 传儒家美德的文化展厅

行政楼、教学楼分布的仁、义、礼、智、信、善、节、勤、和九个展厅，谆谆教诲着于家务中学的师生承习中华文化、践行传统美德。

4. 习五谷知识的学农基地

“勤耕悬蔓角根穗，笃学仁义礼智信”。在学校东南角，我们修建了1.7亩的学农基地，课余在基地播种五谷菜蔬，体会劳动的生机与快乐，收获劳动实践的成就，是我校师生独有的农耕文化享受。

以文化成，不断促进师生内涵发展

要使学校文化“落地”，转化为师生内蕴的人文素养和外显的行为模式，成为学生所践行的文明，领导和教师必须首先做到让文化“落地”。

教师的文化底蕴决定着学生的知识素养。倡导终生阅读，博学多识，打造学习型教师队伍，显得尤为重要。学校倡导“师生共学，教学相长”的教风，成立教师发展中心，鼓励教师自觉学习，加强校本培训，夯实校本教研，还定期聘请专家为教师做孔子及儒学知识系列讲座、传统文化与师德建设专题讲座，评选表彰文明教师，学校文化价值观逐步转化为所有领导和教师的行为习惯。我校的领导让荣誉要成绩，教师们爱岗敬业，爱生乐教，在家“老吾老幼吾幼”，在校把爱心捐款送给了身患白血病的学生付慧琳，把万元心意送给了车祸中的同事爱人，把衣物捐给了甘肃的贫困学生……

陶行知说："真正的教育是心心相印的活动。"教师的人格魅力会对学生产生的潜移默化影响，而文化育人的效益要在"立而力行"中体现。我校在学生中倡导"德润己身，礼行其事，争做最美于中人"，开展"崇德悟道做人"系列主题教育活动，引领敦促学生以诚求知，以礼行事，以善润人，以俭润行。俭言，"不失口于人"；俭行，做一个遵规守纪的人；俭心，做一个静心求学的人。

以文弘道，提升地区文明素养

道德教育是一支乐谱，学生是一个个活跃的音符，只有学校与家庭，教师与父母携手合作、和谐统一、共同谱写，才能塑造学生健全的人格，使之成为完美的乐章。办好家长学校，是我校德育的一个重要的日常工作。除定期召开家长座谈会，我校还设立了家长接待日、课堂开放日，让家长走进校园，了解学生在校学习生活的一手材料，感受学校的文化氛围。利用"家校联系卡"，建立家校之间的"立交桥"。教师及时把握学生在家的状态，家长也可以为学校发展建言献策。

学校是文化传承的主体，担负着培育厚德文明学子的责任，同时也是引领地区文明风气的主阵地。我校不仅在校内开展"崇德悟道做人"教育，还成立了由团员组成的"天使助老服务队"，定期到于家务福泰敬老院和各村孤寡老人家中服务。2010 年 10 月，学校创立了由 23 个自然村村支书和部分区乡人大代表、家长代表组成的校外教育理事会，定期开设"崇德悟道做人"国学讲堂，倡导"亲子共学，文明同行"，通过致家长一封信、向家长捎句话等形式，推动家长学习文明守则，做文明公民。每学期评选文明家庭、文明家长、文明小标兵，真正把学校建设成为传播文明、引领文明、守护文明的基地，带动乡村、社区，提升地区文明素养。

作为教师——文化的传承者，我们应该对中华民族优秀文化的过去、现在和未来负责，我们应该承担起架设中华民族优秀文化过去和未来的桥梁的责任，使我们中华民族的优秀文化能够一脉相承、源远流长。让每一名学生骨子里渗透着我们中华民族的文化与思想，我深信：有圣贤藏于心，笃于行，德必向善，学必精进，功自然成。

（原载于《北京初中教育》）

结语：衣带渐宽终不悔

晚清一代宗师王国维在《人间词话》说："古今之成大事业、大学问者，必经过三种之境界：'昨夜西风凋碧树。独上高楼，望尽天涯路。'此第一境也。'衣带渐宽终不悔，为伊消得人憔悴。'此第二境也。'众里寻他千百度，蓦然回首，那人却在，灯火阑珊处'。此第三境也。"

四十多年来，孟繁信把自己奉献给了所钟爱的教育事业，兢兢业业，鞠躬尽瘁，"衣带渐宽终不悔"。回首来路，孟繁信是微笑着的，因为所有曾经的坎坷，都已被岁月催生成记忆枝头的花朵，让他永远都记得起那些曾经经历的苦与乐。

他没有虚度，他播种了，也收获了，累累的果实，让他欣慰。

他是值得为自己骄傲的。一直以来，他勇立潮头，不怕挫折，积极探索，孜孜奉献，以"崇德悟道做人教育"引领师生成长；以文载德，将传统文化渗透于日常教学之中；以文弘道，将家规、家风、家训引入校园中，家校联手，倡导"亲子共学，文明同行"；他不遗余力地弘扬儒学文化，践行传统美德，让教育走出校园，走进家庭，走向社会。

他用一把叫做"儒学"的钥匙，开启了一条"文明"的通道。

他竖起了一个文明的风向标。

如今，他在于家务中学倡导的"树家风、写家规、立家训"的活动经验得到了推广，于家务回族乡正在深入开展"追寻家训家规，呼唤良好家风"的主题教育活动，把加强传统文化教育和家风文化建设作为培育和践行社会主义核心价值观的重要抓手，以家风正民风，清社风，营造崇德向善的社会氛围。如今，整个地区文明乡风、淳厚民风正在培育形成。

他，功不可没。

再有几个月，他就该退休了。很多朋友给他支招，工作了半辈子了，该休息休息了，做个"酒菜花"（喝喝小酒买买菜养养花）享受享受生活；

因为工作，有很多朋友多年没拜访联系了，闲下来了，可以串串门，看看朋友……听了这些，他只是一笑了之。

在一个夕阳西下，红霞满天的傍晚，孟繁信独自一人来到通州大运河畔。森林公园里，熙熙攘攘的游人正在渐渐散去。欢唱的运河水也平静下来，太阳已收起了它午时的威严，温和而慈祥地微笑着，宛如一面圆圆的镜子，静静地悬挂在天边。那连绵起伏的流云，也因了夕阳的倩好，兴奋的燃烧着，追逐着，变幻着，时而显现出飞奔的战马、缓步的骆驼，时而幻化出宁静的田园、林立的工厂，时而又变成了逶迤的群山……

孟繁信被这美丽的景色吸引着，心也变得宁静了，每个人从出生下来那一天起，就背负着各自的使命一步步前行，每个生命都会发出火焰，谁不充分燃烧，就会被世俗的烟熏黑。春去秋来老之将至，都该问问自己了，身上的亮点和光束还有多少？该怎样度过桑榆之年？

面前的大运河，像一位饱经风霜的巨人，用穿透一切的目光，环视着历史风云。历史，哪怕是点点滴滴的历史，总会得到最公允的评价。过去的已经过去，未来的还需要坚定地走下去。他突然想起汉朝徐轩的一句名言：故君子不恤年之将衰，而忧志之有倦。不寝道焉，不宿义焉。言而不行，斯寝道矣;行而不时，斯宿义矣。是故君子之务，以行前言也。

退休不过是人生的一个阶段而已，没有职务缠身，自己更有时间参加孟氏宗亲的正能量活动，继续弘扬“仁、义、礼、智、信”等优秀传统文化，自己可以全身心的投入，可以在家里建造一个教子堂，让孟母的五大教育思想发扬光大，为教育在社会中的影响力、为民族振兴和文明光复尽自己的绵薄之力。

想到这里，孟繁信的心情突然豁然开朗，他情不自禁地吟道：“莫道夕阳晚，为霞尚满天。”放眼望去，西边的天空被夕阳染得一片火红，那灿烂的晚霞不也是一道美丽的风景吗？

孟繁信走着的脚步更坚实有力了。

前面更宽广的路，在等着他。